CONTEÚDO DIGITAL PARA ALUNOS

Cadastre-se e transforme seus estudos em uma experiência única de aprendizado:

1 Escaneie o QR Code para acessar a página de cadastro.

2 Complete-a com seus dados pessoais e as informações de sua escola.

3 Adicione ao cadastro o código do aluno, que garante a exclusividade de acesso.

8486793A7126650

Agora, acesse:
www.editoradobrasil.com.br/leb
e aprenda de forma inovadora e diferente! :D

Lembre-se de que esse código, pessoal e intransferível, é válido por um ano. Guarde-o com cuidado, pois é a única maneira de você utilizar os conteúdos da plataforma.

TEMPO DE MATEMÁTICA

MIGUEL ASIS NAME
- Licenciado em Matemática.
- Pós-graduado em Álgebra Linear e Equações Diferenciais.
- Foi professor efetivo de Matemática da rede estadual durante trinta anos.
- Autor de diversos livros didáticos.

COLEÇÃO
TEMPO
MATEMÁTICA 9
4ª edição
São Paulo, 2019.

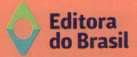
Editora do Brasil

Dados Internacionais de Catalogação na Publicação (CIP)
(Câmara Brasileira do Livro, SP, Brasil)

Name, Miguel Asis
 Tempo de matemática 9 / Miguel Asis Name. – 4. ed. –
São Paulo: Editora do Brasil, 2019. – (Coleção tempo)

 ISBN 978-85-10-07891-7 (aluno)
 ISBN 978-85-10-07892-4 (professor)

 1. Matemática (Ensino fundamental) I. Título. II. Série.

19-31528   CDD-372.7

Índices para catálogo sistemático:
1. Matemática: Ensino fundamental 372.7
Iolanda Rodrigues Biode – Bibliotecária – CRB-8/10014

© Editora do Brasil S.A., 2019
Todos os direitos reservados

Direção-geral: Vicente Tortamano Avanso

Direção editorial: Felipe Ramos Poletti
Gerência editorial: Erika Caldin
Supervisão de arte e editoração: Andrea Melo
Supervisão de revisão: Dora Helena Feres
Supervisão de iconografia: Léo Burgos
Supervisão de digital: Ethel Shuña Queiroz
Supervisão de controle de processos editoriais: Roseli Said
Supervisão de direitos autorais: Marilisa Bertolone Mendes

Supervisão editorial: Rodrigo Pessota
Edição: Adriana Soares Netto, Everton José Luciano e Maria Amélia de Almeida Azzellini
Assistência editorial: Cristina Perfetti, Erica Aparecida Capasio Rosa e Silvana Sausmikat Fortes
Copidesque: Giselia Costa, Ricardo Liberal e Sylmara Beletti
Revisão: Alexandra Resende, Andréia Andrade, Elis Beletti, Flávia Gonçalves e Marina Moura
Pesquisa iconográfica: Lucas Alves
Assistência de arte: Livia Danielli
Design gráfico: Andrea Melo e Patrícia Lino
Capa: Megalo Design
Imagem de capa: Besjunior/Shutterstock.com, Pixel-Shot/Shutterstock.com, Tupungato/Shutterstock.com e Viktor Fedorenko/Shutterstock.com
Ilustrações: Alexandre Santos, Ariel Fajtlowicz, Danillo Souza, Dawidson França, Desenhorama, Estúdio Mil, Estúdio Ornintorrinco, Hélio Senatore, Ilustra Cartoon, Leonardo Conceição, Luiz Lentini, Marcelo Azalim, Paula Lobo, Paula Radi, Paulo Borges, Paulo José, Reinaldo Rosa, Rodrigo Arraya, Waldomiro Neto e Wasteresley Lima
Coordenação de editoração eletrônica: Abdonildo José de Lima Santos
Editoração eletrônica: JS Desing
Licenciamentos de textos: Cinthya Utiyama, Jennifer Xavier, Paula Harue Tozaki e Renata Garbellini
Controle de processos editoriais: Bruna Alves, Carlos Nunes e Stephanie Paparella

4ª edição / 1ª impressão, 2019
Impresso na Gráfica Santa Marta Ltda

Rua Conselheiro Nébias, 887
São Paulo, SP – CEP 01203-001
Fone: (11) 3226-0211 – Fax: (11) 3222-5583
www.editoradobrasil.com.br

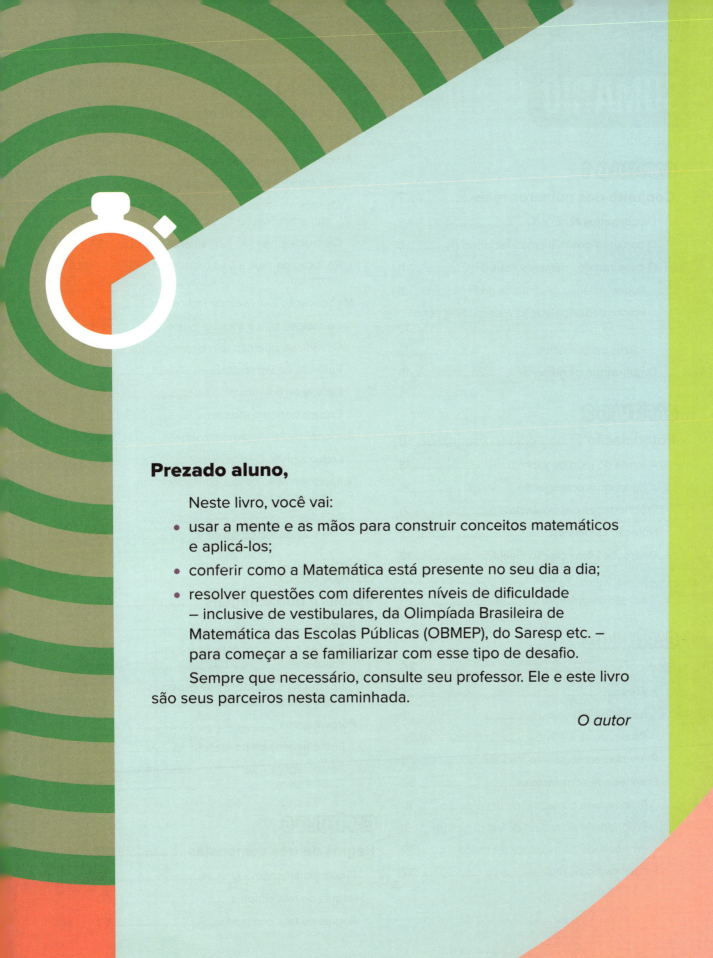

Prezado aluno,

Neste livro, você vai:
- usar a mente e as mãos para construir conceitos matemáticos e aplicá-los;
- conferir como a Matemática está presente no seu dia a dia;
- resolver questões com diferentes níveis de dificuldade — inclusive de vestibulares, da Olimpíada Brasileira de Matemática das Escolas Públicas (OBMEP), do Saresp etc. — para começar a se familiarizar com esse tipo de desafio.

Sempre que necessário, consulte seu professor. Ele e este livro são seus parceiros nesta caminhada.

O autor

SUMÁRIO

CAPÍTULO 1
Conjunto dos números reais 7
Os conjuntos $\mathbb{N}$, $\mathbb{Z}$ e $\mathbb{Q}$ 7
O conjunto dos números irracionais ($\mathbb{I}$) 9
O conjunto dos números reais ($\mathbb{R}$) 11
   Representação geométrica de $\mathbb{R}$ 11
   Propriedades da adição e da multiplicação em $\mathbb{R}$ 13
   Raízes aproximadas 13
Organizando os números 15

CAPÍTULO 2
Potenciação 18
A lenda do jogo de xadrez 18
   Revendo a potenciação 19
Propriedades das potências 21
Notação científica 22
Operações em notação científica 22
   Multiplicação e divisão 22
   Adição e subtração 23

CAPÍTULO 3
Radicais 26
Raízes 26
   Raízes de índice par 28
   Raízes de índice ímpar 28
Potência com expoente fracionário 30
Propriedades dos radicais 30
   Propriedade do radical de um produto 30
   Propriedade do radical de um quociente 31
   Propriedade da mudança de índice 32
Simplificação de radicais 32

CAPÍTULO 4
Operações com radicais 36
Radicais semelhantes 36
Adição e subtração de radicais 36
   Os radicais são semelhantes 36
   Os radicais se tornam semelhantes após sua simplificação 36
   Os radicais não são semelhantes 37
   Redução de radicais ao menor índice comum 38
Multiplicação e divisão de radicais 39
   Os radicais têm o mesmo índice 39
   Os radicais que não têm o mesmo índice ... 39
   Potência de um radical 40
   Radical de um radical 40
   Expressões com radicais 42
Racionalização de denominadores 44
   O que significa racionalizar? 44
   Racionalização de denominador com radical de índice 2 44
   Racionalização de denominador com radical de índice diferente de 2 44

CAPÍTULO 5
Razões e porcentagens 48
Razões 48
   Razões entre grandezas de mesma espécie 48
   Razão entre grandezas de espécies diferentes 49
Porcentagens 52
   Porcentagens como razões 52
   Porcentagem – aumentos e descontos sucessivos 54

CAPÍTULO 6
Regras de três compostas 60
Proporcionalidade 60
Regras de três simples 60
Regras de três compostas 62

CAPÍTULO 7
Produtos notáveis 68
   O que são produtos notáveis 68
      Quadrado da soma de dois termos 68
      Quadrado da diferença de dois termos 70
      Produto da soma pela diferença
      de dois termos 72

CAPÍTULO 8
Fatoração 76
   Fatoração de polinômios 76
      Fator comum 76
      Agrupamento 78
      Diferença de dois quadrados 80
      Trinômio quadrado perfeito 82

CAPÍTULO 9
Equações do 2º grau 86
   Equações do 2º grau completas
   e incompletas 86
      Raízes de uma equação do 2º grau 87
      Resolução de equação incompleta
      em $\mathbb{R}$ 88
      Solução da equação completa
      pela fatoração 91
      Fórmula geral de resolução 92
      Propriedades das raízes 99

CAPÍTULO 10
**Equações biquadradas
e equações irracionais 106**
   Equação biquadrada 106
      Resolução de equações biquadradas
      em $\mathbb{R}$ 106
   Equação irracional 108
      Resolução de equações irracionais
      em $\mathbb{R}$ 108
      Por que verificar? 108
      Resolução de equações irracionais
      em $\mathbb{R}$ 109

CAPÍTULO 11
Equações fracionárias 112
   Frações algébricas 112
      Simplificação de frações algébricas 112
   Adição e subtração de frações algébricas 114
      Frações com denominadores iguais 114
      Frações com denominadores diferentes 114
   Multiplicação e divisão de frações algébricas ... 116
      Multiplicação 116
      Divisão 117
   Equações fracionárias do 1º grau 118
      Resolução de equações fracionárias em $\mathbb{R}$ .. 118
   Equações fracionárias redutíveis a
   equações do 2º grau 120

CAPÍTULO 12
Funções 126
   Conceito de função 126
   Representação de uma função 127
      Função de A em B 128
      Funções representadas por gráficos 130

CAPÍTULO 13
Função do 1º grau 136
   Função do 1º grau em $\mathbb{R}$ 136
      Gráfico da função do 1º grau 136
      Aplicações das funções do 1º grau 139
      Funções lineares e grandezas diretamente
      proporcionais 140
   Função constante 142
      Representação gráfica 142
      Zeros da função do 1º grau 142

CAPÍTULO 14
**Função do 2º grau
ou função quadrática 148**
   Função do 2º grau ou função quadrática 148
      Gráfico da função do 2º grau 148
      Coordenadas do vértice 151
      Zeros da função do 2º grau 151
      Aplicações das funções do 2º grau 154

CAPÍTULO 15
Teorema de Tales 158
- Razão entre segmentos 158
- Segmentos proporcionais 158
  - Teorema de Tales................................160
  - Teorema de Tales nos triângulos................163

CAPÍTULO 16
Semelhança de triângulos 168
- Ampliação e redução de figuras.....................168
  - Semelhança de polígonos 168
  - Semelhança de triângulos 170
  - Teorema fundamental da semelhança.........172
  - Semelhança pelo caso AA...............................174

CAPÍTULO 17
Relações métricas no triângulo retângulo..........................178
- Elementos de um triângulo retângulo............ 178
- Relações métricas no triângulo retângulo 179
- Teorema de Pitágoras 182

CAPÍTULO 18
Trigonometria no triângulo retângulo 190
- O que é trigonometria?.....................190
  - Cateto adjacente e cateto oposto a um ângulo agudo 191
  - Seno, cosseno e tangente no triângulo retângulo 191
  - Tabela de razões trigonométricas 192
  - Tabela das funções trigonométricas de 1° a 89° 193
  - Ângulos notáveis.............................196
  - Altura do triângulo equilátero 199

CAPÍTULO 19
Polígonos regulares 206
- Polígono regular...........................206
  - Polígono regular inscrito e circunscrito 207
  - Apótema de um polígono regular 207
  - Relações métricas nos polígonos regulares 208
  - Hexágono regular 209
  - Triângulo equilátero...............................210

CAPÍTULO 20
Circunferência, arcos e ângulos 216
- Arcos de circunferência 216
- Comprimento de arcos................... 217
- Ângulo inscrito.......................219
  - Triângulo inscrito numa semicircunferência................219

CAPÍTULO 21
Volumes 222
- Retomando o volume de paralelepípedos retângulos 222
- Volume de prismas............................223
- Área do círculo e de suas partes....................225
  - Setor circular......................... 225
  - Área do setor circular 225
- Volume do cilindro............................ 227

CAPÍTULO 22
Probabilidade e Estatística.............230
- Eventos independentes....................230
  - Probabilidade condicional.............................231
  - Os tipos de gráficos estatísticos – aplicações, leitura e interpretação...........233
  - Analisando dados com auxílio de medidas estatísticas.....................236

CAPÍTULO 1

Conjunto dos números reais

Os conjuntos ℕ, ℤ e ℚ

Vamos relembrar os conjuntos numéricos que conhecemos.

- Os números que utilizamos para contar, incluindo o zero, formam o conjunto dos números naturais, ℕ:

ℕ = {0, 1, 2, 3, 4, 5, 6, 7, ...}.

- Ampliando o conjunto ℕ, são incluídos os números inteiros negativos e obtemos o conjunto dos números inteiros, ℤ:

ℤ = {..., −4, −3, −2, −1, 0, 1, 2, 3, 4, ...}.

Todo número natural é um número inteiro.

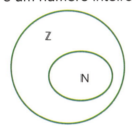

> A adição e a multiplicação de números naturais sempre têm como resultado um número natural.
>
> Há subtrações e divisões que não resultam em números naturais. Exemplos:
> 3 − 8
> 2 : 5

> A adição, a multiplicação e a subtração de números inteiros sempre têm como resultado um número inteiro.
>
> Há divisões que não resultam em números inteiros. Exemplos:
> 4 : 5
> (−2) : 9

- O conjunto dos números racionais ℚ é formado por todos os números que podem ser escritos como $\frac{a}{b}$ com $b \neq 0$, pois não existe divisão por zero.

No conjunto dos números racionais, divisões como 4 : 5 e (−2) : 9 têm como resultado números racionais:

$$4 : 5 = \frac{4}{5} = 0{,}8 \qquad (-2) : 9 = -\frac{2}{9} = -0{,}222\ldots$$

São números racionais: os números naturais, os números inteiros, as frações, os números decimais exatos e as dízimas periódicas positivas e negativas.

Veja exemplos:

A. 8 é um número racional, pois pode ser escrito na forma $\frac{a}{b}$

$$8 = \frac{16}{2} = \frac{8}{1} \text{ etc.}$$

B. $-\frac{2}{3}, \frac{11}{15}, \frac{7}{9}$ são números racionais

C. $1{,}2 = \frac{12}{10} = \frac{6}{5}$ e $0{,}047 = \frac{47}{1\,000}$ são números racionais

D. $0{,}232323 = \frac{23}{99}$ é um número racional

E. 0 é um número racional

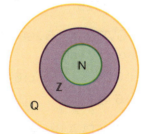

> As raízes de índice par de números negativos não existem em ℤ e em ℚ.
> Exemplos:
> $\sqrt{-16}$, $\sqrt[4]{-1\,000}$ e $\sqrt[6]{-1}$
> não são números racionais.

EXERCÍCIOS
DE FIXAÇÃO

1. Dê exemplo de um número:
   a) inteiro que não seja um número natural;
   b) racional que não seja um número inteiro;
   c) racional entre 2,1 e 2,2;
   d) racional entre 3,14 e 3,15.

2. Organize os números $-2,34$, $-\frac{3}{8}$, $-\frac{1}{6}$, $-2,09$, $-\frac{2}{9}$ em ordem crescente.

3. Observe os exemplos e determine as frações geratrizes das dízimas.

   $0,555... = \frac{5}{9}$ $0,272727... = \frac{27}{99} = \frac{3}{11}$

   $2,444... = 2 + 0,444... = 2 + \frac{4}{9} = \frac{22}{9}$

   a) 0,777...
   b) 1,666...
   c) 0,3434...
   d) 4,2121...

4. Escreva as frações na forma de número decimal.
   a) $\frac{7}{8}$
   b) $\frac{19}{10}$
   c) $\frac{11}{99}$
   d) $\frac{3}{100}$
   e) $\frac{13}{15}$

5. Escreva cada número decimal na forma de fração irredutível.
   a) 0,125
   b) 0,0025
   c) 3,4
   d) 12,5
   e) 4,08

6. (FGV) Se $x = 3\,200\,000$ e $y = 0,00002$, então $x \cdot y$ vale:
   a) 0,64.
   b) 6,4.
   c) 64.
   d) 640.
   e) 6 400.

7. (OBMEP) A professora Luísa observou que o número de meninas de sua turma dividido pelo número de meninos dessa mesma turma é 0,48. Qual é o menor número possível de alunos dessa turma?
   a) 24
   b) 37
   c) 40
   d) 45
   e) 48

8. Considere as afirmações a seguir.
   I. O número 2 é o único número primo que é par.
   II. A soma de dois números ímpares é sempre par.
   III. O produto de dois números ímpares é sempre par.
   IV. O número 111 é primo.
   V. Não há número primo entre os números 40 e 50.

   Atribua **V** para as afirmações verdadeiras e **F** para as falsas e assinale a sequência correta.
   a) V – V – F – F – V
   b) V – V – F – F – F
   c) V – V – F – V – F
   d) F – V – F – F – V

9. (ENA) Seu João precisa pesar uma pera em uma balança de dois pratos. Ele possui 5 pesos distintos, de 1 g, 3 g, 9 g, 27 g e 81 g. Seu João, equilibrando a pera com os pesos, descobriu que a pera pesa 61 g. Quais pesos estavam no mesmo prato que a pera?
   a) 1 g, 9 g e 27 g
   b) 3 g e 27 g
   c) 9 g e 27 g
   d) 1 g e 9 g
   e) 3 g e 9 g

10. (OBM) Rafael tem 10 cartões. Cada um tem escrito um dos números 3, 8, 13, 18, 23, 28, 33, 48, 53, 68, e todos os dez números aparecem. Qual o menor número de cartões que Rafael pode escolher de modo que a soma dos números nos cartões escolhidos seja exatamente 100?
    a) 2
    b) 3
    c) 4
    d) 5
    e) Não é possível obter soma 100 com estes cartões.

11. Se $A = 2 + 128 : (20 - 36) + 5 \cdot (12 - 20)$ e $B = 6 - 40 : 5 - 3 \cdot 7$, então $A : B$ é igual a:
    a) -46.
    b) -23.
    c) 2.
    d) -2.

O conjunto dos números irracionais (𝕀)

Há números que não podem ser escritos na forma de fração. Esses números não são racionais. Um exemplo é $\sqrt{2}$.

Esse número elevado ao quadrado resulta 2. No entanto, não há número inteiro, decimal exato ou dízima periódica que elevado ao quadrado resulte 2.

$1^2 = 1$ e $2^2 = 4 \Rightarrow \sqrt{2}$ é um número entre 1 e 2

$1,4^2 = 1,96$ e $1,5^2 = 2,25 \Rightarrow \sqrt{2}$ é um número entre 1,4 e 1,5

$1,41^2 = 1,9881$ e $1,42^2 = 2,0164 \Rightarrow \sqrt{2}$ é um número entre 1,41 e 1,42

Podemos prosseguir com esses cálculos indefinidamente e não encontraremos um número decimal exato nem uma dízima periódica que, elevados ao quadrado, resultem 2.

$\sqrt{2}$ tem infinitas casas decimais e não apresenta repetição: é uma dízima não periódica.

O mesmo acontece com $\sqrt{3}$, $\sqrt{5}$, $\sqrt{10}$, $\sqrt[3]{4}$ e muitos outros números. Eles formam o conjunto dos números irracionais representados por 𝕀.

Atenção: nem toda raiz é um número irracional. Veja exemplos.

A. $\sqrt{81} = 9$
B. $\sqrt[3]{-1} = -1$
C. $\sqrt{0,64} = 0,8$
D. $\sqrt[4]{\dfrac{1}{16}} = \dfrac{1}{2}$

} São números racionais.

> Quando for preciso utilizar um número irracional na forma decimal em um cálculo, pode-se aproximá-lo para um número racional. Veja:
> $\sqrt{2} \cong 1,42$
> $\sqrt{3} \cong 1,73$
> $\sqrt{7} \cong 2,65$
> As calculadoras aproximam raízes irracionais.

Já trabalhamos, no 7º e no 8º anos, com um número irracional bastante famoso: π (pi).

π é o quociente obtido da divisão do comprimento de uma circunferência por seu diâmetro, ou seja, $\pi = \dfrac{C}{d}$ em que C é o comprimento da circunferência e d é o diâmetro.

Como $d = 2r$, em geral, escrevemos $C = 2 \cdot \pi \cdot r$.

π tem infinitas casas decimais e não apresenta período: é um **número irracional**.

Por isso, quando precisamos do valor de π para resolver problemas, sempre utilizamos uma aproximação para ele: $\pi = 3,14$ ou $\pi = 3,1$ ou ainda $\pi = 3$.

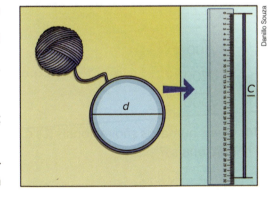

Exemplo:

Qual é o comprimento de uma circunferência de raio 5 cm?

$C = 2 \cdot \pi \cdot r$

$C = 2 \cdot 3,14 \cdot 5$

$C = 31,4$ cm

EXERCÍCIOS
DE FIXAÇÃO

12. Determine as raízes apenas dos números naturais.

$\sqrt{1}$ $\sqrt{5}$ $\sqrt{9}$ $\sqrt{13}$

$\sqrt{2}$ $\sqrt{6}$ $\sqrt{10}$ $\sqrt{14}$

$\sqrt{3}$ $\sqrt{7}$ $\sqrt{11}$ $\sqrt{15}$

$\sqrt{4}$ $\sqrt{8}$ $\sqrt{12}$ $\sqrt{16}$

Responda:

a) Quais desses números são racionais?

b) Quais desses números são irracionais?

13. Identifique a seguir os números racionais ($\mathbb{Q}$) e os irracionais ($\mathbb{I}$).

a) $\sqrt{0}$

b) $\sqrt{18}$

c) $\sqrt{49}$

d) $\sqrt{54}$

e) $\sqrt{72}$

f) $\sqrt{100}$

g) $\sqrt{200}$

h) $\sqrt{900}$

14. Quais números são racionais ($\mathbb{Q}$) e quais são irracionais $\mathbb{I}$?

a) $\sqrt{\dfrac{3}{7}}$

b) $\sqrt{\dfrac{16}{25}}$

c) $\sqrt{\dfrac{81}{49}}$

d) $\sqrt{\dfrac{5}{12}}$

15. Situe $\sqrt{12}$ entre dois números inteiros consecutivos.

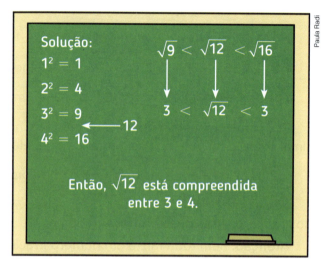

Solução:
$1^2 = 1$
$2^2 = 4$
$3^2 = 9$
$4^2 = 16$
← 12

$\sqrt{9} < \sqrt{12} < \sqrt{16}$
$3 < \sqrt{12} < 3$

Então, $\sqrt{12}$ está compreendida entre 3 e 4.

16. Entre quais números inteiros consecutivos estão compreendidos os números irracionais a seguir?

a) $\sqrt{19}$

b) $\sqrt{43}$

c) $\sqrt{85}$

17. Cada letra representa um dos números irracionais: $\sqrt{15}$, $\sqrt{8}$ e $\sqrt{\dfrac{1}{4}}$. Identifique-os escrevendo a letra e o número correspondente.

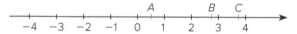

18. Entre quais dois números inteiros consecutivos cada número a seguir está localizado na reta numérica?

a) $-\sqrt{0,64}$

b) $\sqrt{1,21}$

c) $\sqrt{\dfrac{81}{4}}$

d) $-\sqrt{\dfrac{49}{9}}$

19. Use $\pi = 3,14$ para calcular o comprimento de uma circunferência de raio 3,5 cm.

O conjunto dos números reais (ℝ)

A união dos conjuntos dos números racionais e irracionais chama-se conjunto dos **números reais**, indicado pelo símbolo ℝ.

Exemplos:

A. 3 é um número racional. É também um **número real**

B. −5 é um número racional. É também um **número real**

C. 1,75 é um número racional. É também um **número real**

D. $\sqrt{10}$ é um número irracional. É também um **número real**

Como todo número natural é inteiro, todo número inteiro é racional e todo número racional é real, temos:

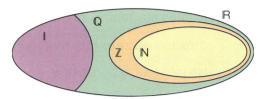

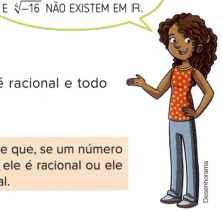

RAÍZES DE ÍNDICE PAR DE NÚMEROS NEGATIVOS, COMO $\sqrt{-9}$ E $\sqrt[4]{-16}$ NÃO EXISTEM EM ℝ.

Observe que, se um número é real, ou ele é racional ou ele é irracional.

Representação geométrica de ℝ

Observe a representação de alguns números reais na reta.

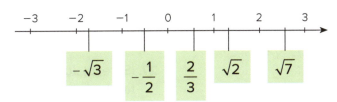

Note que:

A. $\sqrt{7} < 3$, pois $\sqrt{7}$ está à **esquerda** de 3 $\sqrt{7}$ vem **antes** de 3

⬇ menor que

B. $3 > \sqrt{7}$, pois 3 está à **direita** de $\sqrt{7}$ 3 vem **depois** de $\sqrt{7}$

⬇ maior que

Lembre-se de que entre dois números reais distintos há infinitos números reais.

REPRESENTADOS DOIS NÚMEROS NA RETA, O MAIOR DELES É O QUE FICA À DIREITA.

A cada número real corresponde um único ponto na reta, e a cada ponto na reta real corresponde um único número real. Assim, a reta fica "totalmente contínua".

EXERCÍCIOS
DE FIXAÇÃO

20. Responda:
   a) Todo número natural é real?
   b) Todo número inteiro é real?
   c) Todo número racional é inteiro?
   d) Todo número real é racional?
   e) Todo número racional é real?
   f) Todo número irracional é real?

21.

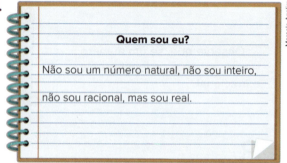

Quem sou eu?
Não sou um número natural, não sou inteiro, não sou racional, mas sou real.

22. Quais destes números são reais?
   a) 16
   b) -45
   c) 0,35
   d) 186,7...
   e) 2,777...
   f) 3,1415...
   g) $\sqrt{25}$
   h) $-\sqrt{25}$
   i) $\sqrt{-25}$
   j) $\sqrt[4]{16}$
   k) $\sqrt[4]{-16}$
   l) $\sqrt{43}$

23. Dada a reta numérica abaixo, associe a cada letra o número que ela melhor representa.

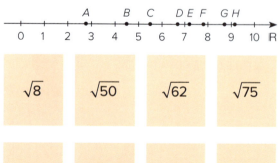

$\sqrt{8}$ $\sqrt{50}$ $\sqrt{62}$ $\sqrt{75}$

$\sqrt{20}$ $\sqrt{83}$ $\sqrt{30}$ $\sqrt{45}$

24. Quais são os números naturais menores que:
   a) $\sqrt{5}$?
   b) $\sqrt{30}$?

25. (Saresp) Qual a sentença correta?
   a) Numa reta real, o número $\frac{3}{2}$ está mais próximo do zero que o número $\sqrt{3}$.
   b) Numa reta real, o número $\frac{5}{3}$ está mais próximo do zero que o número $\frac{4}{3}$.
   c) Na reta real, o ponto que representa o número $\sqrt{28}$ está entre 4 e 5.
   d) Na reta real, o ponto que representa o número $-\sqrt{3}$ está entre 0 e -1.

26. (UFRJ) Determine todos os números naturais que são maiores que $\frac{168}{12}$ e menores que $\sqrt{350}$.

27. (Saresp) Joana e seu irmão estão representando uma corrida em uma estrada assinalada em quilômetros, como na figura abaixo:

Joana marcou as posições de dois corredores com os pontos A e B. Esses pontos A e B representam que os corredores já percorreram, respectivamente, em km:
   a) 0,5 e $1\frac{3}{4}$.
   b) 0,25 e $\frac{10}{4}$.
   c) $\frac{1}{4}$ e 2,75.
   d) $\frac{1}{2}$ e 2,38.

Propriedades da adição e da multiplicação em ℝ

Todas as propriedades estruturais da adição e da multiplicação válidas para os números racionais são válidas para os números reais. Assim, sendo a, b e c números reais quaisquer, temos as propriedades a seguir.

Propriedades	Adição	Multiplicação
Fechamento	$(a + b) \in \mathbb{R}$	$(a \cdot b) \in \mathbb{R}$
Comutativa	$a + b = b + a$	$a \cdot b = b \cdot a$
Associativa	$a + (b + c) = (a + b) + c$	$a \cdot (b \cdot c) = (a \cdot b) \cdot c$
Elemento neutro	$a + 0 = 0 + a = a$	
Elemento oposto	$a + (-a) = 0$	
Elemento inverso		$a \cdot \dfrac{1}{a} = 1 \ (a \neq 0)$
Distributiva		$a \cdot (b + c) = a \cdot b + a \cdot c$

Raízes aproximadas

Podemos usar valores aproximados para as raízes quando elas estiverem em expressões aritméticas.

Exemplos:

A. Sendo $\sqrt{2} = 1{,}414213\ldots$, um valor aproximado de $\sqrt{2}$ com:
- uma casa decimal depois da vírgula é 1,4 (aproximação de 0,1);
- duas casas decimais depois da vírgula é 1,41 (aproximação de 0,01);
- três casas decimais depois da vírgula é 1,414 (aproximação de 0,001).

B. Cálculo de $\sqrt{7} + \sqrt{5}$.

Considerando $\sqrt{7} = 2{,}64$ e $\sqrt{5} = 2{,}23$, temos:

$\sqrt{7} + \sqrt{5} = 2{,}64 + 2{,}23 = 4{,}87$.

Em problemas onde for necessário escrever uma raiz irracional na forma de número decimal, utilizamos uma aproximação para o valor dessas raízes, de acordo com a precisão que o problema requer.

Na calculadora, ao digitarmos [3] e [√], aparece o número 1,73205080 no visor.

Esse número é uma aproximação da $\sqrt{3}$, pois o número que ela representa tem infinitas casas decimais e é uma dízima não periódica.
Podemos aproximar essa raiz usando:
- 3 casas decimais: $\sqrt{3} = 1{,}732$;
- 2 casas decimais: $\sqrt{3} = 1{,}73$;
- 1 casa decimal: $\sqrt{3} = 1{,}7$.

Para calcular $\sqrt{14}$, digitamos as teclas [1], [4] e [√] e obtemos 3,74165738.

Usando duas casas decimais, podemos aproximar essa raiz: $\sqrt{14} = 3{,}74$.
As aproximações também nos ajudam a localizar números irracionais entre dois números inteiros na reta numérica.

EXERCÍCIOS DE FIXAÇÃO

28. Sejam os números:

$-\dfrac{1}{2}$ 0 5 $-\sqrt{9}$

$\sqrt{20}$ $\sqrt{60}$ $\sqrt{-36}$

a) Quais são racionais?
b) Quais são irracionais?
c) Quais são reais?
d) Quais não são reais?

29. Sejam os números:

$\sqrt{6}$ $\sqrt{8}$ $\sqrt{9}$ $\sqrt{37}$

$\sqrt{72}$ $\sqrt{98}$ $\sqrt{121}$

Quais estão compreendidos entre 5 e 10?

30. Qual é o maior:
a) $\sqrt{15}$ ou 4?
b) $\sqrt{10}$ ou 3?
c) $\sqrt{50}$ ou 7,1?
d) $\sqrt{30}$ ou 5,4?

31. (UFV-MG) Calcule:

$\left(\dfrac{1}{2} \cdot \dfrac{9}{5}\right) : \left(\dfrac{1}{6} - \dfrac{1}{2}\right) + 3$

32. Calcule.

a) (PUC-GO) $\dfrac{\left(2\dfrac{1}{3} - 1 + \dfrac{2}{3}\right)^3 \cdot 5}{\left(3\dfrac{1}{3} - 2\right) : \dfrac{5}{6}}$

b) (UMC-SP) $1 - 5 \cdot \left(\dfrac{3}{4} - \dfrac{2}{5}\right) + 0{,}75$

33. Sendo $\sqrt{2} \cong 1{,}4$, calcule um valor aproximado de:

a) $\dfrac{10\sqrt{2}}{2}$;
b) $\dfrac{-2 + \sqrt{2}}{2}$.

34. Sendo $\sqrt{2} \cong 1{,}41$ e $\sqrt{3} \cong 1{,}73$, calcule um valor aproximado de:
a) $1 + \sqrt{2}$;
b) $5 - \sqrt{3}$;
c) $\sqrt{3} - \sqrt{2}$;
d) $4\sqrt{3} - 1$.

35. (Saeb) Para ligar a energia elétrica em seu apartamento, Felipe contratou um eletricista para medir a distância do poste da rede elétrica até seu imóvel. Essa distância foi representada, em metros, pela expressão:

$(2\sqrt{10} + 6\sqrt{17})$ metros

Para fazer a ligação, a quantidade de fio a ser usada é duas vezes a medida fornecida por essa expressão. Nessas condições, Felipe comprará aproximadamente:

a) 43,6 m de fio.
b) 58,4 m de fio.
c) 61,6 m de fio.
d) 81,6 m de fio.

Organizando os números

Vamos organizar, por meio de exemplos, os diferentes tipos de número que já estudamos, com os respectivos nomes.

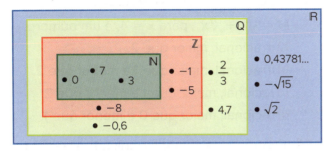

Usa-se um asterisco acompanhando o símbolo do conjunto numérico quando queremos excluir o zero deste conjunto.

- $\mathbb{N}^*$ é o conjunto dos números naturais não nulos.
- $\mathbb{R}^*$ é o conjunto dos números reais não nulos, e assim por diante.

- O número 3 é natural, inteiro, racional e **real**.
- O número −5 não é natural, mas é inteiro, racional e **real**.
- O número 4,7 não é natural nem inteiro, mas é racional e **real**.
- O número $\sqrt{2}$ não é natural, não é inteiro, não é racional, mas é **real**.

CURIOSO É...

Na Grécia Antiga, estudiosos de Matemática – como Pitágoras e seus discípulos – descobriram, em problemas geométricos, números que não eram racionais. Até então, eles consideravam os números uma "criação divina" e não admitiam que alguns números não podiam ser escritos como quociente entre inteiros, afinal, como uma obra divina geraria um número com infinitas casas decimais e sem repetição?

"Número", na Grécia, era inteiro ou racional. Os irracionais eram grandezas e não números. Os matemáticos gregos chamavam os números irracionais de inexprimíveis ou incalculáveis.

A dificuldade de lidar com números irracionais durou cerca de 2000 anos, até que Julius Wilhelm Richard Dedekind, no século XIX, apresentou uma base realmente consistente para a aceitação dos irracionais introduzindo o conjunto dos números reais.

Dedekind foi um dos maiores matemáticos do século XIX, tanto por ter contribuído para os fundamentos da Matemática, quanto por sua participação na elaboração da Teoria dos Números e da Álgebra. Em relação à Teoria dos Números, o ensaio *Continuidade e números irracionais*, de sua autoria, publicado em 1872, foi decisivo para o desenvolvimento da Matemática.

Dedekind definiu o conjunto dos números reais estabelecendo uma correspondência entre os pontos da reta numérica e os números reais: a cada ponto da reta corresponde um único número real e vice-versa. Outros matemáticos da época também trabalharam para desenvolver uma teoria dos números reais utilizando várias abordagens, mas a obra de Dededink foi decisiva para o desenvolvimento de um campo da Matemática chamado Análise.

Dedekind nasceu em Brunsvique, Alemanha, em 1831, e foi professor universitário até 1896, quando se aposentou.

↑ Julius Wilhelm Richard Dedekind (1831 – 1916).

EXERCÍCIOS COMPLEMENTARES

36. Dados os números abaixo, responda:

a) Qual é o maior? b) Qual é o menor?

37. Quais são os números naturais menores que:
a) $\sqrt{10}$? b) $\sqrt{50}$?

38. Considere os números a seguir.

I. $3 + \sqrt{49}$
II. $\dfrac{8 - \sqrt{25}}{4}$
III. $2 - \sqrt{16}$
IV. $\dfrac{6 + \sqrt{10}}{2}$

a) Qual deles é um número natural?
b) Qual é um número inteiro que não é natural?
c) Qual é um número racional que não é inteiro?
d) Qual deles é um número irracional?
e) Quais deles são números reais?

39. Quais são os números inteiros maiores que $\dfrac{5}{3}$ e menores que 2π?

40. Você já sabe que $\sqrt{81} = 9$ e $\sqrt{100} = 10$. Indique cinco números irracionais situados entre 9 e 10.

41. Qual das afirmações a seguir é verdadeira?
a) $\sqrt{2}$ é um número irracional
b) $\sqrt{4}$ é um número irracional
c) $\sqrt{6}$ é um número racional
d) $\sqrt{10}$ é um número racional

42. Qual dos conjuntos abaixo é constituído somente de números irracionais?
a) $\{\sqrt{3}, \sqrt{6}, \sqrt{9}, \sqrt{12}\}$
b) $\{\sqrt{6}, \sqrt{8}, \sqrt{10}, \sqrt{12}\}$
c) $\{\sqrt{4}, \sqrt{8}, \sqrt{12}, \sqrt{16}\}$
d) $\{\sqrt{12}, \sqrt{16}, \sqrt{18}, \sqrt{20}\}$

43. (FCC-SP) O valor da expressão $M = \sqrt{1 + \sqrt{x}}$, para $x = 4$, é um número:
a) irracional, maior que 2.
b) irracional, maior que 1 e menor que 2.
c) racional, maior que 1 e menor que 2.
d) racional, maior que 0 e menor que 1.

44. (FGV) Na reta numérica indicada a seguir, todos os pontos marcados estão igualmente espaçados.

Sendo assim, a soma do numerador com o denominador da fração irredutível que representa x é igual a:
a) 39. b) 40. c) 41. d) 42. e) 43.

45. Qual é o maior número inteiro menor que:
a) $-\sqrt{118}$? b) $\sqrt{902}$?

46. (Cefet-RJ) Qual é o valor da expressão numérica $\dfrac{1}{5} + \dfrac{1}{50} + \dfrac{1}{500} + \dfrac{1}{5000}$?
a) 0,2222 c) 0,2332
b) 0,2323 d) 0,3222

47. (Cefet-MG) Sobre os números racionais $\dfrac{1}{11}$, $\dfrac{7}{33}$ e $\dfrac{14}{55}$ é correto afirmar que:
a) apenas dois desses números, em sua forma decimal, são representados por dízimas periódicas.
b) apenas um desses números, em sua forma decimal, é representado por uma dízima periódica simples.
c) os três números, em sua forma decimal, podem ser representados por dízimas periódicas tais que o período de cada uma delas é um número primo.
d) os três números, em sua forma decimal, podem ser representados por dízimas periódicas tais que o período de cada uma delas é um número divisível por 3.

PANORAMA

48. Qual das afirmações a seguir é verdadeira?
   a) π é um número racional
   b) $\sqrt{4}$ é um número irracional
   c) Todo número racional é um número real.
   d) Todo número real é um número irracional.

49. (Esan-SP) Qual é a afirmação verdadeira?
   a) Todo número inteiro é real.
   b) Todo número racional é natural.
   c) Existe número irracional que é inteiro.
   d) Existe número natural que não é racional.

50. Qual desses números não representa um número real?
   a) $\sqrt{0}$ b) $\sqrt{9}$ c) $-\sqrt{9}$ d) $\sqrt{-9}$

51. (OBM) Qual dos números abaixo é maior que 0,12 e menor que 0,3?
   a) 0,7   b) 0,29   c) 0,013   d) 0,119

52. Qual das comparações abaixo é verdadeira?
   a) $\sqrt{3} < 0,2$ c) $\sqrt{2} > \sqrt{3}$
   b) $\sqrt{3} > 3$ d) $\sqrt{5} > \sqrt{3}$

53. Entre os números $\pi + 1$; 2π; $\sqrt{5}$ e $\sqrt{3} + 1$, o maior é:
   a) 2π.   b) $\pi + 1$.   c) $\sqrt{5}$.   d) $\sqrt{3} + 1$.

54. Quantos números inteiros estão entre $-\sqrt{10}$ e $\sqrt{10}$?
   a) 6   b) 7   c) 8   d) 9

55. O valor de $100 \cdot 16{,}98 \cdot 1{,}698 \cdot 1000$ é:
   a) $(16{,}98)^2$.   c) $(1698)^2$.
   b) $(169{,}8)^2$.   d) $(16\,980)^2$.

56. O valor da expressão $\sqrt{9} + \sqrt{0{,}64} - \sqrt{1{,}21}$ é:
   a) 1,7.   b) 2,7.   c) 3,7.   d) 2,2.

57. Vânia colocou parênteses na expressão $5 - 0{,}5 + 4{,}25 - 0{,}25$. Determine a alternativa em que ela obteve zero.
   a) $5 - (0{,}5 + 4{,}25 - 0{,}25)$
   b) $5 - 0{,}5 + (4{,}25 - 0{,}25)$
   c) $(5 - 0{,}5 + 4{,}25) - 0{,}25$
   d) $5 - (0{,}5 + 4{,}25) - 0{,}25$

58. Qual afirmação é verdadeira?
   a) A diferença entre dois números naturais é um número natural.
   b) Qualquer número real admite inverso.
   c) A soma de dois números racionais é um número racional.
   d) Qualquer número real é menor que seu quadrado.

59. (PUC-MG) O valor da expressão $\left(\dfrac{1}{4} - \dfrac{1}{5}\right) : (0{,}1)^2$ é:
   a) 2.   b) 3.   c) 4.   d) 5.

60. (PUC-MG) O valor da expressão $\left[\left(\dfrac{7}{12} - \dfrac{1}{3}\right) + \dfrac{1}{5}\right] : \sqrt{\dfrac{9}{4}}$ é:
   a) 0,1.   b) 0,2.   c) 0,3.   d) 0,4.

61. (Enem) Em um jogo educativo, o tabuleiro é uma representação da reta numérica e o jogador deve posicionar as fichas contendo números reais corretamente no tabuleiro, cujas linhas pontilhadas equivalem a 1 (uma) unidade de medida. Cada acerto vale 10 pontos.

Na sua vez de jogar, Clara recebe as seguintes fichas:

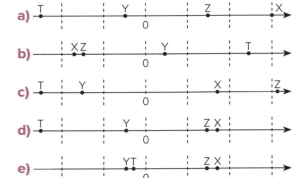

Para que Clara atinja 40 pontos nessa rodada, a figura que representa seu jogo, após a colocação das fichas no tabuleiro, é:

CAPÍTULO 2
Potenciação

A lenda do jogo de xadrez

O xadrez é um jogo muito antigo e interessante. Além de desenvolver o raciocínio e a capacidade de concentração, proporciona momentos agradáveis.

Existe uma lenda bastante conhecida a respeito desse jogo que envolve o conceito de potência.

Conta-se que um rei, entusiasmado com o xadrez, ordenou que dessem ao inventor desse jogo o que ele pedisse. Este, então, pediu ao soberano:

> 1 grão de trigo pela primeira casa do tabuleiro
> 2 grãos de trigo pela segunda casa
> 4 grãos de trigo pela terceira casa
> 8 grãos de trigo pela quarta casa
> 16 grãos de trigo pela quinta casa
> 32 grãos de trigo pela sexta casa

...e assim sucessivamente, sempre dobrando o número de grãos que foi colocado na casa anterior, até completar as 64 casas.

A vontade do monarca não pôde ser satisfeita. Mesmo juntando todos os celeiros do mundo, não se conseguiria a quantidade pedida pelo inventor:

- dezoito quintilhões, quatrocentos e quarenta e seis quatrilhões, setecentos e quarenta e quatro trilhões, setenta e três bilhões, setecentos e nove milhões, quinhentos e cinquenta e um mil seiscentos e quinze grãos de trigo.

Ou seja:
18 446 744 073 709 551 615

Revendo a potenciação

A potenciação com **expoente natural** é um produto de fatores todos iguais:

$$3^4 = 3 \cdot 3 \cdot 3 \cdot 3 = 81$$

com expoente 4, base 3 e resultado 81.

LEMOS: TRÊS ELEVADO À QUARTA POTÊNCIA.

Veja exemplos:

A. $(-4)^3 = (-4) \cdot (-4) \cdot (-4) = -64$

B. $(-10)^2 = (-10) \cdot (-10) = 100$

C. $0{,}2^3 = 0{,}2 \cdot 0{,}2 \cdot 0{,}2 = 0{,}008$

D. $\left(-\dfrac{3}{5}\right)^4 = \left(-\dfrac{3}{5}\right) \cdot \left(-\dfrac{3}{5}\right) \cdot \left(-\dfrac{3}{5}\right) \cdot \left(-\dfrac{3}{5}\right) = \dfrac{81}{625}$

**Base negativa e expoente ímpar: resultado negativo.
Base negativa e expoente par: resultado positivo.**

Expoente 1

$a^1 = a$ para todo número a em $\mathbb{R}$.

Exemplos:

A. $17^1 = 17$

B. $\left(\dfrac{2}{9}\right)^1 = \dfrac{2}{9}$

C. $(0{,}45)^1 = 0{,}45$

Expoente zero

$a^0 = 1$ para todo número a diferente de zero.

Exemplos:

A. $123^0 = 1$

B. $\left(\dfrac{13}{15}\right)^0 = 1$

C. $(-34)^0 = 1$

Expoente inteiro

A potenciação com expoente inteiro tem outro significado.

INVERTEMOS A BASE E O EXPOENTE FICA POSITIVO.

Exemplos:

A. $(6)^{-2} = \left(\dfrac{1}{6}\right)^2 = \dfrac{1}{36}$

B. $(-4)^{-3} = \left(-\dfrac{1}{4}\right)^3 = -\dfrac{1}{64}$

C. $\left(\dfrac{7}{5}\right)^{-2} = \left(\dfrac{5}{7}\right)^2 = \dfrac{25}{49}$

D. $\left(\dfrac{1}{10}\right)^{-4} = 10^4 = 10\,000$

EXERCÍCIOS DE FIXAÇÃO

1. Calcule:
- a) 10^3
- b) 12^2
- c) $(-5)^3$
- d) $(-1)^{13}$
- e) 23^0
- f) 0^{23}
- g) $(-10)^3$
- h) 25^2
- i) $(-11)^2$
- j) $(-2)^7$
- k) 20^3
- l) $(-52)^0$

2. Resolva as expressões.
- a) $(7^2 - 4^3 : 8^2) : 2^4$
- b) $(9^2 - 1^7) : 2^3 + 11^2$
- c) $(2 + 216 : 12)^2 : 5^2$

3. Calcule:
- a) 7^{-2}
- b) $1{,}2^2$
- c) $\left(\dfrac{2}{3}\right)^{-3}$
- d) $\left(-\dfrac{1}{5}\right)^{-3}$
- e) $0{,}3^2$
- f) $(-0{,}5)^{-2}$
- g) $0{,}01^{-1}$
- h) $(-3)^{-4}$

4. Resolva as expressões.
- a) $\dfrac{\left(\dfrac{1}{5}\right)^{-1} + \left(\dfrac{1}{6}\right)^{-1} + \left(\dfrac{1}{3}\right)^{-1}}{\left(\dfrac{1}{7}\right)^{-1}}$
- b) $0{,}2^2 \cdot 0{,}5^2 \cdot 10^4 - 10^2$

5. Qual é o maior número?

100^{-2} $\quad$ 10^{-2} $\quad$ 10^{-1} $\quad$ 10^0

6. Elevei o quadrado de $\dfrac{2}{3}$ ao expoente (-2). Que número obtive?
- a) $\dfrac{4}{9}$
- b) $-\dfrac{4}{9}$
- c) $\dfrac{9}{4}$
- d) $-\dfrac{9}{4}$

7. Em cada item, faça o registro como mostrado no exemplo.

$7\,000 = 7 \cdot 1000 = 7 \cdot 10^3$

- a) 900
- b) 1300
- c) 8 000 000
- d) 5 000 000 000

8. Quantos algarismos tem o número $6 \cdot 10^{18}$?

9. Complete os espaços tornando as igualdades verdadeiras.

Observe: $1\,m = 100\,cm = 10^2\,cm$

- a) $2\,kg =$ ▭ $g = 2 \cdot$ ▭ $g = 2 \cdot 10^3\,g$
- b) $4\,m =$ ▭ $mm = 4 \cdot$ ▭ $mm = 4 \cdot 10^3\,mm$
- c) $7\,km =$ ▭ $m = 7 \cdot$ ▭ $m = 7 \cdot 10^3\,m$

+ AQUI TEM MAIS

Nosso sistema de numeração é decimal. Por isso, as potências de base 10 são importantes, especialmente para as ciências. Repare que essas potências se relacionam com **cada ordem** do sistema de numeração decimal:

$10^0 = 1$	(unidade)
$10^1 = 10$	(dezena)
$10^2 = 100$	(centena)
$10^3 = 1000$	(unidade de milhar)
$10^4 = 10\,000$	(dezena de milhar)
$10^5 = 100\,000$	(centena de milhar)
$10^6 = 1\,000\,000$	(unidade de milhão)

e assim por diante.

Expoente positivo: o número de zeros **à direita** de 1 é igual ao valor do expoente.

O padrão se mantém para ordens menores do que a unidade:

$10^{-1} = 0{,}1$	(décimos)
$10^{-2} = 0{,}01$	(centésimos)
$10^{-3} = 0{,}001$	(milésimos)
$10^{-4} = 0{,}0001$	(décimos de milésimos)

e assim por diante.

Expoente negativo: o número de zeros **à esquerda** de 1 é igual ao valor absoluto do expoente.

Essas conclusões permitem registrar facilmente qualquer potência de base 10.

Propriedades das potências

Observe algumas operações com potências de expoentes inteiros e bases reais não nulas.

1 $a^m \cdot a^n = a^{m+n}$

2 $a^m : a^n = a^{m-n}$

3 $(a^m)^n = a^{m \cdot n}$

4 $(a \cdot b)^m = a^m \cdot b^m$

Exemplos:

A. $a^2 \cdot a^3 = (a \cdot a) \cdot (a \cdot a \cdot a) = a^5 = a^{2+3}$

B. $a^5 : a^3 = \dfrac{a \cdot a \cdot \cancel{a} \cdot \cancel{a} \cdot \cancel{a}}{\cancel{a} \cdot \cancel{a} \cdot \cancel{a}} = a \cdot a = a^2 = a^{5-3}$

C. $(a^2)^3 = a^2 \cdot a^2 \cdot a^2 = a^{2+2+2} = a^6 = a^{2 \cdot 3}$

D. $(a \cdot b)^3 = (a \cdot b) \cdot (a \cdot b) \cdot (a \cdot b) = a \cdot a \cdot a \cdot b \cdot b \cdot b = a^3 \cdot b^3$

EXERCÍCIOS DE FIXAÇÃO

10. Escreva em uma única potência.
   a) $5^7 \cdot 5^2$
   b) $2^9 \cdot 2$
   c) $2^4 \cdot 2^{-3}$
   d) $6^{-2} \cdot 6^6$
   e) $5^3 \cdot 5^{-1} \cdot 5^4$
   f) $7^x \cdot 7^{x+2}$

11. Escreva em uma única potência.
   a) $7^{10} : 7^8$
   b) $3^2 : 3^{-5}$
   c) $11^{-5} : 11^3$
   d) $3 : 3^{-4}$
   e) $10^{2x} : 10^{-3x}$
   f) $13^x : 13^{x+2}$

12. Responda:
   a) Quanto é o dobro de 2^7?
   b) Quanto é o quádruplo de 2^{10}?
   c) Qual é a metade de 2^{15}?
   d) Qual é a quarta parte de 2^{10}?

13. Responda:
   a) Qual é o valor de $3^{500} : 3^{498}$?
   b) Qual é o valor de $(-10)^{20} : (-10)^{16}$?

14. Aplique as propriedades das potências.
   a) $(3^2)^4$
   b) $(10^5)^3$
   c) $(7^3)^x$
   d) $(5^2)^{-1}$
   e) $(7^{-3})^{-2}$
   f) $(5 \cdot 6)^2$

15. Aplique as propriedades das potências.
   a) $(2 \cdot 3 \cdot 4)^2$
   b) $(5 \cdot 2^3)^{-2}$

16. Indique as expressões que têm o mesmo valor.
   A. $5 \cdot 5 \cdot 5 \cdot 5 \cdot 5$
   B. $(5^2)^4$
   C. $(5^2)^2$
   D. $5^4 \cdot 5^2$
   E. 25^4
   F. $5 \cdot 5 \cdot 5 \cdot 5$
   G. $(5^3)^2$
   H. $5^4 \cdot 5$

17. Responda escrevendo na forma de potência.
   a) Quanto é o quadrado de 7^5?
   b) Quanto é o cubo de 7^5?

18. O triplo de 3^6 vale:
   a) 3^7.
   b) 3^{18}.
   c) 9^6.
   d) 9^{18}.

19. A quinta parte de 5^{55} é:
   a) 1.
   b) 5^{11}.
   c) 5^{50}.
   d) 5^{54}.

20. O número $(5^3 \cdot 5^2)^2 : 5^4$ pode ser escrito como:
   a) 5^6.
   b) 5^8.
   c) 5.
   d) 5^{14}.

21. (PUC-SP) O valor da expressão $\dfrac{10^{-3} \cdot 10^5}{10 \cdot 10^4}$ é:
   a) 10.
   b) 10^3.
   c) 10^{-2}.
   d) 10^{-3}.

Notação científica

A notação científica permite simplificar registros utilizando potências de base 10.

Exemplo:

A distância entre a Terra e o planeta Marte é de cerca de 55 800 000 km.

Em notação científica, escrevemos essa distância assim: $5{,}58 \cdot 10^7$ km.

Uma formiga tem massa média de 0,003 g.

Em notação científica, registramos: $3 \cdot 10^{-3}$ g.

> Para registrar um número em notação científica, usamos um número entre 1 e 10 (incluindo o 1) multiplicado pela potência de base 10 adequada.

OS REGISTROS FICAM MAIS SIMPLES SEM TANTOS ZEROS!

Veja mais exemplos de registros em notação científica:

A. $0{,}045$ kg $= 4{,}5 \cdot 10^{-2}$ kg

B. $32\,000$ m $= 3{,}2 \cdot 10^4$ m

C. $0{,}00012$ L $= 1{,}2 \cdot 10^{-4}$ L

D. $76\,450\,000$ km $= 7{,}645 \cdot 10^7$ km

Operações em notação científica

Nas ciências, é comum ter de efetuar operações com números registrados em notação científica. Vamos ver alguns exemplos.

Multiplicação e divisão

A. Num experimento, a massa de uma minúscula esfera de metal foi medida: $1{,}2 \cdot 10^{-3}$ g.

Qual é a massa de 450 esferas iguais a essa?

$450 = 4{,}5 \cdot 10^2$

Para calcular a massa das 450 esferas, devemos fazer: $4{,}5 \cdot 10^2 \cdot 1{,}2 \cdot 10^{-3}$.

Multiplicamos os números: $4{,}5 \cdot 1{,}2 = 5{,}4$.

Multiplicamos as potências, aplicando as propriedades que conhecemos: $10^2 \cdot 10^{-3} = 10^{-1}$.

A massa das 450 esferas é de $5{,}4 \cdot 10^{-1}$ g.

B. A tabela apresenta a distância entre alguns planetas do Sistema Solar e o Sol. A distância entre Netuno e o Sol é quantas vezes maior do que a distância entre a Terra e o Sol?

Para descobrir quantas vezes uma medida cabe em outra, fazemos uma divisão:

$(4{,}5 \cdot 10^9 \text{ km}) : (1{,}5 \cdot 10^8 \text{ km}) = \dfrac{4{,}5 \cdot 10^9}{1{,}5 \cdot 10^8}$

Primeiro, dividimos os números $4{,}5 : 1{,}5 = 3$.

Depois, usamos a propriedade da divisão de potências de mesma base:

$10^9 : 10^8 = 10^1 = 10$

$\dfrac{4{,}5 \cdot 10^9}{1{,}5 \cdot 10^8} = 3 \cdot 10 = 30$

Ou seja, a distância entre Netuno e o Sol é aproximadamente 30 vezes a distância entre a Terra e o Sol.

Distância aproximada entre os planetas e o Sol	
Planeta	Distância
Vênus	$1{,}1 \cdot 10^6$ km
Marte	$2{,}28 \cdot 10^6$ km
Terra	$1{,}5 \cdot 10^8$ km
Saturno	$1{,}4 \cdot 10^9$ km
Netuno	$4{,}5 \cdot 10^9$ km

Adição e subtração

C. No laboratório de Ciências, uma aluna deve somar três medidas de comprimento registradas em notação científica: $1,2 \cdot 10^2$ mm; $1,6 \cdot 10^2$ mm; e $1,4 \cdot 10^2$ mm.
Para isso, basta somar os números e manter a potência.
$1,2 + 1,6 + 1,4 = 4,2$
A soma das medidas é $4,2 \cdot 10^2$ mm.

> A potência 10^2 aparece nas três parcelas.
> É como se tivéssemos termos semelhantes somados:
> $1,2x + 1,6x + 1,4x = 4,2x$.

D. No reservatório de uma pequena cidade, havia $2,7 \cdot 10^3$ m³ de água. Em certo dia, foram consumidos $2,6 \cdot 10^2$ m³ de água pelos moradores. Quantos metros cúbicos restaram no reservatório? Neste problema, as potências de base 10 não têm o mesmo expoente. Para fazer a subtração, é preciso reescrever uma delas para ficarmos com expoentes iguais:

$2,7 \cdot 10^3 = 27 \cdot 10^2$ ⟶ A medida é a mesma, só mudamos a forma de registro.
$27 \cdot 10^2 - 2,6 \cdot 10^2 = 24,4 \cdot 10^2$

Em notação científica, temos que restaram no reservatório $2,44 \cdot 10^3$ m³ de água.

EXERCÍCIOS DE FIXAÇÃO

22. Registre usando notação científica.
a) 0,034 cm
b) 650 g
c) 0,0007 L
d) 1 450 000 km

23. Um livro de Matemática tem 200 páginas e espessura de 4 cm. Registre a espessura de cada folha em centímetros e em notação científica.

24. Um medicamento contém $4 \cdot 10^{-5}$ g de certo elemento químico em cada comprimido. Quantos gramas desse elemento são necessários para produzir 30 comprimidos? Dê a resposta em notação científica.

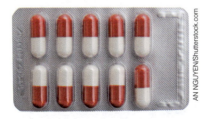

25. A massa do planeta Terra é de aproximadamente $6 \cdot 10^{24}$ kg. Um meteoro que caiu em solo russo em 2013 tinha massa de 10 000 toneladas. A massa da Terra é igual à massa de quantos meteoros como esse?

26. Efetue, registrando o resultado em notação científica.
a) $7,5 \cdot 10^4 \cdot 2,4 \cdot 10^3$
b) $(4,18 \cdot 10^5) : (4 \cdot 10^2)$
c) $4,8 \cdot 10^{-2} + 5,6 \cdot 10^{-2}$
d) $9,49 \cdot 10^5 - 6,4 \cdot 10^4$
e) $3,2 \cdot 10^{-4} \cdot 1,8 \cdot 10^2$
f) $(5,35 \cdot 10^6) : (5 \cdot 10^{-2})$
g) $6,4 \cdot 10^{-3} + 8,8 \cdot 10^{-3}$
h) $3,22 \cdot 10^2 - 0,12 \cdot 10^2$

EXERCÍCIOS COMPLEMENTARES

27. Aplique as propriedades das potências para calcular:

a) $(9^5 \cdot 9^8) : (9^2)^8$

b) $\dfrac{10^2 \cdot 10^5}{10^2}$

c) $[(5^3)^3 \cdot 5^{-8}] : 5^2$

d) $\left(\dfrac{3}{4}\right)^7 : \left(\dfrac{3}{4}\right)^{10}$

e) $(5^2)^3 \cdot 5^{-7} : 5^2$

f) $[(-8)^{-5} \cdot (-8)^{-4}] : (-8)^{-11}$

g) $\left(-\dfrac{1}{3}\right)^7 \cdot \left(-\dfrac{1}{3}\right)^{-12} \cdot \left(-\dfrac{1}{3}\right)^7$

h) $\dfrac{[(-4)^2]^3}{(-4)^4 \cdot (-4)^5}$

28. Copie as igualdades no caderno substituindo os espaços pelo expoente correto.

a) $10^3 \cdot 10^{\square} = 100\,000$

b) $10^{-1} \cdot 10^{\square} = 0,001$

c) $10^4 : 10^{\square} = 10$

d) $10^{\square} : 10^8 = 0,1$

29. Sendo $a \neq 0$, a expressão $\dfrac{[(a)^2]^7 : a^{15}}{[(a)^{-2}]^3 \cdot a^5}$ tem resultado igual a:

a) -1.
b) 1.
c) a.
d) $-a$.

30. Veja como Paulinho calculou $81^2 : 27^3$:

$81 = 3^4$ e $27 = 3^3$

$81^2 : 27^3 = (3^4)^2 : (3^3)^3 = 3^8 : 3^9 = 3^{-1} = \dfrac{1}{3}$

Aplique essas ideias para calcular:

a) $128^2 : 16^3$

b) $25^2 : 125^2$

c) $\dfrac{8^4 \cdot 32^3}{64^5}$

d) $\dfrac{6^{10}}{2^8 \cdot 3^8}$

31. Sabendo que a, b, x e y são números inteiros diferentes de zero, classifique as afirmações abaixo em verdadeiras (**V**) ou falsas (**F**).

a) $a^{x+y} = a^x \cdot a^y$

b) $(a+b)^x = a^x + b^x$

c) $a^x \cdot b^x = (a \cdot b)^x$

d) $a^x + b^x = (a+b)^{2x}$

e) $(a^x)^x = a^{2x}$

32. (UFJF) Para representar números muito grandes, ou muito pequenos, usa-se a notação científica. Um número escrito em notação científica é do tipo $n \cdot 10p$, em que $1 \leq n < 10$ e p é um número inteiro. Leia as afirmativas abaixo.

I) A distância entre a Terra e o Sol é de aproximadamente 149 600 000 000 metros.

II) O diâmetro de uma célula é de aproximadamente 0,0045 centímetros.

As medidas citadas nas afirmativas I e II escritas em notação científica são, respectivamente:

a) $1,496 \cdot 10^{11}$ e $4,5 \cdot 10^{-3}$.

b) $1,496 \cdot 10^8$ e $4,5 \cdot 10^{-2}$.

c) $1,496 \cdot 10^{11}$ e $4,5 \cdot 10^3$.

d) $1496 \cdot 10^8$ e $45 \cdot 10^{-4}$.

33. (Pasusp) As células da bactéria *Escherichia coli* têm formato cilíndrico, com $8 \cdot 10^{-7}$ metros de diâmetro. O diâmetro de um fio de cabelo é de aproximadamente $1 \cdot 10^{-4}$ metros. Dividindo-se o diâmetro de um fio de cabelo pelo diâmetro de uma célula de *Escherichia coli*, obtém-se, como resultado:

a) 125.
b) 250.
c) 500.
d) 1000.
e) 8000.

PANORAMA

FAÇA AS ATIVIDADES A SEGUIR E REVEJA O QUE VOCÊ APRENDEU.

34. Qual das alternativas completa corretamente a igualdade $2^{-5} \cdot \boxed{} = \dfrac{1}{4}$?

a) 2
b) 2^2
c) 2^3
d) 2^4

35. A expressão $\dfrac{10^4 \cdot 10^3}{10^7}$ resulta:

a) 0.
b) 1.
c) 10.
d) 100.

36. (Fatec) Das três sentenças abaixo:

I. $2^{x+3} = 2^x \cdot 2^3$
II. $(25)^x = 5^{2x}$
III. $2^x + 3^x = 5^x$

a) somente a I é verdadeira.
b) somente a II é verdadeira.
c) somente a III é verdadeira.
d) somente a II é falsa.
e) somente a III é falsa.

37. (ENA) Sejam $a = 2^{7\,000}$, $b = 5^{3\,000}$ e $c = 13^{2\,000}$. Assinale a alternativa correta.

a) $b < a < c$
b) $a < b < c$
c) $c < b < a$
d) $a < c < b$
e) $b < c < a$

38. A Via Láctea é a galáxia onde se encontra o Sistema Solar. Estima-se que há 400 bilhões de estrelas nessa galáxia. Esse número, em notação científica, é igual a:

a) $400 \cdot 10^9$.
b) $400 \cdot 10^{11}$.
c) $4 \cdot 10^{11}$.
d) $4 \cdot 10^{13}$.

39. Um ano-luz é a **distância** que a luz percorre em um ano. A velocidade da luz é de aproximadamente $3 \cdot 10^8$ metros por segundo. Um ano tem 32 milhões de segundos. Então, em um ano, a luz percorre:

↑ A Via Láctea, nossa galáxia, parece uma grande espiral, e o Sol, a estrela mais próxima da Terra, aparece na foto como um ponto brilhante redondo.

a) $6,4 \cdot 10^{15}$ m.
b) $9,6 \cdot 10^{15}$ m.
c) $9,6 \cdot 10^{13}$ m.
d) $6,2 \cdot 10^{14}$ m.

40. Se $x = 2^5 \cdot 4^2 \cdot 5^4$ e $y = 2^8 \cdot 5^3$, então $x : y$ é igual a:

a) $\dfrac{1}{10}$.
b) -10.
c) 10.
d) 2.
e) 5.

41. Eliana somou estas três medidas expressas em notação científica:

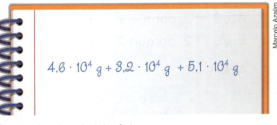

$4,6 \cdot 10^4$ g $+ 3,2 \cdot 10^4$ g $+ 5,1 \cdot 10^4$ g

O resultado obtido foi:

a) $7,8 \cdot 10^4$ g.
b) $12,9 \cdot 10^3$ g.
c) $1,29 \cdot 10^{12}$ g.
d) $1,29 \cdot 10^5$ g.

CAPÍTULO 3
Radicais

Raízes

Os cálculos de uma raiz e de uma potência são operações inversas.

Observe os quadrados e acompanhe as etapas para determinar a medida que falta.

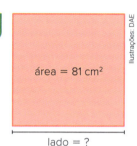

A A área do quadrado é 49 cm², pois 7² = 49.

B Neste caso, o raciocínio é o inverso do anterior. O número natural que elevado ao quadrado resulta em 81 é 9. Então, o lado do quadrado mede 9 cm.

Escrevemos: $\sqrt{81} = 9$, pois $9^2 = 81$

Dizemos que 9 é a raiz quadrada de 81.

Veja esta outra situação:

Sabe-se que o volume de um cubo é igual a 125 cm³.

Quanto mede a aresta desse cubo?

O número natural que elevado ao cubo resulta em 125 é 5. Então, a aresta do cubo mede 5 cm.

Escrevemos: $\sqrt[3]{125} = 5$, pois $5^3 = 125$

Dizemos que 5 é a raiz cúbica de 125.

Existem também raiz quarta, raiz quinta, raiz sexta e assim por diante.

Exemplos

A. $\sqrt{9} = 3$, porque $3^2 = 9$

B. $\sqrt[3]{8} = 2$, porque $2^3 = 8$

C. $\sqrt[4]{16} = 2$, porque $2^4 = 16$

D. $\sqrt[5]{1} = 1$, porque $1^5 = 1$

Assim:

> Se a é um número **positivo** e n é um número natural **maior que 1**, então a raiz enésima de a é um número b positivo, tal que $b^n = a$.

Na expressão $\sqrt[3]{8} = 2$:

- 3 é o **índice** do radical;
- 8 é o **radicando**;
- 2 é a **raiz**.

Na indicação da raiz quadrada, podemos omitir o índice 2.

EXERCÍCIOS DE FIXAÇÃO

1. Complete de modo que as sentenças se tornem verdadeiras.

a) $\sqrt{} = 2$ d) $\sqrt{} = 7$ g) $\sqrt{} = 0$

b) $\sqrt{} = 20$ e) $\sqrt{} = 0{,}7$ h) $\sqrt{} = 0{,}2$

c) $\sqrt{40\,000} = $ f) $\sqrt{4\,900} = $ i) $\sqrt{0{,}01} = $

2. Complete de modo que as sentenças se tornem verdadeiras.

a) $\sqrt[3]{125} = $ d) $\sqrt[3]{} = 0{,}2$ g) $\sqrt[3]{} = 30$

b) $\sqrt[3]{} = 20$ e) $\sqrt[3]{27} = $ h) $\sqrt[4]{0} = $

c) $\sqrt[3]{} = 200$ f) $\sqrt[3]{0{,}001} = $ i) $\sqrt[5]{} = 1$

3. Calcule.

a) $\sqrt{\dfrac{36}{25}}$ b) $\sqrt{\dfrac{1}{100}}$ c) $\sqrt{\dfrac{49}{121}}$

4. Calcule a diferença entre a raiz quadrada de 64 e a raiz cúbica de 125.

5. Você sabe que um número natural é um quadrado perfeito se sua raiz quadrada for um número natural. Quais dos números abaixo são quadrados perfeitos?

1   4   10   20   36   48   64

6. Situe $\sqrt{12}$ entre dois números naturais consecutivos.

Solução:
$1^2 = 1$
$2^2 = 4$
$3^2 = 9$ — 9 é menor que 12
$4^2 = 16$ — 16 é maior que 12

$\sqrt{9} < \sqrt{12} < \sqrt{16}$
3   $\sqrt{12}$ 4

Podemos concluir que $\sqrt{12}$ é um número compreendido entre 3 e 4.

7. Situe cada raiz quadrada entre dois números naturais consecutivos.

a) $\sqrt{7}$ c) $\sqrt{43}$ e) $\sqrt{180}$

b) $\sqrt{20}$ d) $\sqrt{109}$ f) $\sqrt{405}$

8. Rogério pensou em um número e determinou sua raiz quadrada. O resultado foi 25. Em que número ele pensou?

9. Um terreno quadrado tem 900 m² de área.

a) Qual é a medida do lado desse quadrado?

b) Quantos metros mede seu perímetro?

c) Qual é a área, em metros quadrados, de um terreno com o dobro da medida do lado desse quadrado?

Raízes de índice par

Quando elevamos um número positivo ou negativo ao quadrado (ou a qualquer outro expoente par), o resultado é sempre um número positivo.

Veja:

A $(+7)^2 = 49$
B $(-7)^2 = 49$

→ O número 49 tem duas raízes quadradas, que são 7 e −7.

C $(+2)^4 = 16$
D $(-2)^4 = 16$

→ O número 16 tem duas raízes quartas, que são 2 e −2.

O resultado de uma operação deve ser único, por isso, convencionamos que:

- $\sqrt{49} = 7$
- $-\sqrt{49} = -7$
- $\sqrt[4]{16} = 2$
- $-\sqrt[4]{16} = -2$

Os exemplos nos mostram que, se o índice do radical for par, todo número real positivo terá duas raízes, uma positiva e outra negativa.

É importante saber:

> Não existe raiz real de um número negativo se o índice do radical for par.

Exemplos:

A. $\sqrt{-9}$ não existe em $\mathbb{R}$ porque não há nenhum número real que elevado a 2 resulte em −9.

B. $\sqrt[4]{-16}$ não existe em $\mathbb{R}$ porque não há nenhum número real que elevado a 4 resulte em −16.

Perceba que existe diferença entre: $-\sqrt{9}$ e $\sqrt{-9}$

É igual a −3. ←   → Não existe em $\mathbb{R}$.

Raízes de índice ímpar

Se o índice do radical for ímpar, cada número real tem apenas uma raiz.

Exemplos:

A. $\sqrt[3]{8} = 2$, porque $2^3 = 8$
B. $\sqrt[3]{-8} = -2$, porque $(-2)^3 = -8$
C. $\sqrt[5]{1} = 1$, porque $1^5 = 1$
D. $\sqrt[5]{-1} = 1$, porque $(-1)^5 = -1$

Radicando positivo ⟶ raiz positiva
Radicando negativo e índice ímpar ⟶ raiz negativa

Resumo
- **Só existem raízes de índice par de números não negativos.**
- Os números positivos têm duas raízes de índice par: uma positiva e outra negativa.
- Para qualquer número positivo ou negativo existe uma única raiz de índice ímpar.

EXERCÍCIOS
DE FIXAÇÃO

10. Existem dois números elevados ao quadrado que resultam em 100. Quais são eles?

11. Determine as raízes.
- a) $\sqrt{81}$
- b) $\sqrt{100}$
- c) $\sqrt[3]{1}$
- d) $\sqrt[3]{-1}$
- e) $\sqrt[4]{81}$
- f) $\sqrt{121}$
- g) $\sqrt[5]{32}$
- h) $\sqrt[5]{-32}$
- i) $\sqrt{400}$
- j) $\sqrt[6]{64}$
- k) $\sqrt[3]{1000}$
- l) $\sqrt[3]{-1000}$

12. Por que não existe a raiz quadrada de -25 quando trabalhamos com números reais?

13. Responda.
- a) Qual é o valor de $-\sqrt{121}$?
- b) Qual é o valor de $\sqrt{-121}$?

14. Que número em cada item não tem relação com os demais? Explique o porquê.

a)
64	121	25	144
36	150	100	

b)
1	64	48	8
125	27	216	

15. Calcule cada expressão, caso exista em $\mathbb{R}$.
- a) $\sqrt{64}$
- b) $-\sqrt{64}$
- c) $\sqrt{-64}$
- d) $\sqrt[4]{81}$
- e) $-\sqrt[4]{81}$
- f) $\sqrt[4]{-81}$
- g) $\sqrt[6]{1}$
- h) $-\sqrt[6]{1}$
- i) $\sqrt[6]{-1}$
- j) $\sqrt[3]{27}$
- k) $\sqrt[3]{-27}$
- l) $-\sqrt[3]{-27}$

16. Qual das seguintes expressões é a maior?
- a) $\sqrt{100}$
- b) $\dfrac{1}{0{,}01}$
- c) $\sqrt{1000}$
- d) $\sqrt{\dfrac{1}{0{,}1}}$

17. Calcule.
- a) $\sqrt{3^2 + 4^2}$
- b) $\sqrt{(-5)^2 - 4 \cdot 1 \cdot 6}$

18. Calcule.
- a) $\dfrac{-4 + \sqrt{100}}{3}$
- b) $\dfrac{-(-7) + \sqrt{1}}{2 \cdot 6}$

19. Calcule.
- a) $\dfrac{-2 - \sqrt{2^2 - 4 \cdot 1 \cdot (-3)}}{2 \cdot 1}$
- b) $\left[\dfrac{(-10) + 5 - (-4)}{\sqrt{9} + \sqrt[3]{-8}} \right]^3$

20. Qual é o valor da expressão?
- a) $\dfrac{\sqrt{81} + \sqrt{49}}{\sqrt{81} - \sqrt{49}}$
- b) $\dfrac{\dfrac{1}{2} + 5{,}5}{\sqrt{9}}$

21. Na figura há três quadrados, um sobre o outro: o quadrado amarelo tem 64 cm² de área, e o quadrado roxo tem 121 cm² de área. Sabendo-se que os segmentos AB e BC têm a mesma medida, responda qual é a área do quadrado azul.

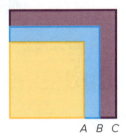

22. Observe a planta a seguir e responda às questões.

a) Qual é a área da sala do dr. João, sabendo-se que as outras duas salas são quadradas?

b) Qual das salas tem o maior perímetro?

Potência com expoente fracionário

Quanto vale $16^{\frac{1}{2}}$?

Sabemos que o expoente $\frac{1}{2}$ está entre os inteiros 0 e 1.
Sabemos também que:

- $16^0 = 1$
- $16^1 = 16$

Assim, $16^{\frac{1}{2}}$ deve ser um número entre 1 e 16.

Considerando que $16 = 2^4$ e que na potenciação com expoentes fracionários são válidas as mesmas propriedades da potenciação com expoentes inteiros, teremos:

$$16^{\frac{1}{2}} = (2^4)^{\frac{1}{2}} = 2^2 = 4$$

Observe que:
$$16^{\frac{1}{2}} = \sqrt[2]{16^1} = 4$$

Dessas considerações, definimos a seguir a potência de expoente fracionário.

Se a é um número real positivo, m é um número inteiro e n é um número natural não nulo, temos: $a^{\frac{m}{n}} = \sqrt[n]{a^m}$.

Exemplos:

A. $8^{\frac{3}{4}} = \sqrt[4]{8^3}$

B. $5^{\frac{1}{2}} = \sqrt{5}$

$\sqrt[3]{7^5} = 7^{\frac{5}{3}}$ ⟶ expoente do radicando / índice da raiz

Propriedades dos radicais

As propriedades a seguir são válidas para os radicais de radicandos positivos.

Propriedade do radical de um produto

Veja:

1. $\sqrt{4 \cdot 25} = \sqrt{100} = 10$
2. $\sqrt{4} \cdot \sqrt{25} = 2 \cdot 5 = 10$

Comparando **1** e **2**, temos: $\sqrt{4 \cdot 25} = \sqrt{4} \cdot \sqrt{25}$

O exemplo nos mostra que:

$$\underbrace{\sqrt[n]{a \cdot b}}_{\text{radical de um produto}} = \underbrace{\sqrt[n]{a} \cdot \sqrt[n]{b}}_{\text{produto de radicais}}$$

Exemplos:

A. $\sqrt{3 \cdot 7} = \sqrt{3} \cdot \sqrt{7}$

B. $\sqrt[4]{5 \cdot 9} = \sqrt[4]{5} \cdot \sqrt[4]{9}$

C. $\sqrt{3 \cdot 8 \cdot 5} = \sqrt{3} \cdot \sqrt{8} \cdot \sqrt{5}$

Propriedade do radical de um quociente

Veja:

1 $\sqrt{\dfrac{4}{9}} = \dfrac{2}{3}$

2 $\dfrac{\sqrt{4}}{\sqrt{9}} = \dfrac{2}{3}$

Comparando **1** e **2**, temos: $\sqrt{\dfrac{4}{9}} = \dfrac{\sqrt{4}}{\sqrt{9}}$

O exemplo nos mostra que:

$$\sqrt[n]{\dfrac{a}{b}} = \dfrac{\sqrt[n]{a}}{\sqrt[n]{b}}$$

radical de um quociente = quociente de radicais

Exemplos:

A. $\sqrt{\dfrac{5}{3}} = \dfrac{\sqrt{5}}{\sqrt{3}}$

B. $\sqrt[3]{\dfrac{2}{7}} = \dfrac{\sqrt[3]{2}}{\sqrt[3]{7}}$

EXERCÍCIOS DE FIXAÇÃO

23. Escreva em forma de potência com expoente fracionário.
a) $\sqrt{3}$
b) $\sqrt[3]{5}$
c) $\sqrt{10^3}$
d) $\sqrt[6]{9^5}$

24. Escreva em forma de radical.
a) $2^{\frac{3}{4}}$
b) $7^{\frac{2}{3}}$
c) $6^{\frac{1}{4}}$
d) $3^{\frac{1}{2}}$

25. Qual é o valor de $900^{\frac{1}{2}}$?

26. Qual é o valor de $64^{\frac{1}{2}} - 125^{\frac{1}{3}}$?

27. A expressão $36^{0,5} - 16^{\frac{1}{2}}$ equivale a:
a) 2.
b) 20.
c) 10.
d) 12.

28. O valor de $(0,04)^{\frac{1}{2}} + (0,09)^{\frac{1}{2}}$ é:
a) 0,5.
b) 0,7.
c) 1.
d) 1,3.

29. O valor da expressão $\left(\dfrac{16}{25}\right)^{\frac{1}{2}} - \left(\dfrac{8}{27}\right)^{\frac{1}{3}}$ é:
a) $\dfrac{3}{4}$.
b) $\dfrac{2}{5}$.
c) $\dfrac{1}{3}$.
d) $\dfrac{2}{15}$.

30. Calcule.
a) $\sqrt{17} \cdot \sqrt{17}$
b) $\sqrt{100 \cdot 49}$
c) $\sqrt{64 \cdot 0,01}$
d) $\sqrt{0,1} \cdot \sqrt{10}$
e) $\sqrt{18} \cdot \sqrt{0,5}$
f) $\sqrt[3]{1\,000} \cdot \sqrt[3]{8}$

31. O valor de $\sqrt{3} \cdot \sqrt{2} \cdot \sqrt{6}$ é:
a) 6.
b) 11.
c) 18.
d) 36.

32. O valor de $\sqrt{5} \cdot \sqrt{10} \cdot \sqrt{0,5}$ é:
a) 1.
b) 5.
c) 25.
d) 10.

33. O valor de $\sqrt{\dfrac{5}{3}} \cdot \sqrt{\dfrac{3}{20}}$ é:
a) $\dfrac{1}{4}$.
b) $\dfrac{1}{2}$.
c) $\dfrac{3}{5}$.
d) 4.

34. Calcule.
a) $\dfrac{\sqrt{49}}{\sqrt{16}}$
b) $\sqrt[3]{\dfrac{8}{125}}$
c) $\dfrac{\sqrt{250}}{\sqrt{10}}$
d) $\dfrac{\sqrt{2} \cdot \sqrt{3}}{\sqrt{6}}$

35. O valor de $\dfrac{\sqrt{48}}{\sqrt{75}}$ é:
a) $\dfrac{2}{3}$.
b) $\dfrac{3}{2}$.
c) $\dfrac{5}{4}$.
d) $\dfrac{4}{5}$.

Propriedade da mudança de índice

Veja:

1 $\sqrt[4]{2^8} = \sqrt[4]{256} = 4$

2 $\sqrt[2]{2^4} = \sqrt{16} = 4$

Comparando **1** e **2**, temos: $\sqrt[4]{2^8} = \sqrt[2]{2^4}$

O exemplo nos mostra que um radical **não** se altera quando o expoente do radicando e o índice do radical são divididos pelo mesmo número. Dizemos que os radicais são equivalentes.

$$\sqrt[n]{a^m} = \sqrt[n:p]{a^{m:p}}$$

Exemplos:

A. $\sqrt[6]{10^4} = \sqrt[6:2]{10^{4:2}} = \sqrt[3]{10^2}$ • O índice e o expoente foram divididos por 2.

B. $\sqrt[10]{7^{15}} = \sqrt[10:5]{7^{15:5}} = \sqrt{7^3}$ • O índice e o expoente foram divididos por 5.

C. $\sqrt[4]{3^8} = \sqrt[4:4]{10^{8:4}} = \sqrt[1]{3^2}$ • O índice e o expoente foram divididos por 4.

O radical de índice 1 é igual ao próprio radicando.

Observe a ilustração do primeiro exemplo.

$\sqrt[6]{10^4} = 10^{\frac{4}{6}}$ simplificando $10^{\frac{2}{3}} = \sqrt[3]{10^2}$

$\sqrt[6]{10^4}$ e $\sqrt[3]{10^2}$ são equivalentes

Mais exemplos:

• $\sqrt{5^2} = 5^{\frac{2}{2}} = 5$

• $\sqrt[3]{7^3} = 7^{\frac{3}{3}} = 7$

• $\sqrt{11^4} = 11^{\frac{4}{2}} = 11^2 = 121$

Essa propriedade tem duas aplicações: simplificação de radicais e redução de radicais ao mesmo índice.

Simplificação de radicais

Simplificar um radical significa escrevê-lo de maneira mais simples, aplicando as propriedades estudadas.

Observe os exemplos a seguir.

A. $\sqrt[3]{a^3 m^2} = \sqrt[3]{a^3} \cdot \sqrt[3]{m^2} = a\sqrt[3]{m^2}$

B. $\sqrt{a^{11}} = \sqrt{a^{10} \cdot a} = a^5 \sqrt{a}$

C. $\sqrt{25a^2b^7} = \sqrt{5^2 \cdot a^2 \cdot b^6 \cdot b} = \sqrt{5^2} \cdot \sqrt{a^2} \cdot \sqrt{b^6} \cdot \sqrt{b} = 5ab^3\sqrt{b}$

D. $\sqrt{576} = \sqrt{2^6 \cdot 3^2} = \sqrt{2^6} \cdot \sqrt{3^2} = 2^3 \cdot 3 = 24$

É SIMPLES!

EXERCÍCIOS
DE FIXAÇÃO

36. Observe e responda: Que número foi usado para dividir o índice e o expoente?

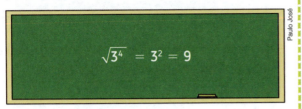

$$\sqrt{3^4} = 3^2 = 9$$

37. Simplifique os radicais.

a) $\sqrt{a^8}$
b) $\sqrt[3]{x^{15}}$
c) $\sqrt{a^2 x}$
d) $\sqrt[4]{2^4 \cdot 5}$
e) $\sqrt{3^2 \cdot 7^2 \cdot 5}$
f) $\sqrt[5]{a^5 x^2 y^5}$

38. Calculando $\sqrt[4]{5^{12}}$, obtemos:

a) 15.
b) 25.
c) 125.
d) 625.

39. Simplifique os radicais.

a) $\sqrt{10^3}$
b) $\sqrt[3]{5^4}$
c) $\sqrt[4]{7^5}$
d) $\sqrt[4]{a^9}$
e) $\sqrt[3]{x^7}$
f) $\sqrt[3]{m^8}$
g) $\sqrt[5]{a^6 x}$
h) $\sqrt{a^4 y^3}$

40. Outra maneira de escrever $\sqrt[3]{2^3 \cdot 5}$ é:

a) $2\sqrt{5}$.
b) $2\sqrt{10}$.
c) $5\sqrt[3]{2}$.
d) $2\sqrt[3]{5}$.

41. Simplifique os radicais observando o exemplo.

$$\sqrt{72} = \sqrt{2^3 \cdot 3^2} = \sqrt{2^2 \cdot 2 \cdot 3^2} =$$
$$= 2 \cdot \sqrt{2} \cdot 3 =$$
$$= 2 \cdot 3 \cdot \sqrt{2} =$$
$$= 6 \cdot \sqrt{2}$$

72	2
36	2
18	2
9	3
3	3
1	

O número 72 foi decomposto em fatores primos (veja ao lado).

a) $\sqrt{2}$
b) $\sqrt{20}$
c) $\sqrt{63}$
d) $\sqrt[3]{8}$
e) $\sqrt{121}$
f) $\sqrt[3]{24}$
g) $\sqrt{36}$
h) $\sqrt[3]{729}$

42. Outra maneira de escrever $\sqrt[4]{80}$ é:

a) $2\sqrt{5}$.
b) $2\sqrt[4]{5}$.
c) $4\sqrt{5}$.
d) $4\sqrt[4]{5}$.

43. Simplifique os radicais como no exemplo.

$$\sqrt{49 a^3} = \sqrt{7^2 \cdot a^2 \cdot a} =$$
$$= \sqrt{7^2} \cdot \sqrt{a^2} \cdot \sqrt{a} = 7a\sqrt{a}$$

a) $\sqrt{25 a^6}$
b) $\sqrt{9 x^8 y}$
c) $\sqrt[3]{27 x^6}$
d) $\sqrt[3]{8 y^{10}}$
e) $\sqrt{9 a^5}$
f) $\sqrt{36 a^4 x}$

AQUI TEM MAIS

Há situações em que é possível simplificar. Veja os exemplos a seguir.

A $\sqrt{28} = \sqrt{4 \cdot 7} = \sqrt{4} \cdot \sqrt{7} = 2\sqrt{7}$

B $\sqrt{32} = \sqrt{16 \cdot 2} = \sqrt{16} \cdot \sqrt{2} = 4\sqrt{2}$

C $\sqrt{75} = \sqrt{25 \cdot 3} = \sqrt{25} \cdot \sqrt{3} = 5\sqrt{3}$

D $\sqrt{500} = \sqrt{100 \cdot 5} = \sqrt{100} \cdot \sqrt{5} = 10\sqrt{5}$

E $\sqrt[3]{16} = \sqrt[3]{8 \cdot 2} = \sqrt[3]{8} \cdot \sqrt[3]{2} = 2\sqrt[3]{2}$

■ quadrado perfeito

■ cubo perfeito

EXERCÍCIOS

COMPLEMENTARES

44. Calcule.

a) $\sqrt{25} - \sqrt{49}$
b) $\sqrt[3]{8} + \sqrt{100}$
c) $2 + \sqrt{49} - \sqrt[3]{-8}$
d) $\sqrt{6^2 + 8^2}$
e) $\sqrt{1,1 - 0,29}$
f) $\sqrt{9^2 - 4 \cdot 1 \cdot 20}$

45. Calcule.

a) $\sqrt{1,44}$
b) $\sqrt{\dfrac{25}{49}}$
c) $-\sqrt{0,49}$
d) $\sqrt[3]{\dfrac{1}{8}}$

46. O valor da expressão $\sqrt{\dfrac{1}{9}} + \dfrac{\sqrt{4}}{3}$ é:

a) 2.
b) 3.
c) 1.
d) $\dfrac{7}{9}$.

47. Qual é o maior número?

a) $\sqrt{4}$ ou $\dfrac{5}{2}$
b) 7,1 ou $\sqrt{50}$

48. O número $\dfrac{\sqrt{105}}{2}$ está compreendido entre:

a) 10 e 11.
b) 11 e 12.
c) 5 e 6.
d) 52 e 53.

49. O valor de $\dfrac{\sqrt{2}}{\sqrt{72}}$ é:

a) 6.
b) $\dfrac{1}{6}$.
c) $\dfrac{1}{3}$.
d) $\dfrac{1}{36}$.

50. Calcule.

a) $\sqrt{18} \cdot \sqrt{2}$
b) $\dfrac{\sqrt{63}}{\sqrt{7}}$
c) $\sqrt{1000} \cdot \sqrt{0,1}$
d) $\dfrac{\sqrt{11}}{\sqrt{44}}$

51. Calcule o valor de cada expressão e simplifique o resultado.

a) $\dfrac{\sqrt{6} \cdot \sqrt{2}}{\sqrt{3}}$
b) $\dfrac{\sqrt{5}}{\sqrt{40} \cdot \sqrt{0,5}}$

52. A figura a seguir é constituída de duas partes retangulares (medidas em cm).

a) Qual é a área do retângulo amarelo?
b) Qual é a área do retângulo vermelho?

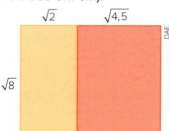

53. Outra maneira de escrever $\sqrt{147}$ é:

a) 21.
b) $2\sqrt{98}$.
c) $3\sqrt{7}$.
d) $7\sqrt{3}$.

54. O volume de um cubo é 1728 cm³. Qual é o comprimento de cada aresta?

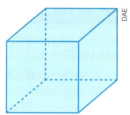

55. Simplifique os radicais.

a) $\sqrt{48}$
b) $\sqrt{128}$
c) $\sqrt{363}$
d) $\sqrt[3]{108}$
e) $\sqrt[3]{128}$
f) $\sqrt[4]{240}$
g) $3\sqrt{20}$
h) $-7\sqrt{480}$

56. (SEE-SP) $\sqrt{50}$ e $\sqrt[3]{120}$ são respectivamente iguais a:

a) $5\sqrt{10}$ e $2\sqrt[3]{15}$.
b) $5\sqrt{2}$ e $2\sqrt[3]{15}$.
c) $5\sqrt{10}$ e $3\sqrt[3]{40}$.
d) $5\sqrt{2}$ e $3\sqrt[3]{40}$.

57. (SEE-SP) A sentença verdadeira é:

a) $\sqrt{12} > 4$.
b) $\sqrt{12} < 2\sqrt{3}$.
c) $\sqrt{12} > 3\sqrt{2}$.
d) $\sqrt{12} < 4\sqrt{3}$.

58. (PUC-SP) O valor de $\left(\dfrac{27}{125}\right)^{-\frac{1}{3}}$ é:

a) 15.
b) $\dfrac{1}{5}$.
c) $\dfrac{5}{3}$.
d) $\dfrac{125}{3}$.

59. (UFRN) $\sqrt{13 + \sqrt{7 + \sqrt{2 + \sqrt{4}}}}$ é igual a:

a) 4.
b) 5.
c) 6.
d) 7.

60. (PUC-SP) Qual o valor de $\dfrac{\sqrt{1 + \sqrt{289}}}{\sqrt{21 + \sqrt{121}}}$?

a) $\dfrac{3}{4}$
b) $\dfrac{7}{4}$
c) $\dfrac{3}{8}$
d) $\dfrac{5}{11}$

PANORAMA

FAÇA AS ATIVIDADES A SEGUIR E REVEJA O QUE VOCÊ APRENDEU.

61. Qual dos quatro números abaixo é o menor?

a) $\dfrac{1}{\sqrt{9}}$ c) $\left(\dfrac{1}{9}\right)^2$

b) $\dfrac{\frac{1}{9}}{2}$ d) $\dfrac{2}{\frac{1}{9}}$

62. Quantos números inteiros estão entre $\sqrt{7}$ e $\sqrt{39}$?

a) 6   b) 8   c) 4   d) 32

63. (OBM) Quantos dos números abaixo são maiores que 10?

| $3\sqrt{11}$ | $4\sqrt{7}$ | $5\sqrt{5}$ | $6\sqrt{3}$ | $7\sqrt{2}$ |

a) 2   b) 3   c) 4   d) 5

64. (SEE-SP) A sentença verdadeira é:

a) $2\sqrt{3} = 3\sqrt{2}$.

b) $\sqrt{9} < 3\sqrt{2}$.

c) $\sqrt{50} > 5\sqrt{2}$.

d) $\sqrt[3]{27} > \sqrt{17}$.

65. (PUC-RJ) O valor de $\sqrt{0{,}444\ldots}$ é:

a) $0{,}222\ldots$

b) $0{,}333\ldots$

c) $0{,}444\ldots$

d) $0{,}666\ldots$

66. (UEMT) O número $\sqrt{2352}$ corresponde a:

a) $4\sqrt{7}$.

b) $4\sqrt{21}$.

c) $28\sqrt{3}$.

d) $56\sqrt{3}$.

67. (Unirio-RJ) O valor de

$\sqrt{15 - \sqrt{32 + \sqrt{25 - \sqrt{81}}}}$ é:

a) 1.   b) 2.   c) 3.   d) 4.

68. (PUC-SP) Simplificando $\sqrt{\dfrac{75}{12}}$ obtemos:

a) $\dfrac{5}{3}$.   c) $\sqrt{\dfrac{5}{2}}$.

b) $\dfrac{5}{2}$.   d) $\sqrt{\dfrac{5}{3}}$.

69. (UFPel-RS) O valor da expressão

$\left(\dfrac{1}{4}\right)^{0{,}5} : \left(\dfrac{1}{32}\right)^{0{,}2}$ é:

a) 0,5.   b) 0,25.   c) 0,75.   d) 1.

70. (Unip-SP) O valor da expressão numérica

$\dfrac{\sqrt[3]{-1} + \sqrt[3]{8} + \sqrt{4}}{\sqrt{9+16}}$ é:

a) 0,6.   c) 0,75.

b) $\dfrac{3}{7}$.   d) $\dfrac{1}{2}$.

71. (Fuvest-SP) O valor da expressão

$\dfrac{0{,}3 - \frac{1}{4}}{\sqrt[5]{-1}} + 0{,}036 : 0{,}04$ é:

a) 0,85.   c) 8,85.

b) 0,95.   d) 8,95.

72. (Vunesp) A figura representa um terreno retangular de 36 m de comprimento por 20 m de largura, no qual pretende-se construir apenas um galpão quadrado. Após a construção, a área livre do terreno será de 684 m².

Dessa forma, cada lado do galpão medirá:

a) 6 m.   c) 5,5 m.

b) 7 m.   d) 6,5 m.

CAPÍTULO 4
Operações com radicais

Radicais semelhantes

Radicais semelhantes são os que têm o mesmo índice e o mesmo radicando.

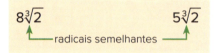

Exemplos:

- São semelhantes:

  $7\sqrt{3}$ e $2\sqrt{3}$

  $4\sqrt[3]{a}$ e $-5\sqrt[3]{a}$

- Não são semelhantes:

  $5\sqrt{3}$ e $5\sqrt{8}$ → Os radicandos são diferentes.

  $9\sqrt[3]{7}$ e $5\sqrt{7}$ → Os índices são diferentes.

Adição e subtração de radicais

Os radicais são semelhantes

Para adicionarmos ou subtrairmos radicais semelhantes, procedemos como na redução de termos semelhantes de uma adição algébrica.

Exemplos:

A. $5\sqrt{2} + 3\sqrt{2} = (5+3)\sqrt{2} = 8\sqrt{2}$

B. $7\sqrt{a} - 4\sqrt{a} = (7-4)\sqrt{a} = 3\sqrt{a}$

C. $2\sqrt{7} - 10\sqrt{7} = (2-10)\sqrt{7} = -8\sqrt{7}$

D. $2\sqrt[3]{5} - 7\sqrt[3]{5} + \sqrt[3]{5} = (2-7+1)\sqrt[3]{5} = -4\sqrt[3]{5}$

É COMO REDUZIR TERMOS SEMELHANTES!

Os radicais se tornam semelhantes após sua simplificação

Exemplos:

A. $\sqrt{8} + 11\sqrt{2} = \sqrt{2^3} + 11\sqrt{2} = \sqrt{2^2 \cdot 2} + 11\sqrt{2} = 2\sqrt{2} + 11\sqrt{2} = 13\sqrt{2}$

B. $\sqrt{75} + \sqrt{48} = \sqrt{5^2 \cdot 3} + \sqrt{4^2 \cdot 3} = 5\sqrt{3} + 4\sqrt{3} = 9\sqrt{3}$

C. $\sqrt{50} + 6\sqrt{2} - \sqrt{98} = \sqrt{5^2 \cdot 2} + 6\sqrt{2} - \sqrt{7^2 \cdot 2} = 5\sqrt{2} + 6\sqrt{2} - 7\sqrt{2} = 4\sqrt{2}$

Os radicais não são semelhantes

Exemplos:

A. $\sqrt{25} + \sqrt{16} = 5 + 4 = 9$

B. $\sqrt{49} - \sqrt[3]{8} = 7 - 2 = 5$

C. $\sqrt{2} + \sqrt{3} \cong 1,4 + 1,7 = 3,1$

D. $\sqrt{6} - \sqrt{5} \cong 2,4 - 2,2 = 0,2$

NOS EXEMPLOS **C** E **D**, OS RESULTADOS OBTIDOS SÃO APROXIMADOS PORQUE $\sqrt{2}$, $\sqrt{3}$, $\sqrt{6}$ E $\sqrt{5}$ SÃO NÚMEROS IRRACIONAIS.

Só utilizaremos aproximações para raízes de números irracionais quando o problema ou exercício necessitar de valores. Nesses casos, as raízes aproximadas podem ser obtidas com calculadora.

EXERCÍCIOS DE FIXAÇÃO

1. A igualdade é verdadeira (**V**) ou falsa (**F**)?
   a) $\sqrt{2} + \sqrt{2} = \sqrt{4}$
   b) $\sqrt{21} + \sqrt{21} = \sqrt{42}$
   c) $\sqrt{5} + \sqrt{5} = 2\sqrt{5}$
   d) $\sqrt{20} - \sqrt{5} = \sqrt{5}$

2. A sentença matemática $\sqrt{16} + \sqrt{9} = \sqrt{25}$ é verdadeira ou falsa? Por quê?

3. Efetue as adições e subtrações.
   a) $3\sqrt[3]{6} - 7\sqrt[3]{6}$
   b) $\sqrt{6} + \sqrt{6}$
   c) $\sqrt{5} + 7\sqrt{5}$
   d) $2\sqrt[5]{7} - 6\sqrt[5]{7}$

4. Efetue as adições e subtrações.
   a) $\sqrt{2} + \sqrt{32}$
   b) $\sqrt{3} + \sqrt{27}$
   c) $\sqrt{75} - \sqrt{12}$
   d) $5\sqrt{3} + \sqrt{12}$
   e) $7\sqrt{2} + \sqrt{50}$
   f) $3\sqrt{50} + \sqrt{98}$

5. É verdade que $\sqrt{45} + \sqrt{5} = \sqrt{80}$?

6. Efetue as adições e subtrações.
   a) $\sqrt{28} - 10\sqrt{7}$
   b) $4\sqrt{18} - 3\sqrt{8}$
   c) $\sqrt{12} - \sqrt{75} + \sqrt{3}$
   d) $3\sqrt{8} - 2\sqrt{18} + 4\sqrt{50}$

7. (SEE-SP) $\sqrt{45} - \sqrt{125}$ também se escreve:
   a) $\sqrt{80}$
   b) $\sqrt{-80}$
   c) $2\sqrt{5}$
   d) $-2\sqrt{5}$

8. (SEE-SP) O valor de $5\sqrt{45} + 3\sqrt{5} - 2\sqrt{125}$ é:
   a) $6\sqrt{3}$.
   b) $6\sqrt{5}$.
   c) $8\sqrt{5}$.
   d) $-6\sqrt{5}$.

9. Qual é o perímetro da figura?

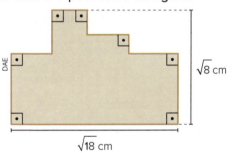

10. Efetue as adições e subtrações.
   a) $3\sqrt{8} + 4\sqrt{18} - 3\sqrt{50} + \sqrt{32}$
   b) $\sqrt{12} - 3\sqrt{6} + \sqrt{8} - \sqrt{24}$
   c) $\sqrt{125} + 2\sqrt{27} - \sqrt{20} + 3\sqrt{12}$
   d) $3\sqrt{20} + \sqrt{32} - 2\sqrt{45} + \sqrt{50}$

11. (FECABC-SP) A expressão $\dfrac{\sqrt{50} - \sqrt{8}}{\sqrt{2}}$ simplificada resulta em:
   a) 3.
   b) $\sqrt{21}$.
   c) $\sqrt{42}$.
   d) n.d.a.

12. Efetue as adições e subtrações.
   a) $\dfrac{1}{2}\sqrt{7} + \dfrac{3}{2}\sqrt{7}$
   b) $3\sqrt{99} - \dfrac{1}{2}\sqrt{44}$

EXERCÍCIOS DE FIXAÇÃO

13. Considerando os valores aproximados de $\sqrt{2} \cong 1{,}41$ e $\sqrt{3} \cong 1{,}73$, calcule um valor aproximado das expressões a seguir.

a) $\sqrt{2} + \sqrt{3}$
b) $\sqrt{9} + \sqrt{3}$
c) $\sqrt{3} - \sqrt{2}$
d) $\sqrt{25} - \sqrt{2}$

14. O número $6 + \sqrt{10}$ está entre:

a) 6 e 7.
b) 9 e 10.
c) 15 e 16.
d) 36 e 100.

Redução de radicais ao menor índice comum

Dois ou mais radicais com índices diferentes podem ser expressos como radicais de mesmo índice.

Exemplo:

Reduzir $\sqrt[4]{7}$ e $\sqrt[6]{5^2}$ ao menor índice comum.

Solução:

1º) Calcular o m.m.c. dos índices:

m.m.c. (4, 6) = 12

2º) Determinar radicais equivalentes aos dados, com índice 12.

$$\sqrt[4]{7^1} \xrightarrow{\times 3} \sqrt[12]{7^3}$$

$$\sqrt[6]{5^2} \xrightarrow{\times 2} \sqrt[12]{5^4}$$

Observe que:
- $\sqrt[4]{7^1} = 7^{\frac{1}{4}}$ e $\sqrt[12]{7^3} = 7^{\frac{3}{12}} = 7^{\frac{1}{4}}$
- $\sqrt[6]{5^2} = 5^{\frac{2}{6}} = 5^{\frac{1}{3}}$ e $\sqrt[12]{5^4} = 5^{\frac{4}{12}} = 5^{\frac{1}{3}}$

Resposta: $\sqrt[12]{7^3}$ e $\sqrt[12]{5^4}$.

Acompanhe mais um exemplo:

Reduzir $\sqrt[3]{2^2}$ e $\sqrt{5}$ ao menor índice comum.

m.m.c. (3, 2) = 6

$\sqrt[3]{2^2} = \sqrt[6]{2^4}$ e $\sqrt{5} = \sqrt[6]{5^3}$

Esse procedimento ajuda a comparar radicais.

Exemplo:

Qual é o maior número: $\sqrt[3]{11}$ ou $\sqrt{5}$?

m.m.c. (3, 2) = 6

- $\sqrt[3]{11} = \sqrt[6]{11^2} = \sqrt[6]{121}$
- $\sqrt{5} = \sqrt[6]{5^3} = \sqrt[6]{125}$

Então, $\sqrt{5}$ é maior que $\sqrt[3]{11}$.

Multiplicação e divisão de radicais

Os radicais têm o mesmo índice

Efetuamos a operação entre os radicandos.

Exemplos:

Conservamos o índice e multiplicamos os radicandos.
- **A.** $\sqrt{5} \cdot \sqrt{7} = \sqrt{5 \cdot 7} = \sqrt{35}$
- **B.** $\sqrt[4]{5} \cdot \sqrt[4]{3} = \sqrt[4]{5 \cdot 3} = \sqrt[4]{15}$
- **C.** $2\sqrt{3} \cdot 5\sqrt{2} = 2 \cdot 5 \sqrt{3} \cdot \sqrt{2} = 10\sqrt{3 \cdot 2} = 10\sqrt{6}$

Conservamos o índice e dividimos os radicandos.
- **D.** $\sqrt[5]{21} : \sqrt[5]{7} = \sqrt[5]{21 : 7} = \sqrt[5]{3}$
- **E.** $12\sqrt{6} : 3\sqrt{2} = (12 : 3)\sqrt{6 : 2} = 4\sqrt{3}$

Os radicais que não têm o mesmo índice

Exemplos:

Inicialmente devemos reduzi-los ao mesmo índice. Depois efetuamos as operações.

A. $\sqrt{3} \cdot \sqrt[3]{2} = \sqrt[6]{3^3} \cdot \sqrt[6]{2^2} =$
$= \sqrt[6]{27} \cdot \sqrt[6]{4} = \sqrt[6]{108}$

B. $\sqrt[5]{7} : \sqrt[3]{2} = \sqrt[15]{7^3} : \sqrt[15]{2^5} =$
$= \sqrt[15]{343} : \sqrt[15]{32} = \sqrt[15]{\dfrac{343}{32}}$

EXERCÍCIOS DE FIXAÇÃO

15. Reduza os radicais ao menor índice comum.
a) $\sqrt{3}$ e $\sqrt[6]{5}$
b) $\sqrt[4]{5}$ e $\sqrt[6]{7}$
c) $\sqrt[5]{2^4}$ e $\sqrt[3]{2}$
d) $\sqrt[3]{7^2}$ e $\sqrt[6]{5}$

16. (Unicamp-SP) Dados os dois números positivos $\sqrt[3]{3}$ e $\sqrt[4]{4}$, determine o maior.

17. Efetue as multiplicações.
a) $\sqrt{5} \cdot \sqrt{2}$
b) $\sqrt[3]{4} \cdot \sqrt[3]{10}$

18. Efetue as multiplicações e simplifique os resultados.
a) $\sqrt{15} \cdot \sqrt{3}$
b) $\sqrt{98} \cdot \sqrt{2}$

19. Efetue as multiplicações e simplifique os resultados.
a) $\sqrt{8} \cdot \sqrt{5} \cdot \sqrt{2}$
b) $2\sqrt{6} \cdot 5\sqrt{2} \cdot \sqrt{3}$

20. Na figura, as medidas são dadas em centímetros. Qual é a área desse retângulo?

21. Efetue as divisões.
a) $\sqrt{14} : \sqrt{2}$
b) $\sqrt[4]{25} : \sqrt[4]{5}$
c) $15\sqrt{6} : 3\sqrt{2}$

22. Simplifique as frações.
a) $\dfrac{\sqrt{20}}{\sqrt{5}}$
b) $\dfrac{\sqrt[3]{40}}{\sqrt[3]{5}}$
c) $\dfrac{\sqrt{180}}{\sqrt{10}}$
d) $\dfrac{\sqrt{7}}{\sqrt{28}}$

Potência de um radical

Vamos aplicar a definição de potenciação no exemplo.

Veja:

$$(\sqrt[5]{7})^2 = \sqrt[5]{7} \cdot \sqrt[5]{7} =$$
$$= \sqrt[5]{7 \cdot 7} =$$
$$= \sqrt[5]{7^2}$$

O exemplo nos mostra que devemos:

> Conservar o índice e elevar o radicando à potência indicada.

Então:

$$(\sqrt[n]{a})^p = \sqrt[n]{a^p}$$

Exemplos:

A. $(\sqrt[5]{3})^4 = \sqrt[5]{3^4} = \sqrt[5]{81}$

B. $(\sqrt[3]{a^2})^2 = \sqrt[3]{a^4}$

C. $(4\sqrt[3]{5})^2 = 4^2 \cdot \sqrt[3]{5^2} = 16\sqrt[3]{25}$

D. $(2\sqrt[5]{2})^3 = 2^3 \cdot \sqrt[5]{2^3} = 8\sqrt[5]{8}$

Radical de um radical

Veja:

1. $\sqrt[3]{\sqrt{64}} = \sqrt[3]{8} = \sqrt[3]{2^3} = 2$

2. $\sqrt[6]{64} = \sqrt[6]{2^6} = 2$

Comparando **1** e **2**, temos: $\sqrt[3]{\sqrt{64}} = \sqrt[6]{64}$

O exemplo nos mostra que devemos:

> Conservar o radicando e multiplicar os índices.

Então: $\sqrt[m]{\sqrt[n]{a}} = \sqrt[mn]{a}$

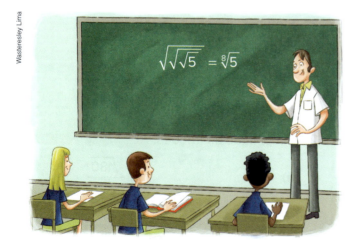

Exemplos:

A. $\sqrt[3]{\sqrt[5]{7}} = \sqrt[3 \cdot 5]{7} = \sqrt[15]{7}$

B. $\sqrt[4]{\sqrt[5]{3}} = \sqrt[4 \cdot 2 \cdot 5]{3} = \sqrt[40]{3}$

EXERCÍCIOS
DE FIXAÇÃO

23. Efetue as potenciações.

a) $(\sqrt[5]{a})^3$
b) $(\sqrt[3]{m})^2$
c) $(\sqrt[5]{a^2})^2$
d) $(\sqrt[7]{x^2})^3$
e) $(3\sqrt{a})^2$
f) $(2\sqrt[3]{a})^2$

24. Qual é a igualdade verdadeira?

a) $(\sqrt{3})^2 = 2$
b) $(\sqrt{3})^2 = 3$
c) $(\sqrt{3})^2 = 6$
d) $(\sqrt{3})^2 = 9$

25. Efetue as potenciações.

a) $(2\sqrt{3})^2$
b) $(3\sqrt{5})^2$
c) $(2\sqrt[3]{5})^3$
d) $(-7\sqrt{2})^2$
e) $(-\sqrt{7})^3$
f) $(-3\sqrt[5]{2})^2$

26. Observe o exemplo; depois, calcule.

$$(\sqrt{5})^4 = \sqrt{5^4} = 5^2 = 25$$

a) $(\sqrt{173})^2$
b) $(\sqrt{7})^4$
c) $(\sqrt{2})^6$
d) $(\sqrt[3]{7})^6$
e) $(\sqrt[4]{5})^8$
f) $(\sqrt{3^2})^4$

27. Calcule o valor de cada expressão.

a) $(\sqrt{5})^2 + (\sqrt{3})^2$
b) $(\sqrt{7})^2 + (\sqrt[3]{2})^6$
c) $(\sqrt{6})^4 + (2\sqrt{3})^2$
d) $(\sqrt{10})^2 + (-4\sqrt{8})^2$
e) $(\sqrt[3]{7})^3 + (-5\sqrt{3})^2$
f) $\sqrt{2} + (\sqrt{8})^3$

28. O aquário de Mateus tem a forma de um cubo cuja aresta mede $2\sqrt[3]{2}$ dm.

Quantos litros de água são necessários para que o aquário fique totalmente cheio?

1 dm³ = 1 L

29. Expresse na forma de um único radical.

a) $\sqrt[3]{\sqrt[4]{5}}$
b) $\sqrt[5]{\sqrt[3]{2}}$
c) $\sqrt{\sqrt[5]{7}}$
d) $\sqrt{\sqrt{3}}$
e) $\sqrt[5]{\sqrt{\sqrt[6]{5}}}$
f) $\sqrt{\sqrt{\sqrt{8}}}$

30. Simplifique como no exemplo.

$$\sqrt{\sqrt{80}} = \sqrt[4]{80} = \sqrt[4]{2^4 \cdot 5} = 2\sqrt[4]{5}$$

a) $\sqrt{\sqrt{48}}$
b) $\sqrt[3]{\sqrt{64}}$
c) $\sqrt{\sqrt{405}}$
d) $\sqrt{\sqrt[3]{128}}$

31. Calcule e simplifique os resultados.

a) $\sqrt{\sqrt{81}} \cdot \sqrt{\frac{1}{9}}$
b) $\sqrt{\sqrt{16}} - \sqrt{0,01}$

32. Simplifique observando o exemplo.

$$\sqrt{3\sqrt{2}} = \sqrt{\sqrt{9 \cdot 2}} = \sqrt{\sqrt{18}} = \sqrt[4]{18}$$

a) $\sqrt{5\sqrt{2}}$
b) $\sqrt{2\sqrt[3]{5}}$
c) $\sqrt{2\sqrt{3}}$
d) $\sqrt{2\sqrt{2\sqrt{2}}}$

33. Qual é maior: $\sqrt{5\sqrt{2}}$ ou $\sqrt{4\sqrt{3}}$?

34. A expressão $\dfrac{\sqrt{8} \cdot (\sqrt[3]{\sqrt{2}})^6}{\sqrt{2}}$ é igual a:

a) 4.
b) 8.
c) $2\sqrt{2}$
d) $4\sqrt{2}$.

35. (Uece) O valor da expressão $12 \cdot \left[(\sqrt{2})^{-2} - (\sqrt{3})^{-2}\right]$ é igual a:

a) 2.
b) 3.
c) $\sqrt{2}$.
d) $\sqrt{3}$.

Expressões com radicais

Vimos como efetuar várias operações com radicais. Observe agora exemplos de como resolver questões que envolvem mais de uma operação. Acompanhe:

A. Qual é o perímetro de um triângulo cujos lados medem $\sqrt{50}$, $\sqrt{18}$ e $\sqrt{32}$?

Vamos simplificar os radicais:

$\sqrt{50} = \sqrt{5^2 \cdot 2} = 5\sqrt{2}$

$\sqrt{18} = \sqrt{3^2 \cdot 2} = 3\sqrt{2}$　　Perímetro = $5\sqrt{2} + 3\sqrt{2} + 2\sqrt{2} = 10\sqrt{2}$

$\sqrt{32} = \sqrt{2^4 \cdot 2} = 4\sqrt{2}$

B. Qual é a área do retângulo cujas medidas estão na ilustração?

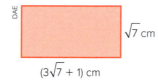

$A_{\text{retângulo}} = (3\sqrt{7} + 1) \cdot \sqrt{7} = 3\sqrt{7} \cdot \sqrt{7} + 1 \cdot \sqrt{7} = 3\sqrt{7^2} + \sqrt{7} = (21 + \sqrt{7})\ \text{cm}^2$

Veja a seguir os exemplos em que aplicamos a propriedade distributiva.

A. $\sqrt{5} \cdot (\sqrt{7} - \sqrt{6}) = \sqrt{5} \cdot \sqrt{7} - \sqrt{5} \cdot \sqrt{6} =$

　　　$= \sqrt{35} - \sqrt{30}$

B. $3\sqrt{2} \cdot (2\sqrt{5} + 5\sqrt{3}) = 3\sqrt{2} \cdot 2\sqrt{5} + 3\sqrt{2} \cdot 5\sqrt{3} =$

　　　$= 3 \cdot 2 \cdot \sqrt{2} \cdot \sqrt{5} + 3 \cdot 5 \cdot \sqrt{2} \cdot \sqrt{3} =$

　　　$= 6\sqrt{10} + 15\sqrt{6}$

C. $(2 + \sqrt{3}) \cdot (\sqrt{3} - 1) = 2 \cdot \sqrt{3} - 2 \cdot 1 + \sqrt{3} \cdot \sqrt{3} - \sqrt{3} \cdot 1 =$

　　　$= 2\sqrt{3} - 2 + 3 - \sqrt{3} =$

　　　$= \sqrt{3} + 1$

D. $\left(\sqrt{2} + \sqrt{3}\right)^2 = (\sqrt{2} + \sqrt{3}) \cdot (\sqrt{2} + \sqrt{3}) = \sqrt{2} \cdot \sqrt{2} + \sqrt{2} \cdot \sqrt{3} + \sqrt{3} \cdot \sqrt{2} + \sqrt{3} \cdot \sqrt{3} =$

　　　$= 2 + \sqrt{6} + \sqrt{6} + 3 =$

　　　$= 5 + 2\sqrt{6}$

E. $(\sqrt{3} + 2) \cdot (\sqrt{3} - 2) = \sqrt{3} \cdot \sqrt{3} - 2 \cdot \sqrt{3} + 2 \cdot \sqrt{3} - 2 \cdot 2 =$

　　　$= 3 - 2\sqrt{3} + 2\sqrt{3} - 4 =$

　　　$= 3 - 4 =$

　　　$= -1$

EXERCÍCIOS
DE FIXAÇÃO

36. Calcule aplicando a propriedade distributiva.

a) $\sqrt{2} \cdot (\sqrt{3} + \sqrt{5})$

b) $\sqrt{2} \cdot (\sqrt{8} + \sqrt{2})$

c) $\sqrt{5} \cdot (\sqrt{7} - \sqrt{5})$

d) $\sqrt{7} \cdot (\sqrt{8} - \sqrt{5})$

e) $\sqrt{3} \cdot (2\sqrt{2} + \sqrt{7})$

f) $2\sqrt{3} \cdot (\sqrt{2} + 4\sqrt{5})$

37. Efetue as expressões e simplifique-as quando necessário.

a) $(\sqrt{3} + 1)(\sqrt{2} + 3)$

b) $(\sqrt{2} - 1)(\sqrt{2} + 3)$

38. Efetue as expressões.

a) $(3\sqrt{2} + 2)(\sqrt{3} + 1)$

b) $(\sqrt{5} + \sqrt{6})^2$

c) $(2 + \sqrt{8})^2$

d) $(\sqrt{5} - 4)^2$

e) $(2\sqrt{2} - \sqrt{3})^2$

39. Calcule as expressões.

a) $(\sqrt{6} + \sqrt{3})(\sqrt{6} - \sqrt{3})$

b) $(\sqrt{2} + \sqrt{5})(\sqrt{2} - \sqrt{5})$

c) $(\sqrt{7} - 2)(\sqrt{7} + 2)$

d) $(2\sqrt{3} + 3)(2\sqrt{3} - 3)$

40. Escreva os números decimais na forma de fração, simplifique os radicais e efetue as operações.

a) $\sqrt{0,18} + \sqrt{0,98}$

b) $\sqrt{0,48} + \sqrt{0,75}$

41. Determine o perímetro e a área dos polígonos.

a)

b)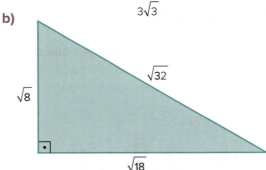

c)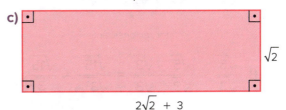

d)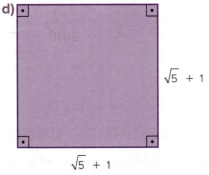

42. Determine a área de um quadrado de lado $(5\sqrt{3})$ cm.

43. A área do retângulo ilustrado é $(28\sqrt{3})$ cm². Determine x.

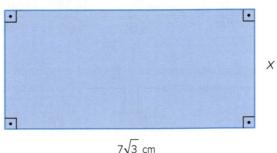

Racionalização de denominadores

O que significa racionalizar?

Racionalizar o denominador de uma fração significa escrever uma fração equivalente cujo denominador não apresente radical.

> Para racionalizar, devemos multiplicar o numerador e o denominador da fração pelo **fator racionalizante** do denominador.

Racionalização de denominador com radical de índice 2

Para racionalizar frações em que o denominador é uma raiz quadrada, multiplicamos ambos os termos da fração por essa mesma raiz e, assim, obtemos uma fração equivalente com denominador racional.

> **Racionalizar** significa "tornar racional".

Exemplos:

A. $\dfrac{6}{\sqrt{2}} = \dfrac{6 \cdot \sqrt{2}}{\sqrt{2} \cdot \sqrt{2}} = \dfrac{6\sqrt{2}}{\sqrt{2^2}} = \dfrac{\overset{3}{\cancel{6}}\sqrt{2}}{\cancel{2}_1} = 3\sqrt{2}$

↑ fator racionalizante

NÃO MUDOU O NÚMERO, APENAS O MODO DE ESCREVÊ-LO.

B. $\dfrac{\sqrt{5}}{\sqrt{3}} = \dfrac{\sqrt{5} \cdot \sqrt{3}}{\sqrt{3} \cdot \sqrt{3}} = \dfrac{\sqrt{15}}{\sqrt{3^2}} = \dfrac{\sqrt{15}}{3}$ ← racional

C. $\dfrac{7}{2\sqrt{5}} = \dfrac{7 \cdot \sqrt{5}}{2\sqrt{5} \cdot \sqrt{5}} = \dfrac{7\sqrt{5}}{2\sqrt{5^2}} = \dfrac{7\sqrt{5}}{2 \cdot 5} = \dfrac{7\sqrt{5}}{10}$ ← racional

Racionalização de denominador com radical de índice diferente de 2

Nesse caso, para encontrar a fração adequada, é necessário utilizar um índice igual ao expoente do radicando.

Exemplos:

A. $\dfrac{5}{\sqrt[3]{6}} = \dfrac{5 \cdot \sqrt[3]{6^2}}{\sqrt[3]{6} \cdot \sqrt[3]{6^2}} = \dfrac{5\sqrt[3]{36}}{\sqrt[3]{6^3}} = \dfrac{5\sqrt[3]{36}}{6}$

Esse fator racionalizante foi obtido deste modo:
índice do radical — expoente do radicando
$\sqrt[3]{6^{3-1}} = \sqrt[3]{6^2}$

B. $\dfrac{7}{\sqrt[5]{2^3}} = \dfrac{7 \cdot \sqrt[5]{2^2}}{\sqrt[5]{2^3} \cdot \sqrt[5]{2^2}} = \dfrac{7\sqrt[5]{4}}{\sqrt[5]{2^5}} = \dfrac{7\sqrt[5]{4}}{2}$

Esse fator racionalizante foi obtido deste modo:
índice do radical — expoente do radicando
$\sqrt[5]{2^{5-3}} = \sqrt[5]{2^2}$

AQUI TEM MAIS

Por que racionalizar?

Do ponto de vista teórico, não existe a necessidade de racionalizar uma expressão. Mas, tecnicamente, para o cálculo do resultado da expressão é conveniente fazê-lo. Observe:

A. $\dfrac{1}{\sqrt{2}} = \dfrac{1}{1,4142\ldots}$

B. $\dfrac{1}{\sqrt{2}} = \dfrac{1 \cdot \sqrt{2}}{\sqrt{2} \cdot \sqrt{2}} = \dfrac{\sqrt{2}}{2} = \dfrac{1,4142\ldots}{2}$

Imagine que você deva efetuar, sem calculadora, as divisões:

QUAL DELAS É MAIS FÁCIL DE FAZER?

A. 1 | 1,4142...

B. 1,4142... | 2

É muito mais simples efetuarmos a operação **B** do que a **A**. Quando o divisor tem muitas casas decimais, a divisão é mais difícil, não é mesmo?

Geralmente, não se apresentam os resultados sob a forma de fração com radicais no denominador.

EXERCÍCIOS DE FIXAÇÃO

NO CADERNO

44. Racionalize o denominador de cada uma das frações.

a) $\dfrac{3}{\sqrt{2}}$

b) $\dfrac{8}{\sqrt{3}}$

c) $\dfrac{\sqrt{8}}{\sqrt{5}}$

d) $\dfrac{5\sqrt{2}}{\sqrt{6}}$

e) $\dfrac{7}{2\sqrt{3}}$

f) $\dfrac{\sqrt{3}}{2\sqrt{11}}$

g) $\dfrac{1}{\sqrt{43}}$

h) $\dfrac{8\sqrt{7}}{5\sqrt{2}}$

45. Complete de modo que as sentenças se tornem verdadeiras.

a) $\sqrt{13} \cdot \boxed{} = 13$

b) $\sqrt[3]{5} \cdot \boxed{} = 5$

c) $\sqrt[3]{7^2} \cdot \boxed{} = 7$

d) $\sqrt[4]{18} \cdot \boxed{} = 18$

46. Racionalize o denominador de cada uma das frações.

a) $\dfrac{6}{\sqrt[3]{2}}$

b) $\dfrac{8}{\sqrt[5]{3^4}}$

c) $\dfrac{15}{\sqrt[3]{7^2}}$

d) $\dfrac{18}{\sqrt[4]{6}}$

e) $\dfrac{2}{\sqrt[3]{6}}$

f) $\dfrac{6}{5\sqrt[5]{3^3}}$

EXERCÍCIOS COMPLEMENTARES

47. Qual é a igualdade verdadeira?
   a) $\sqrt{16} - \sqrt{9} = \sqrt{4}$
   b) $\sqrt{16} - \sqrt{9} = \sqrt{7}$
   c) $\sqrt{16} + \sqrt{9} = \sqrt{25}$
   d) $\sqrt{16} + \sqrt{9} = \sqrt{49}$

48. Efetue as expressões.
   a) $2 + 3 + \sqrt{7}$
   b) $10\sqrt{13} - 11\sqrt{13}$
   c) $8\sqrt{10} - 6 - 3\sqrt{10}$
   d) $(10 - \sqrt{13}) + (10 + \sqrt{13})$
   e) $(12 + \sqrt{11}) - (12 + \sqrt{11})$

49. Efetue as adições e subtrações.
   a) $\sqrt{63} - \sqrt{7}$
   b) $\sqrt[3]{5} - \sqrt[3]{40} + \sqrt[3]{625}$
   c) $\sqrt{48} + \sqrt{27} - \sqrt{12}$
   d) $\sqrt{108} + \sqrt{75} - 2\sqrt{48}$

50. $\sqrt{700} + \sqrt{200}$ é igual a:
   a) 30.
   b) $\sqrt{900}$.
   c) $9\sqrt{10}$.
   d) $10(\sqrt{7} + \sqrt{2})$.

51. (UFCE) Simplificando a expressão $3\sqrt{2} - 2\sqrt{18} + 3\sqrt{72}$, obtemos:
   a) $3\sqrt{2}$.
   b) $15\sqrt{2}$.
   c) $24\sqrt{2}$.
   d) $-15\sqrt{2}$.

52. (UFMG) O número $3\sqrt{8} + 4\sqrt{18} - \sqrt{27} - 3\sqrt{48} - 2\sqrt{98}$ é igual a:
   a) $10\sqrt{2} - 9\sqrt{3}$.
   b) $14\sqrt{2} - 15\sqrt{3}$.
   c) $18\sqrt{2} - 29\sqrt{3}$.
   d) $4\sqrt{2} - 15\sqrt{3}$.

53. A expressão $\sqrt{3} + \sqrt{6} \cdot \sqrt{2} - \sqrt{27}$ é igual a:
   a) 0.
   b) $\sqrt{3}$.
   c) -3.
   d) -5.

54. É verdade que $\sqrt{32}$ é o dobro de $\sqrt{8}$?

55. Calcule as expressões.
   a) $\dfrac{1}{2}\sqrt{12} - \dfrac{1}{3}\sqrt{27}$
   b) $\sqrt{3} + \dfrac{1}{7}\sqrt{75}$

56. Simplifique as expressões.
   a) $\dfrac{\sqrt{80} - \sqrt{20}}{2}$
   b) $\dfrac{3\sqrt{45} + \sqrt{125}}{7}$

57. Calcule o valor de cada uma das expressões.
   a) $\dfrac{(2\sqrt{3})^2}{6}$
   b) $\left(\dfrac{1}{5}\sqrt{\dfrac{3}{2}}\right)^2$

58. $\sqrt{\dfrac{1}{0,01}}$ é igual a:
   a) 1.
   b) 10.
   c) 100.
   d) 1 000.

59. Qual é a igualdade verdadeira?

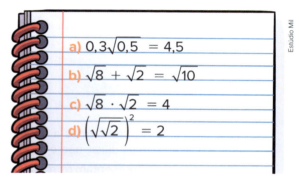

   a) $0,3\sqrt{0,5} = 4,5$
   b) $\sqrt{8} + \sqrt{2} = \sqrt{10}$
   c) $\sqrt{8} \cdot \sqrt{2} = 4$
   d) $\left(\sqrt{\sqrt{2}}\right)^2 = 2$

60. Calcule as expressões.
   a) $\sqrt{6}(1 - 2\sqrt{6})$
   b) $4\sqrt{2}(\sqrt{8} + 1)$
   c) $-2\sqrt{5}(7 - \sqrt{5})$
   d) $(2\sqrt{3} - 1)(-\sqrt{3})$

61. Calcule as expressões.
   a) $(\sqrt{5} - 4)^2$
   b) $(2\sqrt{2} - \sqrt{3})^2$
   c) $(\sqrt{5} + \sqrt{6})^2$
   d) $(2 + \sqrt{8})^2$

62. Se $x = \dfrac{\sqrt{5} + \sqrt{2}}{2}$ e $y = \dfrac{\sqrt{5} - \sqrt{2}}{2}$, calcule xy.

63. A raiz quadrada da metade de 2^{25} é:
   a) 2^5.
   b) 2^{15}.
   c) 2^{12}.
   d) 2^{24}.

PANORAMA

FAÇA AS ATIVIDADES A SEGUIR E REVEJA O QUE VOCÊ APRENDEU.

64. A sentença verdadeira é:
a) $\sqrt{4} + \sqrt{9} = \sqrt{5}$.
b) $\sqrt{4} + \sqrt{9} = \sqrt{13}$.
c) $\sqrt{4} - \sqrt{9} = -1$.
d) $\sqrt{4} - \sqrt{9} = -\sqrt{5}$.

65. O valor da expressão $\sqrt{0,16} + \sqrt{0,36}$ é:
a) 1.
b) 0,2.
c) 0,26.
d) $\sqrt{0,52}$.

66. (UFG-GO) O número $\sqrt{18} - \sqrt{8} - \sqrt{2}$ é igual a:
a) 0.
b) 4.
c) $\sqrt{18}$.
d) $\sqrt{18} - \sqrt{6}$.

67. (FCC-SP) A expressão $3\sqrt{45} - \sqrt{125} + \sqrt{2}$ é igual a:
a) $-2\sqrt{7}$.
b) $3\sqrt{77} - 5$.
c) $4\sqrt{5} + \sqrt{2}$.
d) $-2\sqrt{5} + \sqrt{2}$.

68. (Saresp) No quadrilátero a seguir, as medidas dos lados estão dadas em centímetros.

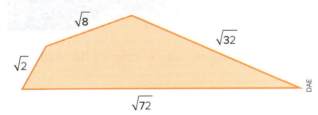

Qual é o perímetro desse quadrilátero?
a) 22,375
b) $9\sqrt{2}$
c) $13\sqrt{2}$
d) $\sqrt{114}$

69. $2\sqrt{5} + \sqrt{5}$ e $2\sqrt{5} \cdot \sqrt{5}$ são, respectivamente, iguais a:
a) $3\sqrt{5}$ e 10.
b) $2\sqrt{10}$ e 10.
c) $2\sqrt{10}$ e $2\sqrt{10}$.
d) $3\sqrt{5}$ e $2\sqrt{10}$.

70. O resultado de $3\sqrt{10} \cdot (-2\sqrt{8})$ é:
a) $-\sqrt{80}$.
b) $-\sqrt{480}$.
c) $-12\sqrt{5}$.
d) $-24\sqrt{5}$.

71. (Saresp) Por qual dos números abaixo deve ser multiplicada a expressão $\sqrt{8} \cdot \sqrt{9} \cdot \sqrt{5}$ para que seja obtido um número inteiro?
a) $\sqrt{10}$
b) $\sqrt{30}$
c) $\sqrt{45}$
d) $\sqrt{50}$

72. (Mack-SP) A expressão $\sqrt{2} + \sqrt{3} \cdot \sqrt{18}$ é igual a:
a) $\sqrt{56}$.
b) $\sqrt{108}$.
c) $\sqrt{6} + 6$.
d) $\sqrt{2}(1 + 3\sqrt{3})$.

73. A expressão $\dfrac{\sqrt{300}}{3} \cdot \dfrac{\sqrt{3}}{10}$ é igual a:
a) 1.
b) $\dfrac{2\sqrt{3}}{5}$.
c) 3.
d) $2\sqrt{3}$.

74. (UFMG) O quociente $(7\sqrt{3} - 5\sqrt{48} + 2\sqrt{192}) : 3\sqrt{3}$ é igual a:
a) 1.
b) 2.
c) $2\sqrt{3}$.
d) $3\sqrt{3}$.

75. $(5 - \sqrt{2})^2$ e $\dfrac{2}{\sqrt{2}}$ são, respectivamente, iguais a:
a) 29 e $\sqrt{2}$.
b) 21 e $\dfrac{\sqrt{2}}{2}$.
c) $3\sqrt{2}$ e $\dfrac{\sqrt{2}}{2}$.
d) $27 - 10\sqrt{2}$ e $\sqrt{2}$.

76. O valor da expressão $(-\sqrt{3} + 1)(-\sqrt{3} - 1)$ é:
a) 1.
b) 2.
c) -2.
d) -4.

77. (UFRN) O valor que devemos adicionar a 5 para obter o quadrado de $\sqrt{2} + \sqrt{3}$ é:
a) $\sqrt{6}$.
b) $2\sqrt{2}$.
c) $2\sqrt{3}$.
d) $2\sqrt{6}$.

CAPÍTULO 5
Razões e porcentagens

Razões

Razão é o quociente entre duas grandezas.

Por meio de uma razão, podemos comparar grandezas.

Razões entre grandezas de mesma espécie

A. João e Carlos abriram uma empresa em sociedade. João investiu R$ 60.000,00, e Carlos, R$ 40.000,00.

A razão entre os investimentos é:

$$\frac{\text{investimento de João}}{\text{investimento de Carlos}} = \frac{60\,000}{40\,000} = \frac{3}{2}$$

A razão é de 3 para 2 e indica que, para cada R$ 3,00 investidos por João, Carlos investiu R$ 2,00.

Ou, ainda, para cada R$ 5,00 investidos na empresa, R$ 3,00 são de João e R$ 2,00 são de Carlos.

Nesse exemplo, comparamos grandezas da mesma espécie (valores em reais).

B. As escalas usadas em plantas de imóveis, mapas, miniaturas etc. são exemplos de razão entre grandezas da mesma espécie.

A escala desta planta baixa é 1 : 200 (um para duzentos).

Isso significa que cada 1 cm do desenho corresponde a 200 cm na realidade.

Na planta, a sala retangular mede 2,5 cm por 2 cm.

Obtemos as medidas reais fazendo:

$\frac{\text{desenho}}{\text{realidade}} = \frac{1}{200} = \frac{2,5}{x}$, ou seja, $x = 500$ cm, que equivalem a 5 m;

$\frac{\text{desenho}}{\text{realidade}} = \frac{1}{200} = \frac{2}{x}$, ou seja, $x = 400$ cm, que equivalem a 4 m.

A sala mede, na realidade, 5 m por 4 m.

Razão entre grandezas de espécies diferentes

Veja a aplicação do cálculo de razões em situações do cotidiano.

A. Certo supermercado divulgou o anúncio ao lado. Em qual das duas embalagens o preço é mais vantajoso para o consumidor? Vamos descobrir utilizando razões.

Embalagem menor:

$$\frac{\text{preço}}{\text{massa em kg}} = \frac{12,90}{1,5} = 8,60.$$

Cada quilograma da embalagem menor custa R$ 8,60.
Embalagem maior:

$$\frac{\text{preço}}{\text{massa em kg}} = \frac{20,50}{2,5} = 8,20.$$

Cada quilograma da embalagem maior custa R$ 8,20. O preço mais vantajoso é o da embalagem maior, porque o quilograma é R$ 0,40 mais barato que o da embalagem menor.

B. A **velocidade média** é a razão entre a distância percorrida e o tempo gasto no percurso.
Um trem europeu percorre 300 km em 2,5 h.
A velocidade média desse trem é:

$$v = \frac{\text{distância percorrida (km)}}{\text{tempo (h)}} =$$

$$= \frac{300}{2,5} = 120 \text{ km/h}.$$

> São grandezas de espécies diferentes.

> A barra (/) indica a divisão: quilômetros por hora.

COMPARAMOS GRANDEZAS DE ESPÉCIES DIFERENTES: PREÇO EM REAIS E MASSA EM KG.

C. No território brasileiro, há áreas com grande concentração de pessoas e áreas pouco ocupadas. Essa concentração é dada por uma razão chamada **densidade demográfica**.

$$\text{Densidade demográfica} = \frac{\text{número de habitantes}}{\text{área (km}^2\text{)}}$$

Veja um exemplo:

O estado de Pernambuco, em 2019, tinha, em números redondos, 9 800 000 habitantes para uma área de aproximadamente 98 000 km². A densidade demográfica calculada com base nesses dados é:

$$\frac{9\,800\,000}{98\,000} = 100 \text{ hab.} / \text{km}^2.$$

Isso significa que, se fosse possível distribuir a população de Pernambuco em quadrados com 1 km de lado, haveria 100 pessoas por quadrado.

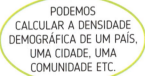

PODEMOS CALCULAR A DENSIDADE DEMOGRÁFICA DE UM PAÍS, UMA CIDADE, UMA COMUNIDADE ETC.

EXERCÍCIOS
DE FIXAÇÃO

1. Uma emissora de rádio tem a seguinte regra: para cada 5 músicas executadas, 3 devem ser brasileiras. Em certo programa musical, foram ao ar 35 músicas. Quantas eram músicas estrangeiras?

2. Os clientes da lanchonete de dona Paula preferem suco de laranja ao de abacaxi. Para cada suco de abacaxi vendido, são vendidos 3 sucos de laranja. Em um sábado, foram vendidos 28 sucos. Quantos eram de laranja?

3. Qual embalagem de achocolatado é mais vantajosa para o consumidor?

4. Para preparar certo tom de tinta verde, devo misturar 3 medidas de tinta azul com 2 medidas de tinta amarela. Como preciso de 1 L de tinta verde, devo misturar:

   a) 500 mL de tinta azul com 500 mL de tinta amarela.
   b) 600 mL de tinta azul com 400 mL de tinta amarela
   c) 400 mL de tinta azul com 600 mL de tinta amarela.
   d) 750 mL de tinta azul com 250 mL de tinta amarela.

5. A razão entre o sucessor de um número e o antecessor deste número é $\frac{5}{7}$. Qual é esse número?

6. (Unicamp) A razão entre a idade de Pedro e a de seu pai é igual a $\frac{2}{9}$. Se a soma das duas idades é igual a 55 anos, então Pedro tem:

   a) 12 anos.   b) 13 anos.   c) 10 anos.   d) 15 anos.

7. Dois números x e y estão na razão 2 para 3. Sabendo que $x + 2$ e $y + 2$ estão na razão de 3 para 5, determine x e y.

8. Daniela e Márcia são sócias numa pequena loja. Daniela investiu R$ 40.000,00 e Márcia, R$ 25.000,00. Em certo mês, elas obtiveram um lucro de R$ 6.500,00, que deve ser dividido proporcionalmente ao investimento de cada uma. Quanto Daniela deve receber?

9. (Enem) Para uma atividade realizada no laboratório de Matemática, um aluno precisa construir uma maquete da quadra de esportes da escola que tem 28 m de comprimento por 12 m de largura. A maquete deverá ser construída na escala de 1 : 250. Que medidas de comprimento e largura, em cm, o aluno utilizará na construção da maquete?

   a) 4,8 e 11,2   c) 11,2 e 4,8   e) 30,0 e 70,0
   b) 7,0 e 3,0   d) 28,0 e 12,0

10. De acordo com dados do IBGE, a densidade demográfica do Distrito Federal é de 522 hab./km², com uma população próxima a 3 milhões de habitantes. Utilize esses dados para calcular a área aproximada do Distrito Federal (você pode usar calculadora).

11. Pense em um cubo de gelo e em um cubo de madeira maciça. Qual deles é mais denso ou, em outras palavras, qual tem maior densidade?

A **densidade** de uma substância ou objeto é a razão entre sua massa e seu volume.

$$\text{Densidade} = \frac{\text{massa (g)}}{\text{volume (cm}^3\text{)}}$$

Cada material tem uma densidade própria.

a) Um cubo de gelo (0 °C) com 2 cm de aresta tem massa de 7,36 g. Qual a densidade do gelo nessa situação?

b) Um cubo feito de madeira de eucalipto também com 2 cm de aresta tem massa de 4 g. Qual a densidade dessa madeira?

c) Qual é a maior densidade: a do cubo de gelo ou a do cubo de madeira?

12. (IFSP) Um mapa tem como escala a indicação 1 : 1 500 000. Nesse mapa, uma distância, em linha reta, de exatos 180 quilômetros reais entre duas cidades A e B é representada por um segmento de reta que, em centímetros, mede:

a) 12.   b) 2,7.   c) 27,0.   d) 0,12.   e) 1,2.

13. Calcule a velocidade média em km/h:

a) de um trem que percorre 256 km em 2 horas;

b) de um avião que percorre 900 km em 1,5 hora;

c) de um ciclista que percorre 4 km em 15 minutos.

14. Viajando de automóvel com velocidade média de 60 km/h, quanto tempo levarei para fazer um percurso de 195 km?

• Se a velocidade média for de 75 km/h, o tempo de viagem será reduzido em quantos minutos?

Porcentagens

Porcentagens como razões

As porcentagens são razões com consequente 100.

Quando dizemos, por exemplo, que 70% dos habitantes de certa cidade moram em casa própria, isso significa que 70 em cada 100 habitantes residem em casa própria.

$$\frac{70}{100} = 70\% = 0{,}7$$

consequente 100

Por meio de exemplos, relembre, a seguir, cálculos envolvendo porcentagens.

A. Numa escola com 850 alunos, uma pesquisa constatou que 80% deles pratica alguma atividade física. Quantos são esses alunos?

$$80\% = \frac{80}{100} = 0{,}8$$

80% de 850 = 0,8 · 850 = 680

Resposta: 680 alunos da escola praticam alguma atividade física.

B. A professora de Matemática disse que 3 em cada 4 alunos da turma do 9º ano tiraram nota acima de 8 na prova. Que porcentagem dos alunos obteve nota acima de 8?

$$\frac{3}{4} = \frac{75}{100} = 75\%$$

> Encontramos uma fração equivalente a $\frac{3}{4}$ com denominador 100.

Resposta: 75% dos alunos conseguiram nota maior do que 8 na prova.

C. Comprei uma camiseta que custava R$ 48,00 por R$ 40,80. Qual foi a porcentagem de desconto no preço?

$$48 - 40{,}8 = 7{,}2$$

> Houve um desconto de R$ 7,20 em um preço inicial de R$ 48,00.

Queremos saber quantos por cento R$ 7,20 representam em R$ 48,00. Então, calculamos a razão entre esses valores:

$$\frac{7{,}2}{48} = 0{,}15 = \frac{15}{100} = 15\%$$

Resposta: O desconto foi de 15%.

D. O valor da mensalidade de R$ 350,00 do curso de Inglês que Armando frequenta será aumentado em 4%. Qual será o novo valor da mensalidade?

A mensalidade reajustada em 4% terá um valor de 100% + 4% = 104% dos R$ 350,00 atuais.

$$104\% = \frac{104}{100} = 1{,}04 \longrightarrow \boxed{104\% \text{ de } 350 = 1{,}04 \cdot 350 = 364}$$

Resposta: A mensalidade com aumento será de R$ 364,00.

EXERCÍCIOS
DE FIXAÇÃO

15. Escreva na forma de porcentagem.

    a) $\dfrac{3}{5}$

    b) $\dfrac{1}{4}$

    c) 0,03

    d) 0,1

    e) $\dfrac{7}{8}$

    f) 1,12

16. Calcule:

    a) 13% de R$ 150,00;

    b) 24% de 3 000 pessoas;

    c) 3,5% de 460 L;

    d) 104% de R$ 2.500,00.

17. Dos 80 000 habitantes de certa cidade, 12 000 são idosos com mais de 60 anos. Os idosos correspondem a que porcentagem da população?

18. Uma torneira encheu certa caixa-d'água cúbica com aresta medindo 1,2 m até atingir 80% de sua capacidade. Quantos litros de água há na caixa?

    Lembrando:
    $V_{cubo} = a^3$
    $1 \text{ m}^3 = 1000 \text{ L}$

19. Economizei neste mês R$ 160,00 dos R$ 3.200,00 que recebo de salário. Que porcentagem do salário economizei?

20. Uma propaganda diz que 4 em cada 5 brasileiros utilizam o plano de banda larga da empresa Velozmente. Se essa informação fosse verdadeira, que porcentagem dos brasileiros utilizaria esse plano?

21. Uma geladeira que custava R$ 1.600,00 foi anunciada em um folheto com um desconto de 7% no preço. Qual é o preço da geladeira com desconto?

22. Em certo país, cuja moeda chama-se "padrão", a inflação descontrolada fez os preços subirem muito. No prazo de um ano, o preço de certo produto que custava 45 padrões foi reajustado em 112%. Qual é o preço desse produto depois do aumento?

23. Se 1 entre cada 320 habitantes de uma cidade é engenheiro, então a porcentagem de engenheiros nessa cidade é dada por:

    a) 0,32%.

    b) 3,2%.

    c) 0,3215%.

    d) 0,3125%.

    e) 3,125%.

24. Num programa de reflorestamento, constatou-se que 800 mil hectares de uma área de floresta foram recuperados, o que corresponde a 12,5% da área total da floresta que foi desmatada. Calcule quantos hectares tinha a floresta antes do desmatamento.

25. Numa empresa com 500 funcionários, 52% são mulheres. Entre as mulheres, 25% são casadas. Quantas são as funcionárias casadas?

Porcentagem – aumentos e descontos sucessivos

Há situações do cotidiano em que são aplicadas sucessivas porcentagens: um desconto aplicado em um valor que já tinha desconto, dois aumentos sucessivos etc. Vamos examinar problemas desse tipo descobrindo como resolvê-los de forma direta.

A. Uma loja em liquidação remarcou os preços oferecendo 20% de desconto em todos os produtos. No segundo dia de liquidação, os preços foram novamente remarcados, com 8% de desconto. No final, qual foi a porcentagem de desconto sobre o preço original dos produtos?

ENGANA-SE QUEM PENSA QUE A PORCENTAGEM FOI DE 20% + 8% = 28%. ACOMPANHE!

A situação envolve dois descontos sucessivos: um de 20% e outro de 8%, sendo o segundo desconto aplicado sobre os preços já com o primeiro desconto.

x: preço de um produto.

Com desconto de 20%, o preço a ser pago será de:

$$80\% \text{ de } x, \text{ ou seja, } 0{,}8x.$$

O segundo desconto é de 8%:

$$92\% \text{ de } 0{,}8x = 0{,}92 \cdot 0{,}8 \cdot x = 0{,}736x = 73{,}6\% \text{ de } x.$$

O preço final corresponde a 73,6% do preço original.

A porcentagem de desconto é de $100\% - 73{,}6\% = 26{,}4\%$.

Poderíamos determinar diretamente o preço com os descontos sucessivos de 20% e de 8% num valor inicial x fazendo:

$$0{,}8 \cdot 0{,}92 \cdot x = 0{,}736x = 73{,}6\% \text{ de } x$$

B. Daniel sabe como é importante economizar água. Por isso, quando verificou que o consumo em sua residência aumentou 12% de um mês para outro, tomou medidas de economia. A conta seguinte mostrou uma queda de 15% sobre o consumo do mês anterior. Considerando os dois meses, houve aumento ou diminuição do consumo de água?

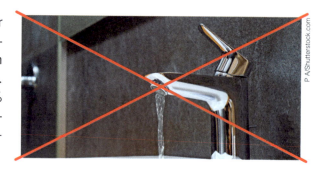

Consumo: x

Aumento de 12% sobre o consumo:

$$112\% \text{ de } x = 1{,}12x$$

Redução de 15% sobre o consumo acima:

$$0{,}85 \cdot 1{,}12x = 0{,}952x = 95{,}2\% \text{ de } x$$

Como $100\% - 95{,}2\% = 4{,}8\%$, concluímos que, ao final dos dois meses, houve redução de 4,8% no consumo da residência.

Poderíamos determinar diretamente a porcentagem fazendo:

$$1{,}12 \cdot 0{,}85 \cdot x = 0{,}952x = 95{,}2\% \text{ de } x$$

EXERCÍCIOS
DE FIXAÇÃO

26. Um comerciante reajustou o preço de um produto que custava x reais em 14%. Passada uma semana, arrependeu-se e remarcou-o dando um desconto de 20% sobre o preço com aumento. Qual foi o desconto final dado sobre o preço x?

27. Jairo vendeu dois automóveis: um por R$ 66.640,00 e outro por R$ 80.640,00. No mais barato, conseguiu um lucro de 19% sobre o preço de compra. Já no de maior valor, teve prejuízo de 4%. Considerando as duas vendas, ele teve lucro ou prejuízo? De quanto?

Solução:

Preço que Jairo pagou:

- pelo automóvel mais barato: x

  $1{,}19 \cdot x = 66\,640$

  $x = \dfrac{66\,640}{1{,}19}$

  $x = 56\,000$

- pelo automóvel mais caro: y

  $0{,}96 \cdot y = 80\,640$

  $y = \dfrac{80\,640}{0{,}96}$

  $y = 84\,000$

Gasto com a compra dos automóveis:
$x + y = 140\,000$

Valor recebido pela venda:
$66\,640 + 80\,640 = 147\,280$

$147\,280 - 140\,000 = 7\,280$ (lucro)

Para saber a porcentagem de lucro, fazemos:

$\dfrac{7\,280}{140\,000} = 0{,}052 = 5{,}2\%$

Jairo teve lucro de 5,2%.

28. O gerente de determinada loja solicitou que um funcionário aumentasse o preço de certo produto em 5%. Assim que o funcionário terminou a remarcação, o gerente pediu que aumentasse novamente o preço do mesmo produto em mais 2%. Qual foi a porcentagem final de aumento do produto?

29. O preço de uma camiseta com 20% de desconto é R$ 51,00. Qual era o preço da camiseta antes do desconto?

30. As vendas de certa empresa neste ano aumentaram 4% em relação ao ano anterior. A estimativa é que no próximo ano haja crescimento de 5%. Qual será o percentual acumulado de crescimento das vendas nesses dois anos?

31. O apartamento de Daniela valia x milhares de reais. Ela precisou mudar rapidamente de cidade e vendeu-o com um prejuízo de 10%. A pessoa que comprou o apartamento o revendeu, depois de alguns meses, por 621 mil reais, conseguindo lucrar 15% sobre o preço que pagou. Calcule x (use a calculadora).

32. (Cesgranrio) Em um período em que os preços subiram 82%, os salários de certa categoria aumentaram apenas 30%. Para que os salários recuperem o poder de compra, eles devem ser aumentados em:

a) 40%.   c) 52%.   e) 64%.

b) 46%.   d) 58%.

EXERCÍCIOS
COMPLEMENTARES

33. (UFSC) Dos inscritos em um concurso, 70% são engenheiros e 30% são biólogos. 80% dos engenheiros e 50% dos biólogos já têm emprego. A porcentagem dos candidatos que não têm emprego é:

a) 29%.
b) 71%.
c) 15%.
d) 56%.
e) 20%.

34. Nos primeiros três meses do ano, as ações de certa empresa valorizaram 8% e 5% nos meses de janeiro e fevereiro, respectivamente, e desvalorizaram 10% em março. No final do trimestre, as ações acumularam valorização ou desvalorização? De quantos por cento?

35. A área ocupada pelo pasto em certa fazenda corresponde a 32% da área total. Se o pasto tem 48 000 m², qual a área da fazenda?

36. Em todos os meses, Felipe deposita R$ 510,00 na caderneta de poupança, o que corresponde a 8,5% do valor que recebe de salário. Quanto Felipe recebe?

37. (Cefet-MG) Para um evento com duração de 3 h 40 min, foram tocados, sem repetição, dois gêneros musicais: clássico e popular (MPB). A duração de cada música clássica foi de 5 min e a de MPB, 4 min. Sabendo-se que 40% das músicas selecionadas são clássicas, então o total de músicas populares tocado foi de:

a) 20.
b) 23.
c) 26.
d) 30.
e) 33.

38. (Enem) Os dados do gráfico foram coletados por meio da Pesquisa Nacional por Amostra de Domicílios. Supondo-se que, no Sudeste, 14 900 estudantes foram entrevistados nessa pesquisa, quantos deles possuíam telefone móvel celular?

a) 5 513
b) 6 556
c) 7 450
d) 8 344
e) 9 536

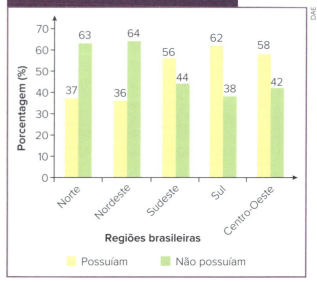

Fonte: IBGE. Disponível em: <http://www.ibge.gov.br>. Acesso em: 28 abr. 2010.

EXERCÍCIOS

SELECIONADOS

39. Uma loja está em promoção oferecendo descontos de 20% para mulheres e 10% para aposentadas. Os descontos são sucessivos, do maior para o menor. Ana é aposentada, fez uma compra nessa loja e pagou, no total, 720 reais. Quanto ela pagaria se não fosse aposentada?

40. (Enem) Uma pessoa aplicou certa quantia em ações. No primeiro mês, ela perdeu 30% do total do investimento e, no segundo mês, recuperou 20% do que havia perdido. Depois desses dois meses, resolveu tirar o montante de R$ 3.800,00 gerado pela aplicação. A quantia inicial que essa pessoa aplicou em ações corresponde ao valor de:
   a) R$ 4.222,22.
   b) R$ 4.523,80.
   c) R$ 5.000,00.
   d) R$ 13.300,00.
   e) R$ 17.100,00.

41. (Cesgranrio) Se 0,6% de $\frac{10}{3} = 3x - 1$, então o valor de x é:
   a) 3,4%.
   b) 9,8%.
   c) 34%.
   d) 54%.
   e) 98%.

42. (Cesgranrio) Em um período em que os preços subiram 82%, os salários de certa categoria aumentaram apenas 30%. Para que os salários recuperem o poder de compra, eles devem ser aumentados em:
   a) 40%.
   b) 46%.
   c) 52%.
   d) 58%.
   e) 64%.

43. (CFTRJ) O preço do novo celular CefeX sofreu três reajustes durante o ano de 2015: um aumento de 20% em fevereiro; outro de mais 25% em junho; e, em outubro, um desconto de 40%. Com base nessas informações, qual é a porcentagem final de variação do preço sofrido pelo produto, em relação ao preço inicial, durante o ano de 2015?

44. (CMRJ) Se numa fração aumentarmos o numerador em 25% e diminuirmos o denominador em 50%, teremos um número:
   a) 2,5 vezes a fração original.
   b) 50% maior que a fração original.
   c) 25% menor que a fração original.
   d) 100% maior que a fração original.
   e) 1,5 vez menor que a fração original.

PANORAMA

45. (CFTRJ) Qual o número mínimo de passos idênticos, de $\frac{3}{4}$ de metro cada, suficientes para caminhar em linha reta por 13,5 m?

a) 13   b) 18   c) 40,5   d) 54

46. (CFTMG) Uma pessoa foi ao supermercado comprar o creme de leite de sua preferência e percebeu que o produto é vendido em quatro embalagens distintas. Os volumes e preços dessas embalagens estão representados no quadro abaixo:

Creme de leite		
Embalagem	Volume (mL)	Valor (R$)
I	200	3,80
II	300	5,20
III	500	7,80
IV	800	11,20

De acordo com esse quadro, a embalagem de creme de leite que proporciona o menor custo por mL é a:

a) I.   c) III.
b) II. d) IV.

47. (Cotuca) Um restaurante faz uma promoção, com a seguinte regra, a seus clientes fidelizados:

"Consuma dez almoços e ganhe um por nossa conta!"

Desse modo, um cliente que almoçar dez vezes e ganhar o almoço por conta do restaurante ganhará um desconto cujo valor, aproximadamente, equivale a: (use a calculadora.)

a) 8,9%.
b) 9,1%.
c) 10%.
d) 10,9%.
e) 11,1%.

48. (CFTMG) Sabe-se que, para preparar determinada suplementação alimentar, a quantidade de suplemento a ser diluída deve ser de 3% do volume de leite. Se for utilizado meio litro de leite e se a medida usada para o suplemento for uma colher que tem 3 cm³, então o número de colheres do suplemento que será necessário, nessa preparação, é igual a:

LEMBRE-SE: 1 cm³ = 1 mL

a) 5.   b) 6.   c) 7.   d) 8.

49. (Esc. Naval) Considere uma fração cuja soma de seus termos é 7. Somando-se três unidades ao seu numerador e retirando-se três unidades de seu denominador, obtém-se a fração inversa da primeira. Qual é o denominador da nova fração?

a) 1   b) 2   c) 3   d) 4   e) 5

50. (CFTRJ) O gráfico abaixo mostra a distância percorrida e o tempo utilizado em provas de atletismo efetuadas por quatro alunos. Quem foi o mais rápido?

a) Alice.   c) Carlos.
b) Beatriz.   d) Daniel.

51. (CP2) Um carro gasta 14 litros de gasolina para fazer um percurso de 154 quilômetros. Nessas condições, para percorrer 429 quilômetros, o carro gastará, em litros, uma quantidade de gasolina igual a:

a) 33.   b) 34.   c) 36.   d) 39.   e) 42.

52. (CP2) Considere os seguintes dados obtidos na pesquisa que envolveu um grupo de 1167 alunos de Etecs. Do total de alunos pesquisados, 40% substituem o almoço por lanche e, destes, 72% estão no peso normal. Assim sendo, pode-se concluir que o número de alunos que substituem o almoço por lanche e que estão no peso normal é, aproximadamente:

a) 131.   c) 336.   e) 657.
b) 248.   d) 433.

53. (CP2) Rosinha pagou R$ 67,20 por uma blusa que estava sendo vendida com desconto de 16%. Quando suas amigas souberam, correram para a loja e tiveram a triste notícia que o desconto já havia acabado. O preço encontrado pelas amigas de Rosinha foi:

a) R$ 70,00.   c) R$ 80,00.
b) R$ 75,00.   d) R$ 85,00.

54. (Unesp) Uma confeitaria vendeu seus dois últimos bolos por R$ 32,00 cada. Ela teve lucro de 28% com a venda de um dos bolos e prejuízo de 20% com a venda do outro. No total dessas vendas, a confeitaria teve:

a) lucro de R$ 5,12.
b) prejuízo de R$ 1,00.
c) prejuízo de R$ 1,28.
d) prejuízo de R$ 2,56.
e) lucro de R$ 2,56.

55. (CMRJ) Uma piscina na forma de um bloco retangular tem suas dimensões representadas na figura abaixo. Após uma limpeza, a piscina encontra-se totalmente vazia.

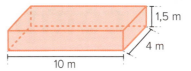

Considere que uma bomba jogue água dentro da piscina a uma vazão constante, isto é, o volume de água bombeado por minuto dentro da piscina é sempre o mesmo. Se em 10 minutos forem bombeados 250 litros d'água para dentro da piscina, determine o tempo necessário, em horas, para que a piscina atinja 25% de sua capacidade total.

a) 8 horas   c) 10 horas   e) 15 horas
b) 9 horas   d) 12 horas

56. (PUC) Descontos sucessivos de 20% e 30% são equivalentes a um único desconto de:

a) 25%.   c) 44%.   e) 50%.
b) 26%.   d) 45%.

57. (Espm) O gráfico abaixo mostra a variação da quantidade de unidades vendidas por uma pequena fábrica de pranchas de *surf*, durante um ano.

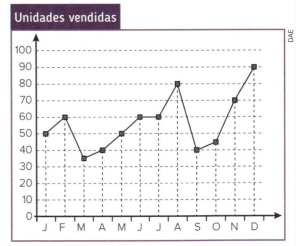

De acordo com o gráfico, podemos concluir que o aumento nas vendas do 2º trimestre para o 3º trimestre foi de:

a) 10%.   c) 20%.
b) 15%.   d) 25%.

CAPÍTULO 6
Regras de três compostas

Proporcionalidade

Lembrando...

Duas grandezas são:

- diretamente proporcionais se, quando uma delas dobra, a outra dobra; quando uma triplica, a outra triplica; quando uma cai pela metade, a outra também cai pela metade; e assim por diante;
- inversamente proporcionais se, quando uma dobra, a outra cai pela metade; quando uma triplica, a outra cai pela terça parte; e assim por diante.

Na tabela ao lado, as grandezas x e y são diretamente proporcionais.

A **razão** entre elas é **constante**:

$$\frac{y}{x} = \frac{4}{2} = \frac{8}{4} = \frac{12}{6} = \frac{2}{1} = 2$$

x	y
2	4
4	8
6	12
1	2

Na tabela ao lado, as grandezas a e b são inversamente proporcionais.

O **produto** delas é **constante**:

$a \cdot b = 4 \cdot 6 = 8 \cdot 3 = 2 \cdot 12 = 1 \cdot 24 = 24$

24 é a constante de proporcionalidade dessas grandezas

a	b
4	6
8	3
2	12
1	24

Regras de três simples

Se duas grandezas se relacionam de forma proporcional, podemos determinar uma delas conhecendo as outras três. Daí o nome "regra de três". Vamos relembrar por meio de exemplos.

A. Uma torneira enche completamente um tanque com capacidade para 400 L em 1 h 10 min. Quanto tempo levará para encher um tanque de capacidade igual a 280 L?

As grandezas são diretamente proporcionais.

As razões são iguais:

$\frac{400}{280} = \frac{70}{x}$. Multiplicando em cruz e fazendo os cálculos:

$400x = 280 \cdot 70$

$400x = 19\,600$

$x = 49$

Resposta: a torneira levará 49 minutos para encher um tanque com capacidade igual a 280 L.

Capacidade	Tempo
400 L	1 h 10 min = 70 min
280 L	x

60

B. Um avião viajando a 600 km/h faz o percurso entre duas cidades em 1 hora e 15 minutos. Outro modelo de avião faz o mesmo percurso em 50 minutos. Qual é a velocidade desse avião?
As grandezas são inversamente proporcionais. O produto das grandezas é constante.

$$x \cdot 50 = 600 \cdot 75$$
$$50x = 45\,000$$
$$x = 900$$

Velocidade	Tempo
600 km/h	75 min
x	50 min

Resposta: a velocidade é de 900 km/h.

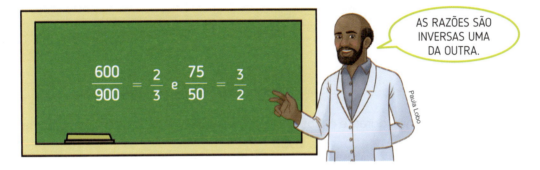

AS RAZÕES SÃO INVERSAS UMA DA OUTRA.

EXERCÍCIOS DE FIXAÇÃO

1. Um acampamento se programou para receber 72 crianças com alimento suficiente para 20 dias. No entanto, 24 crianças cancelaram a viagem. O alimento será suficiente para quantos dias?

2. Se 6 máquinas iguais fabricam 2 700 lâmpadas por dia, quantas dessas máquinas serão necessárias para produzir 4 950 lâmpadas por dia?

3. Classifique as grandezas x e y de cada tabela abaixo em diretamente proporcionais ou inversamente proporcionais. Determine a constante de proporcionalidade.

a)
x	y
0,5	8
2	2
5	0,8

b)
x	y
2	3,6
1	1,8
10	18

4. (Enem) Muitas medidas podem ser tomadas em nossas casas visando à utilização racional de energia elétrica. Isso deve ser uma atitude diária de cidadania. Uma delas pode ser a redução do tempo no banho. Um chuveiro com potência de 4 800 kWh consome 4,8 kW por hora. Uma pessoa que toma dois banhos diariamente, de 10 minutos cada, consumirá, em sete dias, quantos kW?

a) 0,8   b) 1,6   c) 5,6   d) 11,2   e) 33,6

5. (Uenp) Sabendo que, ao ser beneficiado, o arroz sofre perda de 28%, quantos quilogramas serão necessários beneficiar para obter 360 quilogramas de arroz limpo?

a) 259,2
b) 475,5
c) 500
d) 600
e) 619,3

Regras de três compostas

Os problemas que resolvemos utilizando as regras de três relacionavam sempre duas grandezas. Há problemas em que mais grandezas se relacionam de maneira proporcional. Vejamos como resolvê-los.

A. Em 3 dias de trabalho, uma fábrica produz 360 m de tecido fazendo funcionar 8 máquinas. Em quantos dias poderá produzir 1080 m de tecido fazendo funcionar 6 dessas máquinas?
Vamos propor duas estratégias de solução.

1. Considerando que as máquinas são iguais e, portanto, têm a mesma velocidade de produção, calculamos quantos metros de tecido uma máquina produz por dia.

metros de tecido ← $\dfrac{360}{3 \cdot 8} = 15$ → 15 m de tecido por máquina, por dia

↓ divididos por 8 máquinas trabalhando durante 3 dias

As 6 máquinas trabalhando durante d dias para produzir 1080 m de tecido têm a mesma velocidade.

$$\dfrac{1080}{d \cdot 6} = 15$$

$$6d \cdot 15 = 1080$$

$$90d = 1080$$

$$d = 12$$

Resposta: as máquinas deverão trabalhar durante 12 dias.

2. Organizamos os dados do problema em uma tabela e comparamos a grandeza cujo valor é desconhecido com cada uma das outras duas.

Número de dias	Tecido (metros)	Número de máquinas
3	360	8
x	1080	6

O número de dias
- e a produção de tecido em metros são grandezas diretamente proporcionais.
- e o número de máquinas trabalhando são grandezas inversamente proporcionais.

Igualamos a razão que contém o valor desconhecido com o produto das outras duas razões, **invertendo** a razão da grandeza que é inversamente proporcional.

$$\dfrac{3}{x} = \dfrac{360}{1080} \cdot \dfrac{6}{8}$$

$$\dfrac{3}{x} = \dfrac{1}{4}$$

$$x = 12$$

A resposta é 12 dias, como já havíamos encontrado.

As duas estratégias estão corretas; assim, podemos escolher qual utilizar.

B. Um ciclista percorre 168 km em 3 dias pedalando 4 horas por dia. Em quantos dias ele faria uma viagem de 252 km pedalando 3 horas por dia?

Vamos resolver usando a tabela.

Distância (km)	Número de dias	Número de horas/dia
168	3	4
252	d	3

Devemos comparar a grandeza de valor desconhecido com cada uma das outras.

O número de dias
- e a distância são grandezas diretamente proporcionais.
- e o número de horas pedaladas por dia são grandezas inversamente proporcionais.

Então, vamos inverter a razão $\frac{4}{3}$.

$$\frac{3}{d} = \frac{168}{252} \cdot \frac{3}{4}$$

$$\frac{3}{d} = \frac{1}{2}$$

$$d = 6 \text{ dias}$$

O ciclista faria a viagem em 6 dias.

C. O gerente de uma gráfica entregou em 2 dias uma encomenda de 3 600 fôlderes. Para imprimi-los, ele utilizou 3 impressoras iguais trabalhando 6 horas por dia. Uma nova encomenda de 4 200 fôlderes deve ser entregue em 3 dias de prazo. Quantas impressoras como as anteriores serão necessárias se trabalharem 7 horas por dia?

Como as impressoras são iguais, o número de impressões de fôlderes de cada impressora por hora é o mesmo.

Usando a tabela, teríamos:

O número de impressoras
- e o número de dias são inversamente proporcionais.
- e o número de horas são inversamente proporcionais.

Por isso, invertemos as razões antes de multiplicar.

$\frac{3}{x} = \frac{3}{2} \cdot \frac{7}{6} \cdot \frac{3600}{4200}$, que resulta em $x = 2$.

$$\frac{3600}{3 \cdot 6 \cdot 2} = 100$$

Então, $\frac{4200}{x \cdot 7 \cdot 3} = 100$

$$\frac{42000}{21x} = 100$$

$$2100x = 4200$$

$$x = 2$$

Serão necessárias 2 impressoras.

EXERCÍCIOS
DE FIXAÇÃO

6. Dez máquinas fabricam 400 m de tecido em 16 dias. Em quantos dias 12 máquinas, cujo rendimento é igual ao das primeiras, fazem 300 m desse mesmo tecido?

7. Numa fábrica, 12 operários trabalhando 8 horas por dia conseguem fazer 864 caixas de madeira. Quantas caixas serão feitas por 15 operários que trabalhem 10 horas por dia?

8. Na merenda escolar, 40 crianças consumiram 156 litros de leite em 15 dias. Quantos litros de leite serão consumidos por 45 crianças em 20 dias?

9. A despesa de alimentação de 12 pessoas durante 8 dias é de R$ 160,00. Qual será o custo da alimentação de 15 pessoas durante 5 dias?

10. Em 6 dias, 20 homens completam um serviço trabalhando 9 horas por dia. Para fazer o mesmo serviço, quantos dias levarão 12 homens trabalhando 5 horas por dia?

11. Um aluno resolve 300 exercícios em 10 dias estudando 4 horas por dia. Quantos exercícios ele resolverá em 12 dias estudando 8 horas por dia?

12. Uma casa é construída em 8 dias por 9 pedreiros que trabalham 5 horas por dia. Em quantos dias 12 pedreiros, trabalhando 6 horas por dia, poderiam fazer a mesma casa?

13. Em 3 horas, 3 torneiras despejam 2 700 litros de água. Quantos litros despejam 5 dessas torneiras em 5 horas?

14. Uma máquina funcionando 4 horas por dia fabrica 12 000 pregos em 6 dias. Quantas horas por dia essa máquina deveria funcionar para fabricar 20 000 pregos em 20 dias?

15. Um ciclista percorre 75 km em 2 dias pedalando 3 horas por dia. Em quantos dias faria uma viagem de 200 km pedalando 4 horas por dia?

16. Foram empregados 4 kg de fio para tecer 14 m de tecido de 0,8 m de largura. Quantos quilogramas serão precisos para produzir 350 m de tecido com 1,2 m de largura?

17. (UFV-MG) Durante um período de estiagem, a empresa responsável pelo abastecimento de água de uma cidade distribuiu à população um folheto alertando quanto ao desperdício de água nas residências. Dentre as informações constava que uma torneira pingando 20 gotas por minuto ocasiona, em 30 dias, um desperdício de 100 litros de água. Sr. João, após ler esse informativo, passou a verificar as torneiras de sua casa e constatou que uma delas pingava 30 gotas por minuto. Preocupado, sr. João calculou qual seria o desperdício de água nessa torneira em 50 dias. Qual foi o valor encontrado?

AQUI TEM MAIS

Duas grandezas, *x* e *y*, são diretamente proporcionais. A tabela a seguir ilustra como elas se relacionam.

Observe que a razão de semelhança é $k = 2$.

Representamos no sistema cartesiano os pares ordenados (*x*, *y*) formados com os valores da tabela.

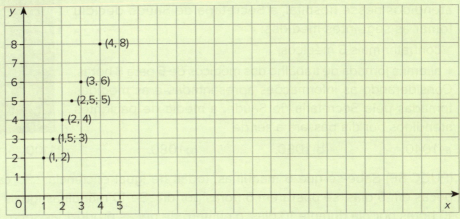

Os pontos obtidos estão alinhados. Se pusermos mais valores na tabela e localizarmos os pontos, eles continuarão alinhados de forma que seria possível traçar uma reta passando por todos eles. Essa é uma propriedade de quaisquer duas grandezas diretamente proporcionais: sempre obteremos pontos alinhados ao representar, no sistema cartesiano, os pares ordenados que as relacionam.

EXERCÍCIOS

COMPLEMENTARES

18. Renato fará uma viagem longa de automóvel. Um colega seu, que já fez essa viagem, disse que, dirigindo 8 horas por dia, a uma velocidade média de 60 km/h, ele levou 6 dias para chegar ao destino. Renato pretende dirigir 9 horas por dia, a uma velocidade média de 80 km/h. Quantos dias durará sua viagem?

19. Para esvaziar um reservatório de água com 700 m³ de capacidade, 3 ralos levaram 7 horas para fazê-lo. Se o compartimento tivesse 500 m³ de capacidade, quantas horas seriam necessárias, ao utilizarmos 5 ralos como os anteriores, para esvaziá-lo?

20. (Enem) Uma editora de jornal tem 7 profissionais responsáveis pela produção de 35 000 exemplares todos os dias. Após a ocorrência de mortes devido à gripe suína, a procura por informações a respeito dessa gripe aumentou bastante, e o jornal teve que aumentar sua produção para 65 000 por dia. O número de contratações cresce proporcionalmente em relação ao aumento no número de exemplares produzidos. O número de novos funcionários que a editora teve de contratar foi:

a) 4.   b) 6.   c) 11.   d) 13.   e) 20.

21. Para descarregar um caminhão com 5 toneladas de carga em meia hora, são necessários 4 funcionários. Para descarregar 3 caminhões como esse em 45 minutos, quantos funcionários devem trabalhar?

EXERCÍCIOS
SELECIONADOS

22. (UFPB) Um hospital de certa cidade atende, em média, 720 pacientes diariamente, com 30 médicos trabalhando 6 horas por dia. Para aumentar a média de pacientes atendidos nesse hospital, a Secretaria de Saúde decidiu tomar as seguintes medidas:

• contratar mais 5 médicos;

• alterar a jornada de trabalho dos médicos de 6 para 8 horas. Considerando as informações apresentadas e as medidas tomadas pela Secretaria de Saúde, a média de pacientes atendidos por dia passará a ser de:

a) 1040.   b) 1060.   c) 1080.   d) 1100.   e) 1120.

23. (PUCC-SP) Sabe-se que 5 máquinas, todas de igual eficiência, são capazes de produzir 500 peças em 5 dias, se operarem 5 horas por dia. Se 10 máquinas iguais às primeiras operassem 10 horas por dia durante 10 dias, o número de peças produzidas seria:

a) 1000.   b) 2000.   c) 4000.   d) 5000.   e) 8000.

24. (Enem) Uma indústria tem um reservatório de água com capacidade para 900 m³. Quando há necessidade de limpeza do reservatório, toda a água precisa ser escoada. O escoamento da água é feito por seis ralos, e dura 6 horas quando o reservatório está cheio. Essa indústria construirá um novo reservatório, com capacidade de 500 m³, cujo escoamento da água deverá ser realizado em 4 horas quando o reservatório estiver cheio. Os ralos utilizados no novo reservatório deverão ser idênticos aos do já existente. A quantidade de ralos do novo reservatório deverá ser igual a

a) 2.   b) 4.   c) 5.   d) 8.   e) 9.

25. (Cesgranrio) Três profissionais fazem 24 peças em 2 horas, e 4 aprendizes fazem 16 peças em 3 horas. Em quantas horas 2 profissionais e 3 aprendizes farão 48 peças?

a) 2   b) 3   c) 4   d) 5   e) 6

26. (UTFPR) Uma bicicleta tem uma roda de 30 centímetros de raio e outra de 40 centímetros de raio. Sabendo-se que a roda menor dá 136 voltas para certo percurso, determine quantas voltas dará a roda maior para fazer o mesmo percurso.

a) 102   b) 108   c) 126   d) 120   e) 112

27. (OBMEP) Um artesão começa a trabalhar às 8h e produz seis braceletes a cada 20 minutos; já seu auxiliar começa a trabalhar uma hora depois e produz oito braceletes do mesmo tipo a cada meia hora. O artesão para de trabalhar às 12h, mas avisa ao seu auxiliar que deverá continuar trabalhando até produzir o mesmo número de braceletes que ele. A que horas o auxiliar irá parar de trabalhar?

a) 12h   b) 12h30   c) 13h   d) 13h30   e) 14h30

28. (Uncisal) Tanto no basquete masculino como no feminino, a altura dos aros das cestas é 3,05 m. Por sua vez, a altura da rede do voleibol masculino é 2,43 m e do feminino 2,24 m. Se as regras do basquete respeitassem as diferenças de gênero da mesma forma que as regras do voleibol respeitam e a altura da cesta do masculino fosse mantida, a do feminino seria:

a) 1,78 m.   b) 2,24 m.   c) 2,43 m.   d) 2,81 m.   e) 3,31 m.

PANORAMA

FAÇA AS ATIVIDADES A SEGUIR E REVEJA O QUE VOCÊ APRENDEU.

29. (Ceag-SP) Uma escola tem recursos para fornecer a merenda escolar para os seus 275 alunos durante 60 dias. Se a escola receber 25 novos alunos, e como a alimentação não pode ser alterada, os recursos existentes são suficientes para fornecer a merenda escolar durante apenas:

a) 45 dias.
b) 50 dias.
c) 52 dias.
d) 55 dias.

30. (Fesp-RJ) Uma torneira jorrando 40 litros de água por minuto enche um reservatório em 3 horas. O tempo em que uma outra torneira, que tenha uma vazão de 60 litros de água por minuto, irá encher o mesmo reservatório será de:

a) 85 minutos.
b) 95 minutos.
c) 120 minutos.
d) 150 minutos.

31. (UFRJ) Uma impressora levou 6 minutos e 30 segundos para imprimir 50 páginas. O tempo que levará nesse ritmo para imprimir 300 páginas será de:

a) 30 min.
b) 39 min.
c) 42 min.
d) 50 min.

32. (Mack-SP) Se 15 operários em 9 dias de 8 horas ganham R$ 10.800,00; 23 operários em 12 dias de 6 horas ganhariam:

a) R$ 16.560,00.
b) R$ 17.560,00.
c) R$ 26.560,00.
d) R$ 29.440,00.

33. (FCMSC-SP) Sabe-se que 4 máquinas, operando 4 horas por dia, durante 4 dias, produzem 4 toneladas de certo produto. Quantas toneladas do mesmo produto seriam produzidas por 6 máquinas daquele tipo, operando 6 horas por dia, durante 6 dias?

a) 8
b) 15
c) 10,5
d) 13,5

34. (FEP-PA) Para asfaltar 1 km de estrada, 30 homens gastaram 12 dias trabalhando 8 horas por dia. Vinte homens, para asfaltar 2 km da mesma estrada, trabalhando 12 horas por dia, gastarão:

a) 6 dias.
b) 12 dias.
c) 24 dias.
d) 28 dias.

35. (PUCC-SP) Operando 12 horas por dia, 20 máquinas produzem 6 000 peças em 6 dias. Com 4 horas a menos de trabalho diário, 15 daquelas máquinas produzirão 4 000 peças em:

a) 8 dias.
b) 9 dias.
c) 9 dias e 6 horas.
d) 8 dias e 12 horas.

36. (Faap-SP) Numa campanha de divulgação do vestibular, o diretor mandou confeccionar cinquenta mil folhetos. A gráfica realizou o serviço em cinco dias, utilizando duas máquinas de mesmo rendimento, oito horas por dia. O diretor precisou fazer nova encomenda. Desta vez, sessenta mil folhetos. Nessa ocasião, uma das máquinas estava quebrada. Para atender o pedido, a gráfica prontificou-se a trabalhar doze horas por dia, executando o serviço em:

a) 5 dias.
b) 8 dias.
c) 10 dias.
d) 12 dias.

CAPÍTULO 7

Produtos notáveis

O que são produtos notáveis

Há certos produtos que ocorrem frequentemente no cálculo algébrico e que são chamados **produtos notáveis**.

Vamos apresentar aqueles cujo emprego é mais frequente.

Produto é o resultado de uma multiplicação.

Notável significa importante.

Quadrado da soma de dois termos

Veja:

$(a + b)^2 = (a + b) \cdot (a + b) =$
$= a^2 + ab + ab + b^2 =$
$= a^2 + 2ab + b^2$

Modo prático:

$a + b$
$a + b$
_____
$a^2 + ab$
$\quad\; + ab + b^2$
_____
$a^2 + 2ab + b^2$

O quadrado de um binômio é um trinômio!

Escrevemos: $(a + b)^2 = a^2 + 2ab + b^2$

Assim, podemos concluir que o quadrado da soma de dois termos é igual ao quadrado do primeiro termo, mais duas vezes o produto do primeiro termo pelo segundo, mais o quadrado do segundo termo:

(primeiro + segundo)² = (primeiro)² + 2 · (primeiro) · (segundo) + (segundo)²

Exemplos:

A. Calcule $(x + 3y)^2$.

Solução:

- (primeiro termo)² = x^2
- 2 · (primeiro termo) · (segundo termo) = $2 \cdot x \cdot 3y = 6xy$
- (segundo termo)² = $(3y)^2 = 9y^2$

Então: $(x + 3y)^2 = x^2 + 6xy + 9y^2$

B. Calcule $(5x^2 + 4y)^2$.

Solução:

- (primeiro termo)² = $(5x^2)^2 = 25x^4$
- 2 · (primeiro termo) · (segundo termo) = $2 \cdot 5x^2 \cdot 4y = 40x^2y$
- (segundo termo)² = $(4y)^2 = 16y^2$

Então: $(5x^2 + 4y)^2 = 25x^4 + 40x^2y + 16y^2$

AQUI TEM MAIS

O quadrado do binômio e a Geometria

Veja a representação geométrica do quadrado da soma de dois termos:

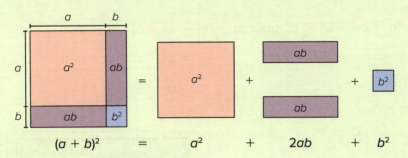

EXERCÍCIOS
DE FIXAÇÃO

1. Calcule os quadrados.
   a) $(a + 7)^2$
   b) $(3x + 1)^2$
   c) $(10x + y)^2$
   d) $(a + 3x)^2$
   e) $(5x^2 + 1)^2$
   f) $(c^3 + 6)^2$

2. Calcule os quadrados.
   a) $(xy + 5)^2$
   b) $(11 + pq)^2$
   c) $(xy + p^3)^2$

3. Calcule os quadrados.
   a) $(x + 0,5)^2$
   b) $(0,3 + a)^2$
   c) $(pq + 0,4)^2$

4. Calcule os quadrados.
   a) $\left(x + \dfrac{1}{2}\right)^2$
   b) $\left(\dfrac{1}{2}a + 3\right)^2$
   c) $\left(2m + \dfrac{n}{2}\right)^2$
   d) $\left(\dfrac{x}{2} + \dfrac{y}{2}\right)^2$

5. Simplifique as expressões.
   a) $(x + 1)^2 + (x + 2)^2$
   b) $(2x + 1)^2 + (3x + 1)^2$
   c) $5x - (2x + 3)^2$
   d) $(x + 5)^2 - x(x + 3)$

6. (SEE-SP) A área do quadrado é:
   a) $x^2 + 1$
   b) $x^2 + 2$
   c) $x^2 + 4$
   d) $x^2 + 2x + 1$

7. (Saresp-SP) A expressão algébrica que representa a situação "o quadrado da soma de dois números, mais 5 unidades" é:
   a) $x + y + 5^2$
   b) $(x + y + 5)^2$
   c) $(x + y)^2 + 5$
   d) $x^2 + y + 5^2$

8. Qual é a área do quadrado maior?
   a) 12
   b) 36
   c) 12x
   d) 36x

9. O desenvolvimento de $(10x + 0,1)^2$ é:
   a) $20x^2 + 2x + 0,1$.
   b) $100x^2 + 2x + 0,01$.
   c) $100x^2 + 2x + 0,1$.
   d) $100x^2 + 20x + 0,01$.

10. Sabendo que $x^2 + y^2 = 34$ e que $xy = 15$, o valor de $(x + y)^2$ é:
   a) 49.
   b) 64.
   c) 96.
   d) 510.

Quadrado da diferença de dois termos

Veja este exemplo: $(5 - 3)^2 \neq 5^2 - 3^2$

$$2^2 \neq 25 - 9$$

$$4 \neq 16$$

> O exemplo mostra que $(a - b)^2 \neq a^2 - b^2$.

Observe que $(a - b)^2 \neq a^2 - b^2$, pois: $(a - b)^2 = (a - b) \cdot (a - b) =$

$$= a^2 - ab - ab + b^2 =$$

$$= a^2 - 2ab + b^2$$

Modo prático:

$$\begin{array}{r} a - b \\ a - b \\ \hline a^2 - ab \\ - ab + b^2 \\ \hline a^2 - 2ab + b^2 \end{array}$$

> O quadrado de um binômio é um trinômio!

Escrevemos:

$$(a - b)^2 = a^2 - 2ab + b^2$$

Assim, podemos concluir que o quadrado da diferença de dois termos é igual ao quadrado do primeiro termo, menos duas vezes o produto do primeiro termo pelo segundo, mais o quadrado do segundo termo:

$$(\text{primeiro} - \text{segundo})^2 = (\text{primeiro})^2 - 2 \cdot (\text{primeiro}) \cdot (\text{segundo}) + (\text{segundo})^2$$

Exemplos:

A. Calcule $(7x - y)^2$.

Solução:
- $(\text{primeiro termo})^2 = (7x)^2 = 49x^2$
- $2 \cdot (\text{primeiro termo}) \cdot (\text{segundo termo}) = 2 \cdot 7x \cdot y = 14xy$
- $(\text{segundo termo})^2 = y^2$

Então: $(7x - y)^2 = 49x^2 - 14xy + y^2$

B. Calcule $(3m - 5n)^2$.

Solução:
- $(\text{primeiro termo})^2 = (3m)^2 = 9m^2$
- $2 \cdot (\text{primeiro termo}) \cdot (\text{segundo termo}) = 2 \cdot 3m \cdot 5n = 30mn$
- $(\text{segundo termo})^2 = (5n)^2 = 25n^2$

Então: $(3m - 5n)^2 = 9m^2 - 30mn + 25n^2$

AQUI TEM MAIS

Você também pode usar tabelas para calcular produtos notáveis. Veja:

1.

×	a	b
a	a^2	ab
b	ab	b^2

$(a + b)^2 = a^2 + ab + ab + b^2 =$
$= a^2 + 2ab + b^2$

AÍ, PESSOAL! UMA DICA LEGAL!

2.

×	a	−b
a	a^2	$-ab$
−b	$-ab$	b^2

$(a - b)^2 = a^2 - ab - ab + b^2 =$
$= a^2 - 2ab + b^2$

EXERCÍCIOS
DE FIXAÇÃO

11. Calcule os quadrados.
   a) $(m - 3)^2$
   b) $(2a - 5)^2$
   c) $(7 - 3c)^2$
   d) $(5x - 2y)^2$
   e) $(4m^2 - 1)^2$
   f) $(2 - x^3)^2$
   g) $(x - 0{,}2)^2$
   h) $(xy - 5)^2$

12. Mostre que:
   a) $(a + b)^2 = (-a - b)^2$;
   b) $(-3 + 5a)^2 \cdot (3 - 5a)^2$.

13. Calcule os quadrados.
   a) $\left(m - \dfrac{1}{2}\right)^2$
   b) $\left(\dfrac{a}{2} - 1\right)^2$
   c) $\left(\dfrac{a}{3} - \dfrac{c}{2}\right)^2$
   d) $\left(3x - \dfrac{1}{6}\right)^2$

14. Simplifique as expressões.
   a) $(x - 4)^2 - (x - 1)^2$
   b) $(x + 1)^2 - (x - 2)^2$
   c) $(2x - 1)^2 + x(3x - 2)$
   d) $x(x - 1)^2 + x^2(x + 3)$

15. Sabendo que $xy = 12$, quanto vale $(x - y)^2 - (x + y)^2$?
   a) 16
   b) 48
   c) −16
   d) −48

16. Determine a área da parte colorida do quadrado:

17. Qual expressão representa a área da figura?

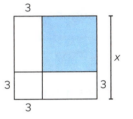

   a) $2a^2 - 2a + 1$
   b) $2a^2 + 2a + 1$
   c) $2a^2 - 2a - 1$
   d) $a^2 - 3a + 1$

18. O desenvolvimento de $(-2x - 3)^2$ é:
   a) $4x^2 + 12x + 9$.
   b) $-4x^2 + 12x - 9$.
   c) $4x^2 - 12x + 9$.
   d) $-4x^2 - 12x - 9$.

19. Se $x - y = 7$ e $xy = 60$, então o valor da expressão $x^2 + y^2$ é:
   a) 53.
   b) 109.
   c) 169.
   d) 420.

Produto da soma pela diferença de dois termos

Veja:

$(a + b) \cdot (a - b) = a^2 - \cancel{ab} + \cancel{ab} + b^2 =$
$= a^2 - b^2$

Modo prático:

$$\begin{array}{r} a + b \\ a - b \\ \hline a^2 + \cancel{ab} \\ - \cancel{ab} - b^2 \\ \hline a^2 - b^2 \end{array}$$

Escrevemos:

$$(a + b) \cdot (a - b) = a^2 - b^2$$

Assim, podemos concluir que o produto da soma pela diferença de dois termos é igual ao quadrado do primeiro termo menos o quadrado do segundo termo:

$$(\text{primeiro} + \text{segundo}) \cdot (\text{primeiro} - \text{segundo}) = (\text{primeiro})^2 - (\text{segundo})^2$$

Exemplos:

A. Calcule $(3x + 2y) \cdot (3x - 2y)$.

Solução:

- (primeiro termo)$^2 = (3x)^2 = 9x^2$
- (segundo termo)$^2 = (2y)^2 = 4y^2$

Então: $(3x + 2y) \cdot (3x - 2y) = 9x^2 - 4y^2$

B. Calcule $\left(5x - \dfrac{1}{2}\right) \cdot \left(5x + \dfrac{1}{2}\right)$

Solução:

- (primeiro termo)$^2 = (5x)^2 = 25x^2$
- (segundo termo)$^2 = \left(\dfrac{1}{2}\right)^2 = \dfrac{1}{4}$

Então: $\left(5x - \dfrac{1}{2}\right) \cdot \left(5x + \dfrac{1}{2}\right) = 25x^2 - \dfrac{1}{4}$

AQUI TEM MAIS

Você também pode usar tabela para calcular esse produto notável.

Veja:

×	a	b
a	a^2	ab
$-b$	$-ab$	$-b^2$

$(a + b) \cdot (a - b) = a^2 + \cancel{ab} - \cancel{ab} - b^2 = a^2 - b^2$

EXERCÍCIOS
DE FIXAÇÃO

20. Calcule os produtos.
   a) $(x + 9) \cdot (x - 9)$
   b) $(3x + 5) \cdot (3x - 5)$
   c) $(2 - 7x) \cdot (2 + 7x)$
   d) $(7x^2 - y) \cdot (7x^2 + y)$
   e) $(m^2 - 5) \cdot (m^2 + 5)$
   f) $(p^3 + 3) \cdot (p^3 - 3)$

21. Para cada figura, escreva uma expressão que represente a medida da área colorida.

   a)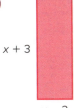
   $x + 3$
   $x - 3$

   b)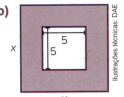
   x, 5, 5, x

22. Calcule os produtos.
   a) $(xy + 4) \cdot (xy - 4)$
   b) $(7 - am) \cdot (7 + am)$
   c) $(x + 0,5) \cdot (x - 0,5)$
   d) $(0,3 - a) \cdot (0,3 + a)$

23. Calcule os produtos.

   > Note que $x + 1$ pode ser "trocado" por $1 + x$

   a) $(1 - x) \cdot (x + 1)$
   b) $(x + 5) \cdot (5 - x)$
   c) $(3 + xy) \cdot (xy - 3)$

24. Calcule os produtos.
   a) $\left(1 + \dfrac{x}{3}\right) \cdot \left(1 - \dfrac{x}{3}\right)$
   b) $\left(\dfrac{1}{3}x^2 + y^2\right) \cdot \left(\dfrac{1}{3}x^2 - y^2\right)$

25. A expressão $(3 + ab) \cdot (ab - 3)$ é igual a:
   a) $a^2b - 9$.
   b) $ab^2 - 9$.
   c) $a^2b^2 - 9$.
   d) $a^2b^2 - 6$.

26. Simplifique as expressões.
   a) $(m - 1)^2 - (m + 1) \cdot (m - 1)$
   b) $(7x + y)^2 + (7x + y) \cdot (7x - y)$
   c) $(x + 3) \cdot (x - 3) + (x - 3)^2$
   d) $(1 + x) \cdot (1 - x) - (1 + x)^2$

27. (PUC-SP) A expressão $(x + y) \cdot (x^2 + y^2) \cdot (x - y)$ é igual a:
   a) $x^4 + y^4$.
   b) $x^4 - y^4$.
   c) $x^3 + xy^2 - x^2y - y^3$.
   d) $x^3 + xy^2 + x^2y + y^3$.

28. Sendo $A = x + 2$ e $B = x - 2$, a expressão $A^2 + AB - B^2$ é equivalente a:
   a) $x^2 + 4$.
   b) $x^2 - 4$.
   c) $x^2 + 8x + 8$.
   d) $x^2 + 8x - 4$.

29. Se $x + y = 11$ e $x - y = 5$, então o valor de $x^2 - y^2$ é:
   a) 10.   b) 55.   c) 96.   d) 110.

30. Qual expressão simplificada representa a área da figura?

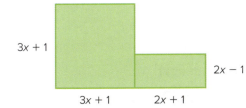

   a) $13x^2 + 2$
   b) $13x^2 + 6x$
   c) $10x^4 + 2$
   d) $13x^2 + 6x + 2$

31. A Matemática pode ajudar a fazer cálculos rápidos. Veja:
   1. $21 \cdot 19 = (20 + 1) \cdot (20 - 1) =$
      $= 20^2 - 1^2 =$
      $= 400 - 1 =$
      $= 399$
   2. $53 \cdot 47 = (50 + 3) \cdot (50 - 3) =$
      $= 50^2 - 3^2 =$
      $= 2\,500 - 9 =$
      $= 2\,491$

   Agora, calcule mentalmente:
   a) $51 \cdot 49$
   b) $28 \cdot 32$

EXERCÍCIOS

COMPLEMENTARES

32. Calcule os quadrados.
   a) $(10 + a)^2$
   b) $(2 + 3m)^2$
   c) $(a + 5x)^2$
   d) $(x^2 + x)^2$
   e) $(p^5 - 10)^2$
   f) $(3m^2 - a)^2$
   g) $(xy - 10)^2$
   h) $(a^5 - c^3)^2$

33. Calcule os quadrados.
   a) $(x - 0{,}5)^2$
   b) $(0{,}3 - a)^2$
   c) $(pq + 0{,}4)^2$
   d) $(xy + 0{,}5a^3)^2$

34. Indique as expressões equivalentes relacionando cada letra ao número romano correspondente.
   A. $(20x - y)^2$
   B. $(20x + y)^2$
   C. $(20x)^2 + (-y)^2$
   D. $(20x + y)(20x - y)$

   I. $400x^2 - y^2$
   II. $400x^2 + y^2$
   III. $400x^2 + 40xy + y^2$
   IV. $400x^2 - 40xy + y^2$

35. Qual polinômio somado a $(x + 2)(x - 2)$ resulta em $(x + 2)^2$?

36. Simplifique as expressões.
   a) $(x + 1)^2 + (x + 5)^2$
   b) $(x + y)^2 - 2(x^2 + y^2)$
   c) $(x + 5)^2 - (x - 5)^2$
   d) $(3x - 1)^2 + (x - 2)^2$
   e) $(a + b)^2 - (b + c)^2$

37. Escreva uma expressão simplificada para a área de cada uma das figuras.

a)
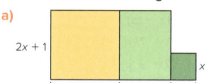

b)
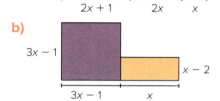

38. Calcule os produtos.
   a) $(4x - 1) \cdot (4x + 1)$
   b) $(1 - 7y) \cdot (1 + 7y)$
   c) $(2x + y) \times (2x - y)$
   d) $(x^2 - 3) \cdot (x^2 + 3)$
   e) $(1 - x^5) \cdot (1 + x^5)$
   f) $(a^2 + b^3) \cdot (a^2 - b^3)$

39. Calcule:
   a) $\left(\dfrac{a}{2} + 1\right)^2$
   b) $\left(x + \dfrac{1}{3}\right) \cdot \left(x - \dfrac{1}{3}\right)$

40. A figura a seguir é formada por três quadrados e um retângulo:

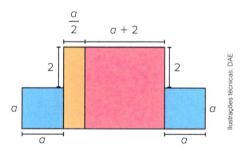

a) Qual expressão representa o perímetro da figura?
b) Se o perímetro vale 53 cm, qual é o valor de a?
c) Qual expressão representa a área da figura?
d) Faça $a = 6$ cm e calcule a área da figura.

PANORAMA

FAÇA AS ATIVIDADES A SEGUIR E REVEJA O QUE VOCÊ APRENDEU.

 NO CADERNO

41. O desenvolvimento de $(1 + xyz)^2$ é:
 a) $1 + 2xyz$.
 b) $1 + x^2y^2z^2$.
 c) $1 + xyz + x^2y^2z^2$.
 d) $1 + 2xyz + x^2y^2z^2$.

42. (Obmep) Na figura abaixo temos dois quadrados. O maior tem lado $a + b$ e o menor, lado a. Qual é a área da região colorida?
 a) b^2
 b) $a + b$
 c) $a^2 + 2ab$
 d) $2ab + b^2$

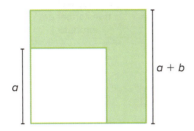

43. (Cefet-RJ) Considere as expressões:
 1. $(a - b)^2 = a^2 - b^2$
 2. $a^2 + b^2 = (a + b)^2 - 2ab$
 3. $(a + b)^2 - (a - b)^2 = 4ab$
 Então:
 a) são todas falsas.
 b) são todas verdadeiras.
 c) somente 2 e 3 são verdadeiras.
 d) somente 1 e 3 são verdadeiras.

44. Qual monômio devemos adicionar a $p^2 + 6pq$ para obter $(p + 3q)^2$?
 a) 9
 b) $9q^2$
 c) $6q^2$
 d) $9p^2$

45. (FCC-SP) A expressão $(x - y)^2 - (x + y)^2$ é equivalente a:
 a) 0.
 b) $2y^2$.
 c) $-2y^3$.
 d) $-4xy$.

46. A expressão $(x - 3)^2 - (3x^2 + 5)$ é igual a:
 a) $-2x^2 - 6x + 4$.
 b) $-2x^2 - 6x - 4$.
 c) $-2x^2 - 6x + 14$.
 d) $-2x^2 - 6x - 14$.

47. (PUC-SP) A expressão $(2a + b)^2 - (a - b)^2$ é igual a:
 a) $3a^2 + 2b^2$.
 b) $3a^2 + 6ab$.
 c) $4a^2b + 2ab^2$.
 d) $4a^2 + 4ab + b^2$.

48. O desenvolvimento de $\left(6x^5 - \dfrac{1}{3}\right)^2$ é:
 a) $36x^{25} - \dfrac{1}{9}$.
 b) $36x^{10} + \dfrac{1}{9}$.
 c) $36x^{10} - 4x^5 + \dfrac{1}{9}$.
 d) $36x^{10} - 2x^5 - \dfrac{1}{9}$.

49. A expressão $(-1 + x) \cdot (-1 - x)$ é igual a:
 a) $1 - x^2$.
 b) $1 + x^2$.
 c) $-1 - x^2$.
 d) $-1 + x^2$.

50. A expressão $5 \cdot (h + 1) \cdot (h - 1)$ é igual a:
 a) $5h - 1$.
 b) $5h - 5$.
 c) $5h^2 - 5$.
 d) $5h^2 - 1$.

51. A expressão $(3x)^2 + (10 + 3x) \cdot (10 - 3x)$ é igual a:
 a) 10.
 b) 100.
 c) $9x^2 + 100$.
 d) $12x^2 - 100$.

52. (Mack-SP) Se $(x - y)^2 - (x + y)^2 = -20$, então $x \cdot y$ é igual a:
 a) 0.
 b) -1.
 c) 5.
 d) 10.

53. Se $x^2 + y^2 = 13$ e $xy = 6$, então o valor de $(x + y)^2$ é:
 a) 25.
 b) 78.
 c) 19.
 d) 175.

54. Qual expressão simplificada representa a área colorida da figura?
 a) $x^2 - y^2$
 b) $x^2 + y^2$
 c) $2x + y^2$
 d) $x^2 - 2y$

55. (OBM) Se $x + y = 8$ e $xy = 15$, qual é o valor de $x^2 + 6xy + y^2$?
 a) 109
 b) 120
 c) 124
 d) 154

Fatoração

Fatoração de polinômios

Fatorar um polinômio significa escrever esse polinômio como uma multiplicação de dois ou mais polinômios.

$$4x + 20 = \underbrace{4(x + 5)}_{\text{forma fatorada}}$$

O que significa fatorar?
Fatorar significa transformar em produto.

Essa igualdade pode ser ilustrada assim:

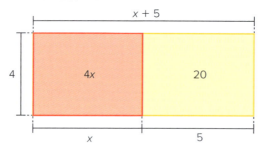

Vamos estudar os seguintes casos de fatoração:

1. fator comum;
2. agrupamento;
3. diferença de dois quadrados;
4. trinômio quadrado perfeito.

Fator comum

A "volta" da propriedade distributiva é a fatoração, em que destacamos o fator comum.

Exemplos:

A. $ax + bx + cx = x(a + b + c)$ → o fator comum **x** é posto em **evidência**.

B. $5mx - 5my = 5m(x - y)$ → o fator comum **5m** é posto em **evidência**.

C. $4xy + 6ay - 2my = 2y(2x + 3a - m)$ → o fator comum **2y** é posto em **evidência**.

Ilustrando:

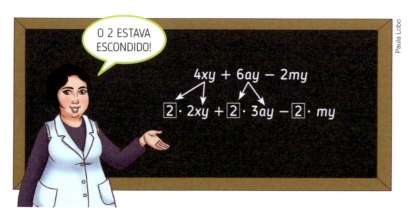

EXERCÍCIOS
DE FIXAÇÃO

1. Qual expressão **não** pode ser fatorada?
   a) $19x + 19y$
   b) $6x^3 - 5x^2$
   c) $4x - 3y + 6$
   d) $6x - 8y - 10z$

2. Fatore as expressões.
   a) $7a + 7b$
   b) $5x^2 - 5m^2$
   c) $4x - 4$
   d) $7g^2 - 28$

3. Indique duas fórmulas equivalentes para o perímetro deste hexágono:

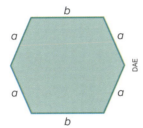

Vamos fatorar $6x^4 - 12x^3 + 15x^2$.
$6x^4 - 12x^3 + 15x^2 = 3x^2(2x^2 - 4x + 5)$

$6x^4 : 3x^2$
$-12x^3 : 3x^2$
$15x^2 : 3x^2$

- Fator comum dos coeficientes: 3.
- Fator comum da parte literal: x^2.

O fator comum $3x^2$ é colocado em **evidência**.

O exemplo nos mostra que devemos:

1º colocar em evidência o fator comum;
2º dividir cada termo do polinômio dado pelo fator comum;
3º escrever os quocientes obtidos entre parênteses.

O fator comum literal é sempre a letra com menor expoente que aparece em todos os termos.

4. Continue fatorando as expressões.
   a) $4 - 8x - 16y$
   b) $33x + 22y - 55z$
   c) $ax + bx - cx$
   d) $am - 9an + 5a$

5. Fatore as expressões.
   a) $20x^2 - 50x$
   b) $36cd - 6cd^2$
   c) $x^2y + xy^2$
   d) $14x^2y - 28xy^2$
   e) $15a^4 - 21a^3$
   f) $2x^3 + 4x^2 - 6x$

6. Continue fatorando as expressões.
   a) $10x^2y - 15xy + 5y$
   b) $4\pi g + 12\pi t$
   c) $x^6 + x^7 + x^8$
   d) $-80x^2 - 50x$
   e) $\dfrac{3a}{7} - \dfrac{3c}{7} + \dfrac{3}{7}$
   f) $\dfrac{1}{2}x^2 + \dfrac{1}{4}x - \dfrac{1}{8}$

7. Se $3m + n = 7$, qual é o valor de $9m + 3n$?

8. Se $x + y = 15$, então $4x + 4y$ é igual a:
   a) 30.   b) 40.   c) 60.   d) 120.

9. Se $xy = 20$ e $x - y = 8$, qual é o valor de $x^2y - xy^2$?

10. Ponha o fator comum em evidência e calcule mentalmente as operações.
    a) $5 \cdot 3 + 5 \cdot 7$
    b) $8 \cdot 99 + 8 \cdot 1$
    c) $9 \cdot 35 + 9 \cdot 15$
    d) $6 \cdot 111 - 6 \cdot 11$

11. Para presentear seus tios, Luciana comprou 4 camisas por R$ 68,00 cada uma e 4 gravatas por R$ 32,00 cada uma. Calcule mentalmente a despesa de Luciana com os presentes.

Agrupamento

Em alguns casos, o polinômio pode ser fatorado mesmo que não exista um fator comum a todos os termos.

Observe a figura:

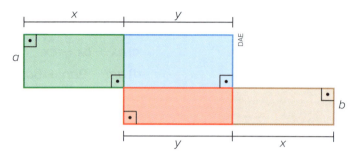

O polinômio que representa a área da figura acima é: $ax + ay + bx + by$.

Podemos escrever esse polinômio na forma fatorada. Perceba que não há um fator comum aos quatro termos do polinômio, mas é possível agrupá-los, de modo que cada grupo tenha um fator comum.

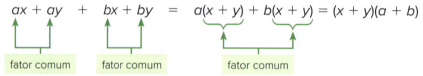

O que fizemos?

- Agrupamos os termos com fator comum.
- Pusemos em evidência o fator comum de cada grupo.
- Pusemos em evidência o novo fator comum.

Observe que a e b foram considerados fatores comuns, mas também poderíamos considerar x e y fatores comuns. Nesse caso, seria preciso mudar a ordem dos termos para obter grupos com fatores comuns.

Acompanhe:

$$ax + ay + bx + by = ax + bx + ay + by$$
$$= x(a + b) + y(a + b)$$
$$= (a + b)(x + y) \leftarrow \text{mesmo resultado}$$

Exemplos:

Vamos fatorar as expressões:

A. $8ax + bx + 8ay + by = x(8a + b) = y(8a + b) = (8a + b) \cdot (x + y)$

B. $4x - 8c + mx - 2mc = 4(x - 2c) + m(x - 2c) = (x - 2c) \cdot (4 + m)$

C. $x^2 + 5x + ax + 5a = x(x + 5) + a(x + 5) = (x + 5) \cdot (x + a)$

D. $x^3 + x^2 + x + 1 = x^2(x + 1) + 1(x + 1) = (x + 1) \cdot (x^2 + 1)$

APLICAMOS DUAS VEZES A FATORAÇÃO UTILIZANDO O PROCESSO DO FATOR COMUM.

EXERCÍCIOS DE FIXAÇÃO

12. Observe a figura.

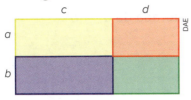

a) Qual é a área de cada parte colorida?

b) Qual é a área total?

c) Qual é a forma fatorada de $ac + ad + bc + bd$?

13. Fatore as expressões.

a) $5x + 5y + ax + ay$

b) $7a - 7b + ma - mb$

c) $ay + 2by + ax + 2bx$

d) $6x + ax + 6y + ay$

e) $3ax + bx + 3ay + by$

f) $am - bm + an - bn$

g) $y^2 + 3y + ay + 3a$

h) $m^2 + mx + mb + bx$

14. O valor da expressão $ax + ay + bx + by$, em que $a + b = 15$ e $x + y = 6$, é:

a) 21.

b) 60.

c) 90.

d) 120.

15. (Saresp) Dentre os polinômios abaixo, o único equivalente a $xy - z^2 + xz - yz$ é:

a) $(x - z)(y + z)$.

b) $xy - z(z + x - y)$.

c) $x(x - y) + z(x - y)$.

d) $x(y + z) - z(z - y)$.

16. Fatore as expressões.

a) $a^3 + 3a^2 + 2a + 6$

b) $a^2 - a + ax - x$

c) $x^3 - x^2 + 6x - 6$

d) $x^3 + x^2 + x + 1$

e) $p^3 - 5p^2 + 4p - 20$

f) $7x - 3xy + 7 - 3y$

17. (Saresp) Ao calcular a área de determinada casa, representada na figura abaixo, uma pessoa calculou a área de cada cômodo da casa, encontrando a seguinte expressão:

$$ab + ac + 10b + 10c$$

Outra pessoa calculou a área dessa mesma casa de outra maneira, chegando também ao resultado anterior. De que forma essa pessoa pode ter representado a área dessa casa?

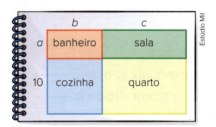

a) $(a + 10)(b + c)$

b) $(a + b)(10 + c)$

c) $(c + 10)(a + b)$

d) $(a + c)(b + 10)$

18. (Furb-SC) Um professor de Matemática tem 4 filhos. Em uma de suas aulas, ele propôs aos alunos que descobrissem o valor da expressão $ac + ad + bc + bd$, sendo que a, b, c e d são as idades de seus filhos na ordem crescente. O professor disse, também, que a soma das idades dos dois mais velhos é 59 anos e a soma das idades dos dois mais novos é 34 anos. Qual é o valor numérico da expressão proposta pelo professor?

79

Diferença de dois quadrados

Vimos que:

$$(a + b) \cdot (a - b) = a^2 - b^2$$

Logo, podemos escrever que $(a + b) \cdot (a - b)$ é a forma fatorada de $a^2 - b^2$.

Exemplos:

A. $x^2 - 25$

Temos que:
- x^2 é o quadrado de $x \longrightarrow (x)^2 = x^2$
- 25 é o quadrado de $5 \longrightarrow 5^2 = 25$

Então:

$$x^2 - 25 = (x + 5) \cdot (x - 5)$$

B. $49 - a^2$

Temos que:
- 49 é o quadrado de $7 \longrightarrow 7^2 = 49$
- a^2 é o quadrado de $a \longrightarrow (a)^2 = a^2$

Então:

$$49 - a^2 = (7 + a) \cdot (7 - a)$$

C. $4a^2 - 9b^2$

Temos que:
- $4a^2$ é o quadrado de $2a \longrightarrow (2a)^2 = 4a^2$
- $9b^2$ é o quadrado de $3b \longrightarrow (3b)^2 = 9b^2$

Então:

$$4a^2 - 9b^2 = (2a + 3b) \cdot (2a - 3b)$$

D. $h^2 - \dfrac{1}{4}$

Temos que:
- h^2 é o quadrado de $h \longrightarrow (h)^2 = h^2$
- $\dfrac{1}{4}$ é o quadrado de $\dfrac{1}{2} \longrightarrow \left(\dfrac{1}{2}\right)^2 = \dfrac{1}{4}$

Então:

$$h^2 - \dfrac{1}{4} = \left(h + \dfrac{1}{2}\right) \cdot \left(h - \dfrac{1}{2}\right)$$

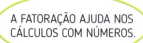

A FATORAÇÃO AJUDA NOS CÁLCULOS COM NÚMEROS.

Vamos aplicar a fatoração da diferença de quadrados na aritmética.

A. $500^2 - 499^2 = (500 + 499) \cdot (500 - 499) =$
$= 999 \cdot 1 =$
$= 999$

B. $1997^2 - 1996^2 = (1997 + 1996) \cdot (1997 - 1996) =$
$= 3\,993 \cdot 1 =$
$= 3\,993$

EXERCÍCIOS
DE FIXAÇÃO

19. Fatore as expressões.
- a) $x^2 - 36$
- b) $25 - a^2$
- c) $x^2 - y^2$
- d) $p^2 - 100$
- e) $9x^2 - 16$
- f) $1 - 25a^2$
- g) $4m^2 - x^2$
- h) $49a^2 - x^2y^2$

20. A área do retângulo a seguir é dada por $4x^2 - 9$. Qual é a medida do menor lado desse retângulo?

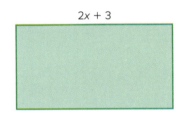

21. Fatore as expressões.
- a) $a^4 - 9$
- b) $81 - \pi^2$
- c) $36x^4 - y^6$
- d) $a^6 - m^2n^4$
- e) $1 - 25a^2x^6$
- f) $100x^2y^4 - 1$
- g) $0{,}01x^2 - 49$
- h) $a^6 - 16x^4$

22. Determine a área da região colorida e dê o resultado na forma fatorada.

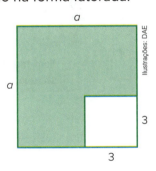

23. Fatore as expressões.
- a) $\dfrac{1}{4}x^2 - a^2$
- b) $\dfrac{1}{9}z^2 - 64$
- c) $\dfrac{x^2}{36} - \dfrac{a^2}{25}$
- d) $\dfrac{4}{9}p^2 - \dfrac{49q^2}{25}$

24. Sabendo que $x + y = 12$ e $x - y = 8$, quanto vale $x^2 - y^2$?

25. Se $p^2 - q^2 = 135$ e $p - q = 9$, então o valor de $p + q$ é:
- a) 12.
- b) 15.
- c) 24.
- d) 30.

26. Fatorando $0{,}09y^2 - 100$, obtemos:
- a) $(0{,}3y - 10)(0{,}3y + 10)$.
- b) $(0{,}03y - 10)(0{,}03y + 10)$.
- c) $(0{,}3y - 50)(0{,}3y + 50)$.
- d) $(0{,}03y - 50)(0{,}03y + 50)$.

27. Fatorando $-36 + 16x^4$, obtemos:
- a) $(4x + 6)(4x - 6)$.
- b) $(4x^2 + 6)(4x^2 - 6)$.
- c) $(8x + 18)(8x - 18)$.
- d) $(8x^2 + 18)(8x^2 - 18)$.

28. Na decomposição em fatores, há situações em que, depois de se colocar em evidência os fatores comuns, deve-se observar se surgiu um caso notável.
Observe o exemplo:

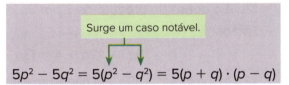

Fatore completamente.
- a) $17x^2 - 17y^2$
- b) $3m^3 - 48m$
- c) $x^3 - 25x$
- d) $a^2c - c$

29. A forma fatorada de $2x^2 - 50$ é:
- a) $(2x + 5) \cdot (x - 5)$.
- b) $(2x + 5) \cdot (2x - 5)$.
- c) $2(x + 5) \cdot (x - 5)$.
- d) $2(x^2 + 5) \cdot (x - 5)$.

30. O valor de $\dfrac{1000^2}{252^2 - 248^2}$ é:
- a) 250.
- b) 500.
- c) 1000.
- d) 2 000.

Trinômio quadrado perfeito

Vimos que:

$$(a + b)^2 = a^2 + 2ab + b^2 \quad \text{e} \quad (a - b)^2 = a^2 - 2ab + b^2$$

Então:

mesmo sinal

- $a^2 + 2ab + b^2$ tem como forma fatorada $(a + b)^2$
- $a^2 - 2ab + b^2$ tem como forma fatorada $(a - b)^2$

mesmo sinal

Observe o sinal do termo central nos dois trinômios.

Vamos fatorar outros trinômios. Acompanhe.

Exemplos:

A. $x^2 + 6x + 9$

Temos que:

- x^2 é o quadrado de x ⟶ $(x)^2 = x^2$
- 9 é o quadrado de 3 ⟶ $3^2 = 9$
- $6x$ é o dobro do produto de 3 por x ⟶ $2 \cdot 3x = 6x$

Então:

$$x^2 + 6x + 9 = (x + 3)^2$$

B. $9a^2 - 12a + 4$

Temos que:

- $9a^2$ é o quadrado de $3a$ ⟶ $(3a)^2 = 9a^2$
- 4 é o quadrado de 2 ⟶ $2^2 = 4$
- $12a$ é o dobro do produto de 2 por $3a$ ⟶ $2 \cdot 2 \cdot 3a = 12a$

Então:

$$9a^2 - 12a + 4 = (3a - 2)^2$$

Já o trinômio $9a^2 - 10a + 4$ não é um trinômio quadrado perfeito. Por quê? Observe que o termo do meio não é $12a$, e sim $10a$.

$$12a \neq 10a$$

Logo:

$9a^2 - 10a + 4$ **não** é um trinômio quadrado perfeito.

Veja a representação geométrica de um trinômio quadrado perfeito:

ATENÇÃO!

Nem todos os trinômios são quadrados perfeitos.

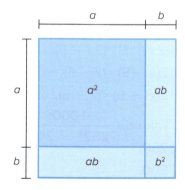
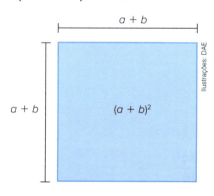

EXERCÍCIOS DE FIXAÇÃO

31. Na figura, observe que a área de um quadrado é x^2 e a área do outro quadrado é 25.

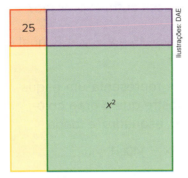

a) Qual é a área do retângulo roxo?
b) Qual é a área do retângulo amarelo?
c) Qual é a área total da figura?
d) Qual é a forma fatorada de $x^2 + 10x + 25$?

32. Fatore as expressões.
a) $x^2 + 2x + 1$
b) $x^2 - 2x + 1$
c) $a^2 + 8a + 16$
d) $x^2 - 8x + 16$

33. Fatore as expressões.
a) $1 - 6m + 9m^2$
b) $x^2 - 4xy + 4y^2$
c) $4 + 12x + 9x^2$
d) $36a^2 - 12ac + c^2$
e) $49p^2 - 28pq + 4q^2$
f) $25y^2 + 10xy + x^2$

34. Fatore as expressões.
a) $x^4 - 2x^2 + 1$
b) $u^4 + 4u^2 + 4$
c) $m^6 - 2m^3 + 1$
d) $a^4 + 2a^2b^2 + b^4$
e) $25x^4 - 20x^2y + 4y^2$
f) $25a^4 - 10a^2c^3 + c^6$

35. Fatore $0{,}81x^4 - 1{,}26x^2y + 0{,}49y^2$.

36. Sabendo que $x + y = 10$ e que $x - y = 4$, determine quanto vale:
a) $5x + 5y$;
b) $3x - 3y$;
c) $x^2 - y^2$;
d) $x^2 - 2xy + y^2$.

37. Para cada figura, determine a expressão que representa a medida do lado do quadrado.

a) 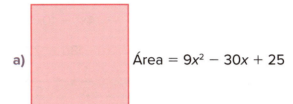 Área = $9x^2 - 30x + 25$

b) 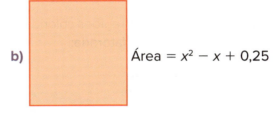 Área = $x^2 - x + 0{,}25$

38. Fatore completamente, de acordo com o exemplo.

$$5x^2 - 20x + 20 = 5(x^2 - 4x + 4) = 5(x - 2)^2$$

a) $3x^2 + 18x + 27$
b) $4p^2 - 16p + 16$
c) $x^3 + 10x^2 + 25x$
d) $2a^2 + 20ac + 50c^2$

39. Fatorando $12x^2 - 36x + 27$, obtemos:
a) $3(2x - 3)^2$.
b) $3(2x + 3)^2$.
c) $3(4x^2 - 12x + 8)$.
d) $3(2x + 3) \cdot (2x - 3)$.

40. (Saresp) Observe as duas listas de expressões:

A. $x^2 + 6x + 9$ I. $(x + 3)(x - 3)$
B. $x^2 - 9$ II. $(x + 3)(x + 1)$
C. $x^2 - 6x + 9$ III. $(x - 3)^2$
D. $x^2 + 4x + 3$ IV. $(x + 3)^2$

As expressões equivalentes são:
a) A – I   B – II   C – IV   D – III
b) A – II   B – III   C – IV   D – I
c) A – IV   B – I   C – III   D – II
d) A – IV   B – II   C – III   D – I

41. Sabendo que x vale 3 a mais que y, quanto vale $x^2 - 2xy + y^2$?

EXERCÍCIOS

COMPLEMENTARES

42. Fatore as expressões.

a) $7a^2 - 35$

b) $10x^2 - 4y$

c) $77a - 33b + 55$

d) $x^2 + xy - xz$

e) $m^3 + 7m^2$

f) $4x^5 - 10x^3 + 6x^2$

g) $-18a - 27c$

h) $\frac{1}{3}x + \frac{1}{9}x^2$

43. Se $x + y = 20$, qual é o valor de $5x + 5y$?

44. Determine a área das regiões coloridas e dê o resultado na forma fatorada:

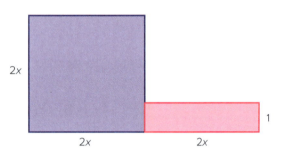

45. Agrupe os termos e fatore-os.

a) $3x + ax + 3y + ay$

b) $x^3 + 2x^2 + 5x + 10$

c) $a^2 - 8a + 9a - 72$

d) $ax + bx + ay + by + az + bz$

46. Fatore as expressões.

a) $x^2 - 64$

b) $49 - a^2$

c) $25x^2 - 9y^2$

d) $x^2y^2 - 81$

e) $a^2m^2 - y^6$

f) $\frac{1}{9}a^2 - \frac{1}{100}$

47. Fatore as expressões.

a) $1 - 10x + 25x^2$

b) $9a^2 + 6ab + b^2$

c) $64m^2 - 48m + 9$

d) $25x^2 - 40xy + 16y^2$

e) $x^4 + 2x^2y + y^2$

f) $x^6 - 4x^3y + 4y^2$

g) $25x^2 + \frac{10}{3}x + \frac{1}{9}$

48. A expressão $4x^2 + 4x + 1$ é igual a outra que é o quadrado de um binômio. Qual é essa outra expressão?

49. Se $x + y = 15$ e $x - y = 8$, qual é o valor de $x^2 - y^2$?

50. A figura representa um esquadro. Mostre que a área colorida do esquadro é dada por $\frac{1}{2}(x - y)(x + y)$.

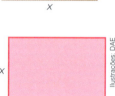

51. As variáveis x e y são medidas dos lados de um retângulo de área 20 e perímetro 18. Qual é o valor numérico da expressão $3x^2y + 3xy^2$?

a) 270
b) 360
c) 540
d) 1080

52. (SEE-RJ) O resultado de uma expressão algébrica é $a^2 - b^2$.

• Sílvio encontrou como resposta $(a - b)^2$.
• Cláudio, $(a + b)(a - b)$.
• Célia, $(a + b)^2 - 2b^2$.

Como o professor aceita o desenvolvimento incompleto da resposta, podemos afirmar que:

a) apenas Sílvio acertou.
b) apenas Cláudio acertou.
c) apenas Célia acertou.
d) apenas os rapazes acertaram.

53. (Cefet-PR) Se $x + y = 5$ e $x - y = 3$, o valor de $(x^2 + 2xy + y^2) + (x^2 - y^2) + (x^2 - 2xy + y^2)$ será:

a) 34.
b) 49.
c) 60.
d) 72.

PANORAMA

FAÇA AS ATIVIDADES A SEGUIR E REVEJA O QUE VOCÊ APRENDEU.

54. A fórmula fatorada que indica o perímetro do hexágono é:

a) $(a^2 + b)^2$.
b) $2(a^2 + b)$.
c) $2(a + 2b)$.
d) $2(2a + b)$.

55. Fatorando $2\pi R - 2\pi r$, obtemos:

a) $2(R - r)$.
b) $2(\pi R - r)$.
c) $2R(\pi - r)$.
d) $2\pi(R - r)$.

56. Fatorando $22x^2y^2 - 11xy^2$, obtemos:

a) $11xy^2(2x - 1)$.
b) $11x^2y(2x - 1)$.
c) $11x^2y^2(2 - x)$.
d) $22x^2y^2(1 - 2x)$.

57. Fatorando $-18a - 27c$, obtemos:

a) $9(3c - 2a)$.
b) $9(2a - 3c)$.
c) $-9(2a - 3c)$.
d) $-9(2a + 3c)$.

58. Fatorando $2x(x + 1) + (x + 1)$, obtemos:

a) $(x + 1) \cdot 2x$.
b) $(2x + 1) \cdot (x + 1)$.
c) $2x^2 + 3x + 1$.
d) $(x + 1) \cdot (2x - 1)$.

59. Fatorando $\frac{1}{3}x + \frac{1}{9}x^2$, obtemos:

a) $3x(1 + x)$.
b) $3(1 + 3x)$.
c) $\frac{1}{3}\left(\frac{1}{3} + x\right)$.
d) $\frac{1}{3}x\left(1 + \frac{1}{3}x\right)$.

60. Fatorando $x^3 + 3x^2 + 2x + 6$, obtemos:

a) $(x + 3) \cdot (x + 2)$.
b) $(x^2 + 3) \cdot (x + 2)$.
c) $(x + 3) \cdot (x^2 + 2)$.
d) $(2 + x) \cdot (x^2 + 3)$.

61. (FCC-SP) A forma fatorada da expressão $4x^3 - 9x$ é:

a) $x(2x - 3)^2$.
b) $4(x + 3) \cdot (x - 3)$.
c) $x(2x + 3) \cdot (2x - 3)$.
d) $x(4x + 3) \cdot (4x - 3)$.

62. (Ufal) A fatoração completa de $x^8 - x^4$ é:

a) $(x^2 - 1)^4$.
b) $x^4(x^2 + 1)^2$.
c) $x^4(x + 1)(x - 1)^3$.
d) $x^4(x^2 + 1)(x + 1)(x - 1)$.

63. A expressão $5x^2 - 4x^2 - 11 + 2$ é igual a:

a) $(x - 1) \cdot (x + 9)$.
b) $(x - 3) \cdot (x + 3)$.
c) $(x + 3) \cdot (x + 3)$.
d) $(x - 3) \cdot (x - 3)$.

64. Se $x + y = 9$ e $x - y = 5$, então o valor de $x^2 - y^2$ é:

a) 11.
b) 28.
c) 45.
d) 56.

65. Qual é a medida do lado do quadrado $ABCD$?

a) $2x + 2y$
b) $2x + xy$
c) $2y + x$
d) $2x + y$

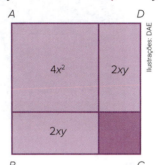

66. Fatorando $\frac{x^2}{9} + \frac{x}{3} + \frac{1}{4}$, obtemos:

a) $\left(\frac{x}{3} + \frac{1}{4}\right)^2$.
b) $\left(\frac{x}{3} + \frac{1}{2}\right)^2$.
c) $\left(\frac{x}{3} + \frac{x}{4}\right)^2$.
d) $\left(\frac{x}{3} + \frac{1}{2}\right)\left(\frac{x}{3} - \frac{1}{2}\right)$.

67. Fatorando $x^4 + 121 + 22x^2$, obtemos:

a) $(x + 11)^2$.
b) $(x + 12)^2$.
c) $(x^2 + 11)^2$.
d) $(x^2 + 12)^2$.

68. A expressão $x^2 + 10x - 10 + 35$ é igual a:

a) $(x + 5)^2$.
b) $(x - 5)^2$.
c) $(x + 5) \cdot (x - 5)$.
d) $(x + 5) \cdot (x - 2)$.

69. (FGV-SP) Seja N o resultado da operação $375^2 - 374^2$. A soma dos algarismos de N é:

a) 19.
b) 20.
c) 21.
d) 22.

CAPÍTULO 9
Equações do 2º grau

Chama-se **equação do 2º grau** na incógnita *x* toda equação que pode ser colocada na forma:

$$ax^2 + bx + c = 0 \text{ sendo } a, b \text{ e } c \text{ números reais e } a \neq 0.$$

Assim:

- *a* representa o coeficiente de x^2;
- *b* representa o coeficiente de *x*;
- *c* representa o termo independente.

> A equação é do 2º grau porque o maior expoente de *x* é 2.

Exemplos:

A. $x^2 - 5x + 6 = 0$
Temos:
$a = 1$
$b = -5$
$c = 6$

B. $-9x^2 + 3x = 0$
Temos:
$a = -9$
$b = 3$
$c = 0$

C. $7x^2 - 4 = 0$
Temos:
$a = 7$
$b = 0$
$c = -4$

D. $8x^2 = 0$
Temos:
$a = 8$
$b = 0$
$c = 0$

Quando uma equação do 2º grau tem a forma $ax^2 + bx + c = 0$, dizemos que está na **forma reduzida**.

Equações do 2º grau completas e incompletas

Quando uma equação do 2º grau estiver na forma reduzida e tiver todos os coeficientes diferentes de zero, dizemos que é uma **equação completa**. Caso contrário, quando **b** ou **c** ou os dois coeficientes forem iguais a zero, a equação será **incompleta**.

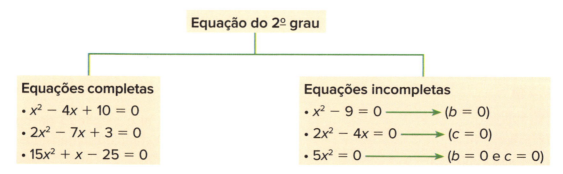

Equação do 2º grau

Equações completas
- $x^2 - 4x + 10 = 0$
- $2x^2 - 7x + 3 = 0$
- $15x^2 + x - 25 = 0$

Equações incompletas
- $x^2 - 9 = 0$ ⟶ ($b = 0$)
- $2x^2 - 4x = 0$ ⟶ ($c = 0$)
- $5x^2 = 0$ ⟶ ($b = 0$ e $c = 0$)

Raízes de uma equação do 2º grau

Raiz ou **solução** de uma equação é todo número x que torna a igualdade verdadeira.

Exemplos:

A. 2 é raiz da equação $x^2 - 5 \cdot x + 6 = 0$, porque $2^2 - 5 \cdot 2 + 6 = 0$ é **verdadeira**

B. 3 é raiz da equação $x^2 - 5 \cdot x + 6 = 0$, porque $3^2 - 5 \cdot 3 + 6 = 0$ é **verdadeira**

C. 7 não é raiz da equação $x^2 - 5 \cdot x + 6 = 0$, porque $7^2 - 5 \cdot 7 + 6 = 0$ é **falsa**

EXERCÍCIOS DE FIXAÇÃO

1. Quais são equações do 2º grau?

a) $x - 5x + 6 = 0$
b) $x^2 - 7x + 10 = 0$
c) $0x^2 + 4x - 3 = 0$
d) $2x^3 - 8x^2 - 2 = 0$
e) $4x^2 - 1 = 0$
f) $9x - 6 = 0$
g) $x^2 - 7x = 0$
h) $3x^2 + x - 8 = 0$
i) $10x + 4 = x - 2$

2. Complete:

Forma reduzida	Coeficiente do termo em x^2	Coeficiente do termo em x	Termo independente	Completa ou incompleta?
$ax^2 + bx + c = 0$	a	b	c	
$-x^2 - 5x - 1 = 0$				completa
$3x^2 - 7 = 0$				
$x^2 - 2x = 0$				
	4	0	0	
	−5		10	incompleta
$0 = \frac{1}{2}x^2 + 4 - 6x$				

3. No mínimo, quantos termos tem uma equação do 2º grau?

4. Escreva uma equação para cada item que seja:

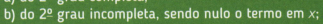

a) do 2º grau completa;
b) do 2º grau incompleta, sendo nulo o termo em x;
c) do 2º grau incompleta, sendo nulo o termo independente;
d) que não seja do 2º grau.

5. Considere a equação do 2º grau: $x^2 - x - 6 = 0$.

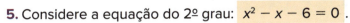

a) O número 2 é raiz dessa equação?
b) O número 3 é raiz dessa equação?
c) O número −2 é raiz dessa equação?
d) O número −3 é raiz dessa equação?

Resolução de equação incompleta em ℝ

Resolver uma equação é determinar todas as suas raízes. Vejamos, por meio de exemplos, como se resolvem as equações incompletas do 2º grau.

1ª situação:

Equações da forma $ax^2 + c = 0$ ($b = 0$)

A resolução é feita isolando-se x^2 no primeiro membro.

Exemplos:

Resolva as equações em ℝ.

A. $4x^2 - 36 = 0$
$4x^2 = 36$
$x^2 = 9$
$x = \pm \sqrt{9}$
$x = \pm 3$
Logo, as raízes são 3 e -3.

B. $x^2 - 81 = 0$
$x^2 = 81$
$x = \pm \sqrt{81}$
$x = \pm 9$
Logo, as raízes são 9 e -9.

C. $7x^2 = 21$
$x^2 = 3$
$x = \pm \sqrt{3}$
Logo, as raízes são $\sqrt{3}$ e $-\sqrt{3}$.

D. $x^2 + 9 = 0$
$x^2 = -9$
$x = \pm \sqrt{-9} \notin \mathbb{R}$
Logo, não há raízes reais.

NÃO EXISTE NÚMERO REAL QUE, ELEVADO AO QUADRADO, RESULTE EM UM NÚMERO NEGATIVO.

2ª situação:

Equações da forma $ax^2 + bx = 0$ ($c = 0$)

A resolução é feita por fatoração, colocando x em evidência e aplicando a propriedade chamada lei de anulamento do produto.

> Se um produto é nulo, pelo menos um dos fatores é nulo.

Exemplos:

Resolva as equações em ℝ.

A. $x^2 - 7x = 0$

Fatorando: $x(x - 7) = 0$ ⟶ $x = 0$
$x - 7 = 0$
$x = 7$

> Se $a \cdot b = 0$, então $a = 0$ ou $b = 0$.

Então, as raízes da equação são 0 e 7.

B. $3x^2 - 4x = 0$

Fatorando: $x(3x - 4) = 0$ ⟶ $x = 0$
$3x - 4 = 0$
$3x = 4$
$x = \dfrac{4}{3}$

Então, as raízes da equação são 0 e $\dfrac{4}{3}$.

> Essas equações têm sempre duas raízes reais, das quais uma é zero.

EXERCÍCIOS DE FIXAÇÃO

6. Existem dois valores reais que podem ser colocados no lugar de x. Quais são eles?

a) $x^2 = 9$ ⟶ $x =$ ☐ ou $x =$ ☐

b) $x^2 = 64$ ⟶ $x =$ ☐ ou $x =$ ☐

c) $x^2 = 0{,}64$ ⟶ $x =$ ☐ ou $x =$ ☐

d) $x^2 = \dfrac{25}{4}$ ⟶ $x =$ ☐ ou $x =$ ☐

7. Resolva estas equações do 2º grau em $\mathbb{R}$.

a) $x^2 - 25 = 0$

b) $2x^2 - 72 = 0$

c) $7x^2 - 14 = 0$

d) $x^2 + 10 = 0$

e) $-64 + 4x^2 = 0$

f) $24 = 6x^2$

g) $64x^2 = 1$

h) $x^2 - \dfrac{81}{4} = 0$

8. Resolva estas equações do 2º grau em $\mathbb{R}$.

a) $x^2 - 90 = 31$

b) $x^2 - 200 = 200$

c) $5x^2 + 4 = 49$

d) $9x^2 = 25 + 8x^2$

e) $x^2 = 99 - 10x^2$

f) $2x^2 + 11 = x^2 + 12$

g) $5(x^2 - 1) = 4(x^2 + 1)$

h) $x(x + 2) = 2x + 25$

9. Resolva estas equações do 2º grau em $\mathbb{R}$.

a) $x^2 - 8x = 0$

b) $x^2 + 3x = 0$

c) $3x^2 - 7x =$

d) $x^2 + x = 0$

e) $5x^2 - x = 0$

f) $9x^2 = 5x$

g) $5x^2 = -10x$

h) $-3x^2 + 15x = 0$

10. Resolva estas equações do 2º grau em $\mathbb{R}$.

a) $x^2 + \sqrt{3}\,x = 0$

b) $x^2 - 3x = 2x$

c) $2x^2 - 7 = 7(x - 1)$

d) $(x - 5)(x - 6) = 30$

11. Na figura a seguir, para que valor de x a área do quadrado é igual à área do retângulo?

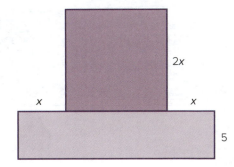

12. Elevei um número positivo ao quadrado e subtraí, do valor obtido, o dobro do mesmo número. O resultado foi o triplo desse número. Que número é esse?

AQUI TEM MAIS

Às vezes, a resolução de alguns tipos de equação do 2º grau é imediata.

Exemplos:

A. Resolva a equação $(x - 1)(x + 3) = 0$.

Solução:

O primeiro membro é um produto e o segundo membro é zero. Então, a equação pode ser resolvida aplicando a lei do anulamento do produto.

Se $(x - 1)(x + 3) = 0$, então ou
- $x - 1 = 0 \Rightarrow x = 1$
- $x + 3 = 0 \Rightarrow x = -3$

A equação tem duas raízes: -3 e 1.

Agora é a sua vez!

1. Mostre que -5 é raiz da equação $x^2 + 3x - 10 = 0$.
2. Verifique que $x^2 + 3x - 10 = (x + 5)(x - 2)$.
3. A equação $x^2 + 3x - 10 = 0$ tem outra raiz diferente de -5? Qual é ela?
4. Resolva estas equações:

   a) $(x - 3)(x - 5) = 0$

   b) $(x + 4)(x + 7) = 0$

   c) $(2x + 4)(5x - 10) = 0$

   d) $(2x - 5)(3x + 6) = 0$

B. Resolva a equação $(x + 1)^2 = 9$.

Solução:

Qual é o número que, elevado ao quadrado, resulta em 9?

Resposta: $+3 \quad -3$

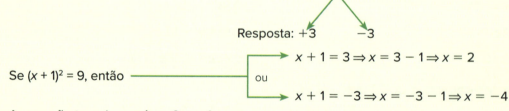

Se $(x + 1)^2 = 9$, então ou
- $x + 1 = 3 \Rightarrow x = 3 - 1 \Rightarrow x = 2$
- $x + 1 = -3 \Rightarrow x = -3 - 1 \Rightarrow x = -4$

A equação tem duas raízes: 2 e -4.

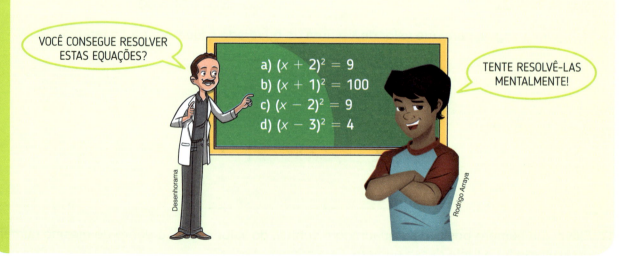

VOCÊ CONSEGUE RESOLVER ESTAS EQUAÇÕES?

a) $(x + 2)^2 = 9$
b) $(x + 1)^2 = 100$
c) $(x - 2)^2 = 9$
d) $(x - 3)^2 = 4$

TENTE RESOLVÊ-LAS MENTALMENTE!

Solução da equação completa pela fatoração

Agora utilizaremos a fatoração do trinômio para resolver uma equação completa do 2º grau.

Exemplos:

A. Quais são as raízes da equação $x^2 - 6x + 9 = 0$?
Solução:
O primeiro membro da equação dada é um trinômio quadrado perfeito. Vamos fatorá-lo para resolver essa equação. Veja:
$x^2 - 6x + 9 = 0$
$(x - 3)^2 = 0$ ⟶ $x - 3 = 0 \Rightarrow x = 3$
⟶ $x - 3 = 0 \Rightarrow x = 3$

Logo, a raiz dessa equação é 3.

B. Quais são as raízes da equação $x^2 + 6x + 5 = 0$?
Solução:
O primeiro membro da equação dada não é um trinômio quadrado perfeito. No entanto, podemos usar as propriedades das igualdades para obter um trinômio quadrado perfeito.
$x^2 + 6x + 5 = 0$

$x^2 + 6x + 5 \boxed{+ 4} = 0 \boxed{+ 4}$

$\boxed{x^2 + 6x + 9} = 4$

- Somar 4 aos dois membros.
- Fatorar o trinômio.

trinômio quadrado perfeito

$(x + 3)^2 = 4$ ⟶ $x + 3 = 2 \Rightarrow x = 2 - 3 \Rightarrow x = -1$
⟶ $x + 3 = -2 \Rightarrow x = -2 - 3 \Rightarrow x = -5$

Então, essa equação tem duas raízes: -5 e -1.

 AQUI TEM MAIS

Veja como se completa o quadrado da expressão $x^2 + 6x + 5$ pelo processo geométrico:

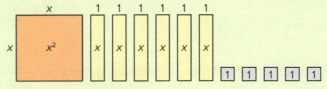

O que falta para completar o quadrado?

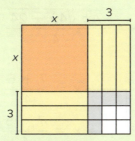

Completamos o quadrado acrescentando 4 quadradinhos de área 1. Por isso, adicionamos 4 em ambos os membros da equação do exemplo B acima.

Fórmula geral de resolução

Seja a equação: $ax^2 + bx + c = 0 \ (a \neq 0)$

Vamos transformá-la numa equação equivalente, de modo que o primeiro membro seja um quadrado perfeito.

1º Transpomos c para o 2º membro: $ax^2 + bx = -c$

2º Multiplicamos ambos os membros por $4a$ ($a \neq 0$): $4a^2x^2 + 4abx = -4ac$

3º Adicionamos b^2 a ambos os membros: $4a^2x^2 + 4abx + b^2 = b^2 - 4ac$

4º Fatoramos o primeiro membro: $(2ax + b)^2 = b^2 - 4ac$

5º Extraímos a raiz quadrada de ambos os membros: $2ax + b = \pm\sqrt{b^2 - 4ac}$

6º Isolamos x:

$$x = \frac{-b \pm \sqrt{b^2 - 4ac}}{2a}$$

Essa expressão se chama **fórmula geral** da equação do 2º grau, porque possibilita encontrar as raízes de qualquer equação do 2º grau, **completa** ou **incompleta**.

O número $b^2 - 4ac$ chama-se **discriminante** da equação e é representado pela letra grega Δ (delta). Então, como:

$$\Delta = b^2 - 4ac \text{, a fórmula fica } x = \frac{-b \pm \sqrt{\Delta}}{2a}$$

Observe:

- se $b^2 - 4ac > 0$, a equação tem duas raízes reais diferentes;
- se $b^2 - 4ac = 0$, a equação tem duas raízes reais iguais;
- se $b^2 - 4ac < 0$, a equação não tem raízes reais.

Exemplos:

A. Resolva em $\mathbb{R}$ a equação $2x^2 - 7x + 3 = 0$.

Solução:
temos:

$a = 2$

$b = -7$

$c = 3$

Substituindo esses valores na fórmula geral $x = \dfrac{-b \pm \sqrt{b^2 - 4ac}}{2a}$, obtemos:

$$x = \frac{-(-7) \pm \sqrt{(-7)^2 - 4 \cdot 2 \cdot 3}}{2 \cdot 2} = \frac{7 \pm \sqrt{49 - 24}}{4} = \frac{7 \pm \sqrt{25}}{4}$$

$x = \dfrac{7 \pm 5}{4}$

$x' = \dfrac{7 + 5}{4} = \dfrac{12}{4} = 3$

$x'' = \dfrac{7 - 5}{4} = \dfrac{2}{4} = \dfrac{1}{2}$

A equação tem duas raízes: 3 e $\dfrac{1}{2}$.

PRIMEIRO EXEMPLO!

B. Resolva em $\mathbb{R}$ a equação $x^2 - 4x + 4 = 0$.

Solução:

temos:
$a = 1$
$b = -4$
$c = 4$

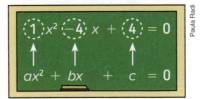

Substituindo esses valores na fórmula resolutiva $x = \dfrac{-b \pm \sqrt{b^2 - 4ac}}{2a}$, obtemos:

$x = \dfrac{-(-4) \pm \sqrt{(-4)^2 - 4 \cdot 1 \cdot 4}}{2 \cdot 1} = \dfrac{4 \pm \sqrt{16 - 16}}{2} = \dfrac{4 \pm \sqrt{0}}{2}$

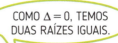

$x = \dfrac{4 \pm 0}{2}$

$x' = \dfrac{4 + 0}{2} = \dfrac{4}{2} = 2$

$x'' = \dfrac{4 - 0}{2} = \dfrac{4}{2} = 2$

COMO $\Delta = 0$, TEMOS DUAS RAÍZES IGUAIS.

A solução dessa equação é 2.

C. Resolva em $\mathbb{R}$ a equação $3x^2 - 2x + 4 = 0$.

Solução:

temos:
$a = 3$
$b = -2$
$c = 4$

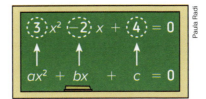

Substituindo esses valores na fórmula resolutiva $x = \dfrac{-b \pm \sqrt{b^2 - 4ac}}{2a}$, obtemos:

$x = \dfrac{-(-2) \pm \sqrt{(-2)^2 - 4 \cdot 3 \cdot 4}}{2 \cdot 3} = \dfrac{2 \pm \sqrt{4 - 48}}{6} = \dfrac{2 \pm \sqrt{-44}}{6}$

$\sqrt{-44}$ não é um número real

Assim, não há raízes reais.

Em $\mathbb{R}$, não é possível extrair a raiz quadrada de um número negativo.

CURIOSO É...

François Viète nasceu na França em 1540. Era advogado de profissão, mas se dedicava à Matemática em suas horas vagas. Viète trouxe muitas contribuições para a Álgebra, entre elas, a utilização de letras para representar valores desconhecidos. Em sua obra encontramos, por exemplo, *a* para representar uma incógnita e *A quadratum* e *A cubum* para indicar respectivamente A^2 e A^3.

François Viète (1540-1603).

D. Resolva em ℝ a equação $-3x^2 - 2x + 1 = 0$.

Solução:

temos:
$a = -3$
$b = -2$
$c = 1$

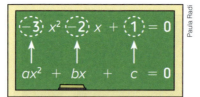

$x = \dfrac{-b \pm \sqrt{b^2 - 4ac}}{2a} \Rightarrow x = \dfrac{-(-2) \pm \sqrt{(-2)^2 - 4 \cdot (-3) \cdot 1}}{2 \cdot (-3)}$

$x = \dfrac{2 \pm \sqrt{4 + 12}}{-6} = \dfrac{2 \pm \sqrt{16}}{-6}$

$x' = \dfrac{2 + 4}{-6} = \dfrac{6}{-6} = -1$

$x'' = \dfrac{2 - 4}{-6} = \dfrac{-2}{-6} = \dfrac{1}{3}$

Então, essa equação tem duas raízes: -1 e $\dfrac{1}{3}$.

Outro modo:

note que essa mesma equação poderia ser resolvida multiplicando-se os dois membros da equação por -1, ou seja, $3x^2 + 2x - 1 = 0$.

Temos:
$a = 3$
$b = 2$
$c = -1$

> A equação $-3x^2 - 2x + 1 = 0$ é equivalente à equação $3x^2 + 2x - 1 = 0$.

$x = \dfrac{-b \pm \sqrt{b^2 - 4ac}}{2a} \Rightarrow x = \dfrac{-2 \pm \sqrt{2^2 - 4 \cdot 3) \cdot (-1)}}{2 \cdot 3}$

$x = \dfrac{2 \pm \sqrt{4 + 12}}{-6} = \dfrac{-2 \pm \sqrt{16}}{6}$

$x' = \dfrac{-2 + 4}{6} = \dfrac{2}{6} = \dfrac{1}{3}$

$x'' = \dfrac{-2 - 4}{6} = \dfrac{-6}{6} = -1$

Duas equações **equivalentes** admitem as mesmas soluções.

E. Resolva em ℝ a equação $4x^2 - 2x = 0$.

Solução:

temos:
$a = 4$
$b = -2$
$c = 0$

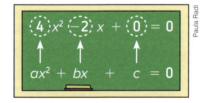

> Veja! As equações incompletas também podem ser resolvidas pela fórmula geral.

$x = \dfrac{-b \pm \sqrt{b^2 - 4ac}}{2a} \Rightarrow x = \dfrac{-(-2) \pm \sqrt{(-2)^2 - 4 \cdot 4 \cdot 0}}{2 \cdot 4}$

$x = \dfrac{2 \pm \sqrt{4 - 0}}{8} = \dfrac{2 \pm \sqrt{4}}{8}$

$x' = \dfrac{2 + 2}{8} = \dfrac{4}{8} = \dfrac{1}{2}$

$x'' = \dfrac{2 - 2}{8} = \dfrac{0}{8} = 0$

Então, essa equação tem duas raízes: 0 e $\dfrac{1}{2}$.

EXERCÍCIOS DE FIXAÇÃO

13. Para que serve a fórmula

$$x = \frac{-b \pm \sqrt{b^2 - 4ac}}{2a}?$$

a) Para resolver quaisquer equações.
b) Para resolver equações do 1º grau.
c) Para resolver todo tipo de equação do 2º grau.
d) Para resolver apenas equações do 2º grau completas.

14. Quais são as raízes da equação $x^2 + 10x + 16 = 0$?

a) 2 e 8
b) 2 e 6
c) −2 e −8
d) −2 e −4

15. Resolva estas equações do 2º grau em $\mathbb{R}$.

a) $x^2 - 7x + 10 = 0$
b) $x^2 - 6x + 9 = 0$
c) $2x^2 + x + 5 = 0$
d) $7x^2 + x + 1 = 0$
e) $25x^2 - 20x + 4 = 0$
f) $6x^2 + 5x + 1 = 0$

16. Resolva estas equações do 2º grau em $\mathbb{R}$ utilizando a fórmula resolutiva.

a) $3x^2 - 21x + 18 = 0$
b) $2x^2 - 5x - 3 = 0$
c) $x^2 - x - 1 = 0$
d) $x^2 - 5x = 0$
e) $-x^2 + x + 12 = 0$
f) $-x^2 + 16x - 64 = 0$

17. (Cesgranrio-RJ) A maior raiz da equação $-2x^2 + 3x + 5 = 0$ vale:

a) 1.
b) 2.
c) −1.
d) 2,5.

18. As raízes da equação $x^2 + 2x + 1 - 9 = 0$ são:

a) 2 e 4.
b) 2 e −4.
c) −2 e 4.
d) −4 e 2.

19. (PUC-SP) Uma das raízes da equação $0{,}1x^2 - 0{,}7x + 1 = 0$ é:

a) 2.
b) 7.
c) 0,2.
d) 0,5.

20. (SEE-RJ) A equação $x^2 - x = 12$:

a) admite a raiz 1.
b) admite a raiz −3.
c) admite a raiz −4.
d) não admite raízes reais.

21. A diferença entre os valores das raízes da equação $x^2 - 13x + 40 = 0$ pode ser igual a:

a) 2.
b) 3.
c) 4.
d) 6.

22. As raízes da equação $3x^2 + 8x + 5 = 0$ são:

a) reais e iguais.
b) ambas inteiras.
c) ambas positivas.
d) ambas negativas.

23. Considerando m a solução positiva da equação $x^2 + 3x - 4 = 0$ e n a solução negativa da equação $x^2 - x - 6 = 0$, temos que $m + n$ é igual a:

a) 3.
b) −1.
c) −2.
d) −3.

24. Qual deve ser o valor de x para que a área desta figura seja 200 cm²?

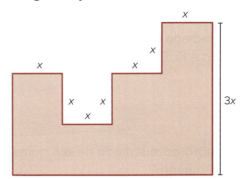

25. (Obmep) Mariana entrou na sala e viu no quadro-negro algumas anotações da aula anterior parcialmente apagadas, conforme a figura.

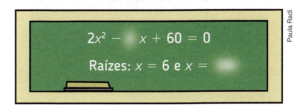

Qual número foi apagado na linha de cima do quadro-negro?

a) 11
b) 12
c) 13
d) 22

EXERCÍCIOS

DE FIXAÇÃO

26. Resolva em $\mathbb{R}$ a equação $4x^2 - 3x = 5x - 4$.

Solução:

Escrevemos a equação na forma geral passando todos os termos para o 1º membro. Veja:

$4x^2 - 3x = 5x - 4$ • Usar as propriedades das igualdades para ficar com zero no 2º membro.

$4x^2 - 3x - 5x + 4 = 0$ • Reduzir os termos semelhantes.

$4x^2 - 8x + 4 = 0$ • Aplicar a fórmula geral.

Temos:

$a = 4$
$b = -8$
$c = 4$

$$x = \frac{-b \pm \sqrt{b^2 - 4ac}}{2a} \Rightarrow x = \frac{-(-8) \pm \sqrt{(-8)^2 - 4 \cdot 4 \cdot 4}}{2 \cdot 4}$$

$$x = \frac{8 \pm \sqrt{64 - 64}}{8} = \frac{8 \pm \sqrt{0}}{8}$$

$x' = \frac{8 + 0}{8} = \frac{8}{8} = 1$

$x'' = \frac{8 - 0}{8} = \frac{8}{8} = 1$

A raiz dessa equação é 1.

27. Escreva estas equações na forma geral e resolva-as em $\mathbb{R}$.

a) $x^2 + 3 = 4x$
b) $x^2 = 7x - 12$
c) $-20 = -x - x^2$
d) $-9x^2 = 5 - 6x$
e) $13 - 2x - 15x^2 = 0$
f) $0 = 9 - 16x - 4x^2$

28. O quadrado de um número subtraído de seu dobro é 15. Qual é esse número?

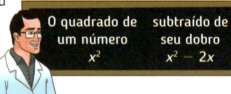

29. O dobro do quadrado de um número é igual ao produto desse número por 7 mais 15. Qual é esse número?

30. Quando perguntaram sua idade, Juliana respondeu: "O quadrado de minha idade menos o quíntuplo dela é igual a 104". Qual é a idade de Juliana?

31. Escreva estas equações na forma geral e resolva-as em $\mathbb{R}$.

a) $x^2 + 2x + x + 2 = 0$
b) $2x^2 + 4x - 6 = 3x$
c) $x^2 - 2x + 3 = -12 + 6x$
d) $5x^2 - x + 1 = x + 4x^2$
e) $2x^2 - 3x = 2x - 1$
f) $4x^2 + 7x + 3 = 2x^2 + 2x$

32. A área da parte colorida no retângulo ao lado é 90 cm².

a) Qual é o valor de x?
b) Qual é a área da parte restante?

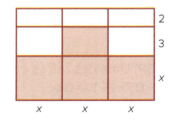

EXERCÍCIOS
DE FIXAÇÃO

33. Resolva em ℝ a equação $(x - 1)(x - 5) = 7$.

Solução:

$(x - 1)(x + 5) = 7$

$x^2 + 5x - 1x - 5 - 7 = 0$

$x^2 + 4x - 12 = 0$

- Desenvolver a equação.
- Reduzir os termos semelhantes.
- Aplicar a fórmula geral.

Temos:
$a = 1$
$b = 4$
$c = -12$

$$x = \frac{-b \pm \sqrt{b^2 - 4ac}}{2a} \Rightarrow x = \frac{-4 \pm \sqrt{4^2 - 4 \cdot 1 \cdot (-12)}}{2 \cdot 1}$$

$$x = \frac{-4 \pm \sqrt{16 + 48}}{2} = \frac{-4 \pm \sqrt{64}}{2}$$

$x' = \dfrac{-4 + 8}{2} = \dfrac{4}{2} = 2$

$x'' = \dfrac{-4 - 8}{2} = \dfrac{-12}{2} = -6$

Então, essa equação tem duas raízes: 2 e −6.

34. Resolva estas equações do 2º grau em ℝ.

a) $x(x + 2) = 3$
b) $x(x - 5) + 10 = 4$
c) $2x(4x - 1) = 21$
d) $x(2x - 1) + 6 = 4(x + 1)$
e) $(2x - 3)(x - 8) = 34$
f) $(x - 3)(x + 5) + 6 = 2x + 7$
g) $(x + 3)(x + 2) + 3(x + 3) = 0$
h) $(x + 1)(x + 2) - 2(x - 3) = 10$

35. Um estacionamento retangular tem 23 m de comprimento por 12 m de largura. O proprietário deseja aumentar a área para 476 m² acrescentando duas faixas laterais de mesma largura. Qual deve ser a medida da largura da faixa acrescida?

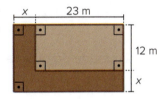

36. Resolva estas equações do 2º grau em ℝ.

a) $(x + 1)^2 = 7 + x$
b) $(x - 2)^2 = 3x + 4$
c) $(x - 2)^2 - x = 1$
d) $x^2 + (x + 1)^2 = 25$
e) $1 - (x + 2)^2 = 0$
f) $(x - 5)^2 + 4(x - 2)$
g) $(2x + 1)^2 - (x - 1)^2 = 6x + 6$
h) $(3x + 1)^2 + (x - 2)(x + 1) = -1$

37. Se um quadrado com lado de 5 cm tiver seu lado aumentado em x, passará a ter uma área de 49 cm². Quanto vale x?

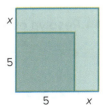

38. A idade de Sílvia daqui a 6 anos será igual ao quadrado da idade que ela tinha há 6 anos. Qual é a idade atual de Sílvia?

EXERCÍCIOS DE FIXAÇÃO

39. Resolva em $\mathbb{R}$ a equação $x^2 = 8 + \dfrac{x}{3}$.

Solução:

$x^2 = 8 + \dfrac{x}{3}$

$\dfrac{3x^2}{3} = \dfrac{24}{3} + \dfrac{x}{3}$

$3x^2 - x - 24 = 0$

- O m.m.c. dos denominadores é 3.
- Reduzir os termos ao menor denominador comum.
- Multiplicar ambos os membros por 3.
- Escrever a equação na forma geral.

Temos:
$a = 3$
$b = -1$
$c = -24$

$x = \dfrac{-b \pm \sqrt{b^2 - 4ac}}{2a} \Rightarrow x = \dfrac{-(-1) \pm \sqrt{(-1)^2 - 4 \cdot 3 \cdot (-24)}}{2 \cdot 3}$

$x = \dfrac{1 \pm \sqrt{1 + 288}}{6} = \dfrac{1 \pm \sqrt{289}}{6}$

$x' = \dfrac{1 + 17}{6} = \dfrac{18}{6} = 3$

$x'' = \dfrac{1 - 17}{6} = \dfrac{-16}{6} = -\dfrac{8}{3}$

As raízes da equação são 3 e $-\dfrac{8}{3}$.

40. Resolva estas equações do 2º grau em $\mathbb{R}$.

a) $x^2 = \dfrac{4}{5}x + \dfrac{1}{5}$

b) $\dfrac{x^2}{3} + 3 - 2x = 0$

c) $2x^2 - \dfrac{3x}{2} + \dfrac{1}{4} = 0$

d) $x^2 + \dfrac{5x}{4} = 0$

e) $x^2 - \dfrac{5x}{4} - \dfrac{3}{2} = 0$

f) $\dfrac{x^2}{4} - \dfrac{x}{3} + \dfrac{1}{9} = 0$

41. A metade do quadrado de um número menos o dobro desse número é 16. Calcule esse número.

42. O quadrado da idade de Paula subtraído da metade de sua idade é igual a 14 anos. Calcule a idade de Paula.

43. Num losango com 45 cm² de área, uma das diagonais tem 1 cm a mais do que a outra. Quanto mede cada diagonal?

Dado: área = $\dfrac{\text{diagonal maior} \cdot \text{diagonal menor}}{2}$

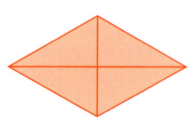

44. Resolva estas equações do 2º grau em $\mathbb{R}$.

a) $x^2 - \dfrac{x - 1}{2} = 0$

b) $x^2 - 3 = \dfrac{x - 3}{6}$

c) $\dfrac{x + 1}{2} - \dfrac{x^2 + 1}{3} = 0$

d) $\dfrac{x^2}{2} - \dfrac{1}{5} = \dfrac{3x - 1}{5}$

e) $\dfrac{x^2 - 5x}{3} + 1 = \dfrac{2x + 11}{3}$

f) $\dfrac{x(x + 1)}{3} - \dfrac{2x + 1}{2} = \dfrac{2x + 5}{6}$

g) $\dfrac{3x^2 - 5}{8} = \dfrac{1}{2} + \dfrac{2x - 1}{4}$

h) $\dfrac{5x^2 + 3}{4} - \dfrac{17 - x^2}{2} = 8$

Propriedades das raízes

Suponhamos que a equação do 2º grau $ax^2 + bx + c = 0$ tenha as raízes reais x' e x''. Entre essas raízes e os coeficientes a, b e c existem relações muito importantes, que mostraremos a seguir.

1. Soma das raízes

Sendo $\Delta \geq 0$, temos:

$$x' + x'' = \frac{-b + \sqrt{\Delta}}{2a} + \frac{-b + \sqrt{\Delta}}{2a} = \frac{-2b}{2a} = -\frac{b}{a}$$

Então:

Soma das raízes: $\dfrac{-b}{a}$ ou $S = \dfrac{-b}{a}$

2. Produto das raízes

Sendo $\Delta \geq 0$, temos:

$$x' \cdot x'' = \frac{-b + \sqrt{\Delta}}{2a} \cdot \frac{-b - \sqrt{\Delta}}{2a} = \frac{(-b)^2 - (\sqrt{\Delta})^2}{4a^2} = \frac{b^2 - \Delta}{4a^2}$$

$$x' \cdot x'' = \frac{b^2 - (b^2 - 4ac)}{4a^2} = \frac{b^2 - b^2 + 4ac}{4a^2} = \frac{4ac}{4a^2} = \frac{c}{a}$$

Então:

Produto das raízes: $\dfrac{c}{a}$ ou $P = \dfrac{c}{a}$

Resumindo:

1. Soma das raízes: $S = \dfrac{-b}{a}$

Exemplo:

A. Na equação $2x^2 + 3x - 1 = 0$, temos:
- soma das raízes: $S = \dfrac{-3}{2}$;
- produto das raízes: $P = \dfrac{-1}{2}$.

2. Produto das raízes: $P = \dfrac{c}{a}$

Exemplo:

B. Na equação $x^2 + 3x - 15 = 0$, temos:
- soma das raízes: $S = \dfrac{-3}{1} = -3$;
- produto das raízes: $P = \dfrac{-15}{1} - 15$.

Exemplo:

Calcule as raízes da equação $x^2 - 5x + 6 = 0$.

Solução:

Soma das raízes: 5
Produto das raízes: 6

Assim:

☐ + ☐ = 5

☐ × ☐ = 6

> Algumas equações do 2º grau em que o coeficiente de x^2 é 1 podem ser resolvidas mais facilmente utilizando a soma e o produto das raízes.

Devemos descobrir mentalmente quais são os dois números cuja **soma** resulta em 5 e o **produto** resulta em 6. Encontramos, então, 2 e 3. Assim, as raízes da equação dada são 2 e 3.

EXERCÍCIOS DE FIXAÇÃO

45. No conjunto dos números reais, uma equação de 2º grau tem:

a) 2 soluções.

b) 1 solução.

c) 2 soluções ou 1 solução.

d) 2 soluções, 1 solução ou nenhuma solução.

46. (PUC-SP) Quantas raízes reais tem a equação $2x^2 - 2x + 1 = 0$?

a) 0

b) 1

c) 2

d) 3

47. Calcule o discriminante das equações a seguir e identifique se elas têm duas raízes diferentes, duas raízes iguais ou se não têm raiz real.

a) $2x^2 - 3x - 5 = 0$

b) $x^2 - 10x + 25 = 0$

c) $7x^2 - x + 6 = 0$

48. Resolva estas equações utilizando a soma e o produto das raízes.

a) $x^2 - x - 6 = 0$

b) $x^2 - 5x + 4 = 0$

c) $x^2 - 6x + 8 = 0$

d) $x^2 - 4x + 4 = 0$

49. Calcule o valor de n na equação $3x^2 - 5x - n = 0$ de modo que as raízes sejam reais e iguais.

50. Para que a equação $5x^2 - 6x + k = 0$ tenha o discriminante nulo, k deve ser igual a:

a) 0.

b) $\dfrac{5}{9}$.

c) $-\dfrac{5}{9}$.

d) $\dfrac{9}{5}$.

51. Calcule a soma e o produto das raízes destas equações.

a) $x^2 - 7x + 10 = 0$

b) $2x^2 - 10x - 12 = 0$

c) $x^2 + 6 = 5x$

d) $8x^2 - 7 = 0$

52. (PUC-SP) A soma e o produto das raízes da equação $x^2 + x - 1 = 0$ são, respectivamente:

a) -1 e 0.

b) 1 e -1.

c) -1 e 1.

d) -1 e -1.

53. A soma de dois números é 19, e o produto, 88. Esses números são as raízes de qual equação a seguir?

a) $x^2 + 88x - 19 = 0$

b) $x^2 - 88x + 19 = 0$

c) $x^2 + 19x + 88 = 0$

d) $x^2 - 19x + 88 = 0$

54. (Cesesp-PE) Qual deve ser o valor de m na equação $2x^2 - mx - 40 = 0$ para que a soma de suas raízes seja igual a 8?

a) 8

b) 16

c) -8

d) -16

55. Qual das equações abaixo tem -7 e -2 como raízes?

a) $x^2 + 14x + 9 = 0$

b) $x^2 + 9x + 14 = 0$

c) $x^2 - 9x + 14 = 0$

d) $x^2 - 14x - 9 = 0$

56. (PUC-RS) O valor de m, de modo que a equação $5x^2 - (2m - 1)x + 2m = 0$ tenha uma das raízes igual a 3, é:

a) 10.

b) 11.

c) 12.

d) 14.

EXERCÍCIOS COMPLEMENTARES

57. (Fuvest-SP) Resolva a equação $10x^2 - 7x + 1 = 0$.

58. (FSA-SP) Quais são as raízes da equação $6x^2 - 13x + 6 = 0$?

59. Resolva estas equações do 2º grau em $\mathbb{R}$.

a) $x^2 - x - 6 = 0$

b) $2x^2 - 8x + 8 = 0$

c) $4x^2 + 5x + 10 = 0$

d) $2x^2 - 6x + 3 = 0$

e) $6x^2 + 3x + 4 = -8x$

f) $2x^2 - 3x = 6 - 4x$

60. Quando perguntaram a idade de seu filho, um pai respondeu: "O quadrado da idade menos o quádruplo dela é igual a 5 anos". Qual é a idade do filho?

61. O quadrado da idade de Renata menos o triplo dela é igual ao quíntuplo de sua idade mais 33 anos. Qual é a idade de Renata?

62. De um quadrado de lado x foi retirado um retângulo de base x e altura 2. Se a área restante é igual a 24, qual é o valor de x?

63. Resolva estas equações do 2º grau em $\mathbb{R}$.

a) $x(x + 9) + (x + 9) = 0$

b) $3x - 2 + 7x(3x - 2) = 0$

c) $x(x - 1) = -2(x - 4) - 2$

d) $3(x - 1) - 6x = 2 - 2x(x - 3)$

e) $(x + 1)(x - 1) = 2x$

f) $(2x + 1)(x - 1) = 2$

g) $5 - (x + 3)(x - 1) = 2x + 8$

h) $(x - 2)^2 = 2x - 1$

i) $(1 - x)^2 - 1 = 3x$

j) $(x + 2)^2 + 4x^2 = 4x(x + 2)$

64. Um quadro tem forma retangular de dimensões externas 12 cm × 15 cm. A moldura tem uma largura x uniforme e a área da região interna à moldura é 88 cm². Qual é a largura dessa moldura?

EXERCÍCIOS

COMPLEMENTARES

65. (CPII-RJ) O menino vai pensando...

IMAGINEI UM NÚMERO POSITIVO. MULTIPLIQUEI POR 2. SOMEI 3. ENTÃO, ELEVEI AO QUADRADO O RESULTADO. DEPOIS, SUBTRAÍ 16.

E ENCONTREI 33 COMO RESPOSTA!

a) Chamando de x o número inicialmente pensado pelo menino, obtenha uma equação que traduza seu raciocínio.

b) Resolva a equação obtida e descubra o número que o menino pensou.

66. A soma dos quadrados de dois números consecutivos é 61. Calcule esses números.

Solução:

- Número: x
- Número consecutivo: $x + 1$
- Traduzindo: $x^2 + (x + 1)^2 = 61$
  - quadrado do número
  - quadrado do seu consecutivo

Resolvendo a equação:
$x^2 + (x + 1)^2 = 61$
$x^2 + x^2 + 2x + 1 = 61$
$2x^2 + 2x - 60 = 0$
$x = \dfrac{-2 \pm \sqrt{2^2 - 4 \cdot 2 \cdot (-60)}}{2 \cdot 2}$

$x' = \dfrac{-2 + 22}{4} = 5$

$x'' = \dfrac{-2 - 22}{4} = -6$

Então:
- Para $x = 5 \Rightarrow x + 1 = 5 + 1 = 6$ ⟶ Números desconhecidos: 5 e 6
- Para $x = -6 \Rightarrow x + 1 = -6 + 1 = -5$ ⟶ Números desconhecidos: -6 e -5

Resposta: Os números são 5 e 6 ou -6 e -5.

67. Determine três números inteiros positivos e consecutivos, tais que a soma dos quadrados dos dois menores seja igual ao quadrado do maior deles.

68. Determine dois números ímpares positivos e consecutivos cujo produto é 195.

69. Resolva estas equações do 2º grau em $\mathbb{R}$.

a) $\dfrac{3x^2}{4} - 3x = 0$

b) $x^2 - \dfrac{x}{3} - \dfrac{1}{6} = 0$

c) $\dfrac{x^2}{2} - \dfrac{5}{2}x + 3 = 0$

d) $\dfrac{x^2}{2} + 8 = 5x$

e) $\dfrac{5x^2}{4} + \dfrac{x}{6} + \dfrac{2x}{3} = \dfrac{3x^2}{2}$

f) $\dfrac{x - 3}{4} + \dfrac{2x + 3}{6} = \dfrac{x^2 - 11}{12}$

g) $\dfrac{x^2 - 1}{3} + \dfrac{x - 1}{2} = 2x$

h) $\dfrac{(x + 1)^2}{4} + \dfrac{x + 3}{3} = 10$

EXERCÍCIOS

SELECIONADOS

70. Resolva estas equações do 2º grau em ℝ.

a) $x^2 = 0,49$

b) $x^2 = 6\dfrac{1}{4}$

c) $0,75x^2 - 27 = 0$

d) $10x^2 + 2x - 0,8 = 0$

71. Resolva estas equações do 2º grau em ℝ.

a) $2x^2 - 3\sqrt{2}\,x + 2 = 0$

b) $4x^2 - 2\sqrt{5}\,x + 1 = 0$

72. (Unicamp-SP) Ache dois números inteiros positivos e consecutivos, sabendo que a soma de seus quadrados é 481.

73. Uma peça foi projetada de modo que sua vista frontal tenha uma área de 720 cm². Qual é, em centímetros, a medida de x?

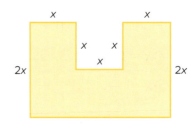

74. O senhor Alfredo ofereceu dois terrenos a seus dois filhos. Os terrenos têm dimensões diferentes, mas a área é a mesma.

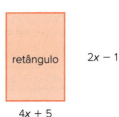

Qual é o valor inteiro de x para que os dois irmãos fiquem com terrenos de área igual?

75. Um terreno de 7 200 m² de área será dividido entre herdeiros. Para isso ele foi dividido em seis faixas retangulares iguais, sendo três verticais e três horizontais. O comprimento de cada faixa é o triplo da largura. Qual é o perímetro desse terreno?

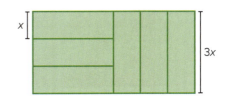

76. (CPII-RJ) Sabendo que o quadrado abaixo é mágico, pede-se:

$x+1$		
$6x+1$	x^2+5	$2x+1$
		$4x^2-1$

> Chamamos de **quadrado mágico** os quadrados formados por 9 números dispostos em 3 linhas e 3 colunas e que, somados na mesma direção em linhas, colunas ou diagonais, resultam sempre no mesmo número.

a) determine o(s) valor(es) de x;

b) a partir do(s) valor(es) encontrado(s), escreva o quadrado mágico do item anterior usando apenas valores inteiros.

PANORAMA

FAÇA AS ATIVIDADES A SEGUIR E REVEJA O QUE VOCÊ APRENDEU.

77. (SEE-SP) As soluções da equação $(2x - 4)(x + 3) = 0$ são:
a) 2 e 3.
b) 4 e 3.
c) 4 e -3.
d) -3 e 2.

78. As raízes da equação $\dfrac{x^2}{3} - \dfrac{3 - x^2}{6} - \dfrac{1}{2}$ são:
a) -2 e 2.
b) -3 e 3.
c) $-\sqrt{2}$ e $\sqrt{2}$.
d) $-\sqrt{6}$ e $\sqrt{6}$.

79. (Fuvest-SP) Se $x(1 - x) = \dfrac{1}{4}$, então:
a) $x = 0$.
b) $x = \dfrac{1}{2}$.
c) $x = 1$.
d) $x = \dfrac{1}{4}$.

80. (Unip-SP) O quadrado de um número natural é igual ao seu dobro somado com 24. O dobro desse número menos 8 é igual a:
a) 2.
b) 3.
c) 4.
d) 5.

81. A área da parte colorida da figura a seguir tem 18 cm². Quanto mede o lado do quadrado?

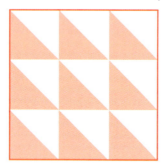

a) 6 cm
b) 9 cm
c) 3 cm
d) 12 cm

82. (Cefet-SP) As áreas do quadrado e do retângulo abaixo são iguais. Sabendo-se que a medida dos lados de ambos está em centímetros, o valor da área é:

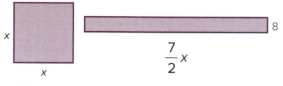

a) 592 m².
b) 224 m².
c) 850 m².
d) 784 m².

83. Quando perguntaram sua idade, Joana, para demonstrar seus conhecimentos matemáticos, respondeu:

O QUADRADO DE MINHA IDADE MENOS O QUÍNTUPLO DELA É IGUAL A 50. QUAL É MINHA IDADE?

a) 10 anos
b) 15 anos
c) 20 anos
d) 25 anos

84. (Unip-SP) A soma dos quadrados de dois números naturais ímpares e consecutivos é 202. A soma destes números vale:
a) 14.
b) 20.
c) 24.
d) 36.

85. (PUC-SP) Um terreno retangular de área 875 m² tem o comprimento excedendo em 10 metros a largura. Quais são as dimensões do terreno?

Assinale a equação que representa o problema acima.
a) $x^2 + 10x - 875 = 0$
b) $x^2 + 10x + 875 = 0$
c) $x^2 - 10x + 875 = 0$
d) $x^2 + 875x - 10 = 0$

86. A idade de Rodrigo daqui a 4 anos multiplicada pela idade que tinha há 7 anos é igual a 5 vezes sua idade atual aumentada de 5. A idade atual de Rodrigo é:
a) 3 anos.
b) 9 anos.
c) 11 anos.
d) 12 anos.

87. (SEE-SP) Mário e Paulo são irmãos. Atualmente, a idade de Mário é igual ao quadrado da idade de Paulo. Daqui a 8 anos, a idade de Mário será o dobro da idade de Paulo. Hoje, as idades de Mário e Paulo são, respectivamente:
a) 4 e 2.
b) 9 e 3.
c) 16 e 4.
d) 25 e 5.

PANORAMA

FAÇA AS ATIVIDADES A SEGUIR E REVEJA O QUE VOCÊ APRENDEU.

88. Assinale a alternativa que completa corretamente a frase da menina.

a) 100.　　b) 50.　　c) 10.　　d) 5.

ELEVEI UM NÚMERO AO QUADRADO, SOMEI 25 E OBTIVE DEZ VEZES O NÚMERO INICIAL. ENTÃO, O DOBRO DESSE NÚMERO É:

89. Uma das alternativas apresenta uma equação que não possui solução no conjunto dos números reais. Assinale-a.

a) $4x^2 - x + 1 = x + 3x^2$

b) $3x^2 - 4x + 2 = 0$

c) $x^2 - 3 = 4x + 2$

d) $2x = 15 - x^2$

90. O piso de um salão com área de 180 m² foi totalmente revestido com 500 peças cerâmicas quadradas iguais. Qual a medida do lado de cada peça?

a) 15 cm

b) 20 cm

c) 30 cm

d) 60 cm

91. (Fuvest) Sejam x_1 e x_2 as raízes da equação $10x^2 + 33x - 7 = 0$. O número inteiro mais próximo do número $5x_1x_2 + 2(x_1 + x_2)$ é:

a) -33.

b) -10.

c) -7.

d) 10.

e) 33.

92. (Cesgranrio) A maior raiz da equação $-2x^2 + 3x + 5 = 0$ vale:

a) -1.

b) 1.

c) 2.

d) 2,5.

e) $\dfrac{3 + \sqrt{19}}{4}$.

93. (PUCC-SP) Considere as seguintes equações:

I. $x^2 + 4 = 0$

II. $x^2 - 2 = 0$

III. $0,3x = 0,1$

Sobre as soluções dessas equações é verdade que em:

AS RAÍZES QUADRADAS DE NÚMEROS PRIMOS SÃO NÚMEROS IRRACIONAIS.

a) II são números irracionais.

b) III é número irracional.

c) I e II são números reais.

d) I e III são números não reais.

e) II e III são números racionais.

94. (UFMG) A soma de todas as raízes de $f(x) = (2x^2 + 4x - 30)(3x - 1)$ é:

a) $-\dfrac{5}{3}$.　　b) $\dfrac{5}{3}$.　　c) $-\dfrac{3}{5}$.　　d) $\dfrac{3}{5}$.

95. A equação $x^2 - 8x + 2k = 0$ tem duas raízes iguais. Então, k vale:

a) 16.　　　　c) 4.

b) 8.　　　　d) 2.

CAPÍTULO 10
Equações biquadradas e equações irracionais

Equação biquadrada

Chama-se **equação biquadrada** toda equação que pode ser escrita na forma:

$$ax^4 + bx^2 + c = 0$$

para $a \neq 0$, sendo x a variável e a, b e c números reais.

Exemplos:

A. $x^4 - 7x^2 + 8 = 0$
B. $3x^4 - 3x^2 - 10 = 0$
C. $x^4 + 3x^2 = 0$
D. $2x^4 - 32 = 0$

Equação biquadrada: "duas vezes quadrada"

Observe que a equação biquadrada é do 4º grau e os expoentes da variável são números pares.

Resolução de equações biquadradas em $\mathbb{R}$

Resolvemos uma equação biquadrada transformando-a numa equação do 2º grau por meio da mudança de sua variável.

Exemplo:

Resolver a equação $x^4 - 10x^2 + 9 = 0$.

Solução:

Fazemos $x^2 = y \Rightarrow x^4 = y^2$, obtendo assim uma equação de 2º grau: $y^2 - 10y + 9 = 0$

$$y = \frac{10 \pm \sqrt{(-10)^2 - 4 \cdot 1 \cdot 9}}{2 \cdot 1} = \frac{10 \pm \sqrt{100 - 36}}{2} = \frac{10 \pm \sqrt{64}}{2}$$

$$y = \frac{10 + 8}{2} = \frac{18}{2} = 9$$

$$y = \frac{10 - 8}{2} = \frac{2}{2} = 1$$

Como $x^2 = y$, temos:

- $y = 9 \Rightarrow x^2 = 9$
  $x = \pm\sqrt{9}$
  $x = \pm 3$

- $y = 1 \Rightarrow x^2 = 1$
  $x = \pm\sqrt{1}$
  $x = \pm 1$

Portanto, $+3$, -3, $+1$ e -1 são as raízes da equação $x^4 - 10x^2 + 9 = 0$.

EXERCÍCIOS
DE FIXAÇÃO

1. Considere a equação $9x^4 - 13x^2 + 4 = 0$.
   a) Essa equação é biquadrada?
   b) Qual equação do 2º grau se obtém ao substituir x^2 por y?
   c) Quais são as raízes da equação do item **b**?
   d) Quais são as raízes da equação $9x^4 - 13x^2 + 4 = 0$?

2. Resolva a equação $11x^4 - 7x^2 - 4 = 0$.

Solução:

Fazemos $x^2 = y \Rightarrow x^4 = y^2$, recaindo numa equação do 2º grau.

Veja como fica a equação:

$$11y^2 - 7y - 4 = 0$$

$$y = \frac{7 \pm \sqrt{(-7)^2 - 4 \cdot 11 \cdot (-4)}}{2 \cdot 11} = \frac{7 \pm \sqrt{225}}{22} =$$

$$= \frac{7 \pm 15}{22}$$

$$y = \frac{7 + 15}{22} = \frac{22}{22} = 1$$

$$y = \frac{7 - 15}{22} = \frac{-8}{22} = -\frac{4}{11}$$

Como $x^2 = y$, temos:

$y = 1 \Rightarrow x^2 = 1$
$\quad x = \pm\sqrt{1}$
$\quad x = \pm 1$

ou

$y = -\dfrac{4}{11} \Rightarrow x^2 = -\dfrac{4}{11}$

$$x = \pm\sqrt{-\frac{4}{11}} \notin \mathbb{R}$$

Portanto, 1 e −1 são raízes da equação $11x^4 - 7x^2 - 4 = 0$.

3. Resolva estas equações biquadradas em $\mathbb{R}$.
   a) $x^4 - 17x^2 + 16 = 0$
   b) $x^4 - 13x^2 + 36 = 0$
   c) $x^4 - 18x^2 + 81 = 0$
   d) $4x^4 - 37x^2 + 9 = 0$

4. Resolva estas equações biquadradas em $\mathbb{R}$.
   a) $x^4 - 8x^2 = -15$
   b) $x^4 + 5x^2 = -6$
   c) $x^2 - (x^2 - 5)^2 = 3$
   d) $(x^2 - 1)^2 + (x^2 - 5)^2 = 40$
   e) $9x^2 + \dfrac{3}{x^2} = 28$
   f) $\dfrac{6}{x^2} - 8 = \dfrac{1}{x^4}$

5. (Cesgranrio-RJ) Em $\mathbb{R}$, resolver $x^4 - 20x^2 + 36 = 0$.

6. Resolva esta equação biquadrada em $\mathbb{R}$, sendo $x \neq 0$.

$$x^4 + \frac{2x^2 - 1}{3} + \frac{1}{3} = 0$$

7. Um número real é tal que sua quarta potência é igual a 4 somado com o triplo de seu quadrado. Qual é esse número?

8. Considere um quadrado de lado x. Vamos retirar dele quatro quadradinhos de lado $\dfrac{1}{x}$, um de cada canto. Pretendemos ficar com uma área de 3 m². Quanto deve medir x?

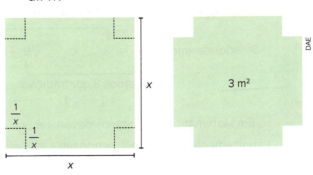

Equação irracional

Chama-se **equação irracional** toda equação que tem incógnita sob radical.

Exemplos:

A. $\sqrt{x} = 7$ **B.** $\sqrt{x+1} = 4$ **C.** $\sqrt{x-6} + 3 = 10$ **D.** $\sqrt[3]{5x+2} = \sqrt[3]{3x+12}$

Resolução de equações irracionais em $\mathbb{R}$

Na resolução de equações irracionais, procedemos do seguinte modo.

1º) Isolamos um dos radicais em um dos membros da equação dada.

2º) Elevamos os dois membros da equação a um expoente adequado.

3º) Se ainda restar um ou mais radicais, repetimos as operações anteriores.

4º) Resolvemos a equação obtida.

5º) Verificamos as soluções encontradas.

Por que verificar?

Quando se elevam os dois membros de uma equação a um mesmo expoente par, a equação obtida não é equivalente à original, ou seja, as raízes dessa nova equação não são, necessariamente, as mesmas da equação original.

Veja:

$$x = 3 \Rightarrow x^2 = 3^2 \Rightarrow x^2 = 9 \begin{cases} x = 3 \\ x = -3 \end{cases}$$

equação dada — equação elevada ao quadrado

Obtivemos as raízes 3 e −3, e apenas 3 é raiz da equação $x = 3$. Portanto, ao resolvermos uma equação irracional com radical de índice par, devemos verificar quais das raízes encontradas satisfazem a equação original.

➕ AQUI TEM MAIS

Por que $\sqrt{9} = 3$, e não $\sqrt{9} = -3$?

O número 9, como todo número real positivo, tem duas raízes quadradas: uma positiva, igual a 3, e outra negativa, igual a −3.

No entanto, quando trabalhamos com números reais, é uma convenção adotada que o símbolo $\sqrt{}$ represente sempre a raiz quadrada positiva.

Se adotássemos $\sqrt{9} = 3$ e $\sqrt{9} = -3$ $A = B$ e $A = C \Rightarrow B = C$

teríamos a contradição:

$3 = -3$

Em Matemática, os símbolos devem ter um único significado. Com essa convenção, $\sqrt{9}$ representa unicamente o número 3, sendo falsa a igualdade $\sqrt{9} = -3$. Escrevemos: $\sqrt{9} = 3$ e $-\sqrt{9} = -3$.

Resolução de equações irracionais em ℝ

Exemplos:

A. Resolver a equação irracional $\sqrt{7x + 2} - 4 = 0$.

Solução:

$$\sqrt{7x + 2} = 4$$
$$\left(\sqrt{7x + 2}\right)^2 = 4^2$$
$$7x + 2 = 16$$
$$7x = 14$$
$$x = 2$$

- Somar 4 a ambos os membros para isolar o radical.
- Elevar os membros ao quadrado.
- Reduzir os termos semelhantes.
- Resolver a equação do 1º grau.

Verificação:

$$\text{Para } x = 2 \Rightarrow \sqrt{7 \cdot 2 + 2} = 4$$
$$\sqrt{14 + 2} = 4$$
$$\sqrt{16} = 4$$
$$4 = 4 \text{ (verdadeira)}$$

Na verificação de uma equação irracional com radical de índice par, considere apenas o valor positivo da raiz.

A solução da equação é 2.

B. Resolver a equação irracional $x - 1 = \sqrt{x + 5}$.

Solução:

$$(x - 1)^2 = \left(\sqrt{x + 5}\right)^2$$
$$x^2 - 2x + 1 = x + 5$$
$$x^2 - 2x + 1 - x - 5 = 0$$
$$x^2 - 3x - 4 = 0$$
$$x = \frac{3 \pm \sqrt{(-3)^2 - 4 \cdot 1 \cdot (-4)}}{2 \cdot 1}$$

- Elevar os membros ao quadrado.
- Desenvolver o produto notável.
- Escrever a equação do 2º grau na forma geral.
- Resolver a equação do 2º grau.

$$x = \frac{3 \pm \sqrt{9 + 16}}{2} = \frac{3 \pm \sqrt{25}}{2}$$

$$x = \frac{3 + 5}{2} = \frac{8}{2} = 4$$

$$x = \frac{3 - 5}{2} = \frac{-2}{2} = -1$$

Verificação:

1. Para $x = 4 \Rightarrow 4 - 1 = \sqrt{4 + 5}$

$3 = \sqrt{9}$

$3 = 3$ (verdadeira)

2. Para $x = -1 \Rightarrow -1 - 1 = \sqrt{-1 + 5}$

$-2 = \sqrt{4}$

$-2 = 2$ (falsa)

Apenas $x = 4$ é solução.

VIU COMO É IMPORTANTE FAZER A VERIFICAÇÃO?

EXERCÍCIOS DE FIXAÇÃO

9. Resolva estas equações irracionais em $\mathbb{R}$.

a) $\sqrt{x+2} = 7$

b) $\sqrt{3x+10} = 4$

c) $\sqrt{x-2} - 5 = 0$

d) $\sqrt{5x-10} = \sqrt{3x+2}$

e) $\sqrt[4]{x-4} = 2$

f) $\sqrt[3]{2-x} - 3 = 0$

g) $\sqrt{x-2} + 3 = 7$

h) $\sqrt[3]{5x-8} - \sqrt[3]{3x+2} = 0$

10. Resolva estas equações irracionais em $\mathbb{R}$.

a) $3\sqrt{x} + 8 = 20$

b) $\sqrt{x-3} = 2\sqrt{5}$

c) $\sqrt[3]{1-3x} = -1$

d) $3\sqrt{3x-2} = 2\sqrt{5x-1}$

e) $x = \sqrt{6-x}$

f) $\sqrt{3x+6} - 2 = x$

g) $\sqrt{x} + x = 2$

h) $\sqrt[3]{x^2 - x - 4} = 2$

11. A raiz quadrada de um número natural somada com o próprio número é igual a 12. Qual é esse número?

12. A diferença entre um número e sua raiz quadrada é 20. Calcule esse número.

13. (Fuvest-SP) Subtraindo-se 3 de um certo número, obtém-se o dobro da sua raiz quadrada. Qual é esse número?

14. Resolva estas equações irracionais em $\mathbb{R}$.

a) $\dfrac{1}{6}\sqrt{10x} = \dfrac{1}{3}\sqrt{20}$

b) $\sqrt{\dfrac{5x+1}{6}} - 1 = 0$

15. Resolva a equação irracional a seguir.

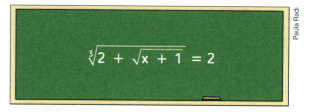

$$\sqrt[3]{2 + \sqrt{x+1}} = 2$$

Solução:

$\left(\sqrt[3]{2+\sqrt{x+1}}\right)^3 = 2^3$

$2 + \sqrt{x+1} = 8$

$\sqrt{x+1} = 8 - 2$

$\left(\sqrt{x+1}\right)^2 = 6^2$

$x + 1 = 36$

$x = 36 - 1$

$x = 35$

- Elevar os dois membros ao cubo.
- Isolar o radical no 1º membro.
- Elevar os membros ao quadrado.
- Resolver a equação do 1º grau.

Verificação:

Para $x = 35$, temos:

$\sqrt[3]{2 + \sqrt{35+1}} = 2$

$\sqrt[3]{2 + \sqrt{36}} = 2$

$\sqrt[3]{8} = 2$

$2 = 2$

Logo, a solução é 35.

16. Resolva estas equações irracionais em $\mathbb{R}$.

a) $\sqrt[3]{\sqrt{3x+1}} = 2$

b) $\sqrt{6 + \sqrt{1+2x}} = 3$

c) $\sqrt{\sqrt{x-4}} - 3 = 0$

d) $\sqrt[5]{25 + \sqrt{x-4}} - 2 = 0$

e) $\sqrt{x + \sqrt{x+2}} = 2$

f) $\sqrt{x+3 - \sqrt{x-1}} = 2$

PANORAMA

FAÇA AS ATIVIDADES A SEGUIR E REVEJA O QUE VOCÊ APRENDEU.

17. (FSM-SP) A equação $x^4 - 9x^2 + 36 = 0$:
  a) tem uma raiz real.
  b) tem duas raízes reais.
  c) tem quatro raízes reais.
  d) não tem raízes reais.

18. (Unirio-RJ) O produto das raízes positivas de $x^4 - 11x^2 + 18 = 0$ vale:
  a) $2\sqrt{3}$.
  b) $3\sqrt{2}$.
  c) $4\sqrt{2}$.
  d) $5\sqrt{3}$.

19. (UGF-RJ) A diferença entre a maior e a menor raiz da equação $x^4 - 13x^2 + 36 = 0$ é:
  a) 3.
  b) 4.
  c) 5.
  d) 6.

20. As soluções da equação biquadrada $x^4 - \dfrac{x^2 - 5}{4} = \dfrac{x^2 + 5}{3}$ são:
  a) 2 e −1.
  b) 1 e −1.
  c) 0, 1 e −1.
  d) −2, 2, 1 e −1.

21. Se $2\sqrt{x} - 4 = 8$, então o valor de x é:
  a) 6.
  b) 12.
  c) 18.
  d) 36.

22. Se $\sqrt{\dfrac{81}{x}} = \dfrac{63}{35}$, então o valor de x é:
  a) 5.
  b) 9.
  c) 25.
  d) 50.

23. (PUC-RJ) Se $\sqrt{x + 2} = 2$, então $(x + 2)^2$ equivale a:
  a) 2.
  b) 4.
  c) 8.
  d) 16.

24. (FGV-SP) A equação $\sqrt{x - 1} = -\sqrt{x^2 - 1}$:
  a) tem duas raízes reais.
  b) tem três raízes reais.
  c) não tem raízes reais.
  d) tem uma única raiz real.

25. Subtraindo-se 4 de certo número, obtém-se o triplo de sua raiz quadrada. Então esse número é:
  a) 1.
  b) 4.
  c) 9.
  d) 16.

26. Há nove anos, a idade do irmão de Rodrigo era igual à raiz quadrada do número de anos que ele terá daqui a três anos. Qual é a idade do irmão de Rodrigo?
  a) 11 anos
  b) 12 anos
  c) 13 anos
  d) 14 anos

27. (Vunesp-SP) O tempo t, em segundos, que uma pedra leva para cair de uma altura x, em metros, é dado aproximadamente pela fórmula:

$$t = \dfrac{\sqrt{5x}}{5}$$

Se o tempo t da queda é de 4 segundos, a altura x é:
  a) 80 m.
  b) 75 m.
  c) 55 m.
  d) 40 m.

CAPÍTULO 11
Equações fracionárias

Frações algébricas

AS FRAÇÕES ALGÉBRICAS SÃO AQUELAS QUE TÊM VARIÁVEIS NO DENOMINADOR.

Veja mais exemplos:

D. $\dfrac{7}{2xy}$

E. $\dfrac{4x - y}{y + 5}$

F. $\dfrac{5x}{a^2 - 2a + 1}$

O denominador de uma fração **nunca pode ser zero**. Por isso, em uma fração algébrica é necessário excluir os valores das variáveis que anulam o denominador.

Exemplos:

A. $\dfrac{5a}{x}$, sendo $x \neq 0$

B. $\dfrac{a + 1}{y - 7}$, sendo $y \neq 7$

C. $\dfrac{2x}{a + 5}$, sendo $a \neq -5$

D. $\dfrac{x + 8}{2x - 6}$, sendo $x \neq 3$

Simplificação de frações algébricas

Já sabemos simplificar uma fração numérica. Agora recorde:

$$\dfrac{30}{105} = \dfrac{2 \cdot \cancel{3} \cdot \cancel{5}}{\cancel{3} \cdot \cancel{5} \cdot 7} = \dfrac{2}{7}$$

Para simplificar uma fração, basta dividir o numerador e o denominador por seus divisores comuns.

Exemplos:

A. Simplifique a fração $\dfrac{14a^3bc}{21ab^2c}$.

Temos: $\dfrac{14a^3bc}{21ab^2c} = \dfrac{2 \cdot \cancel{7} \cdot \cancel{a} \cdot a \cdot a \cdot \cancel{b} \cdot \cancel{c}}{3 \cdot \cancel{7} \cdot \cancel{a} \cdot \cancel{b} \cdot b \cdot \cancel{c}} = \dfrac{2a^2}{3b}$

> **Sempre vamos considerar diferente de zero o denominador literal de uma fração algébrica.**

B. Simplifique a fração $\dfrac{a^2 - 9}{5a + 15}$.

Veja: $\dfrac{a^2 - 9}{5a + 15} = \dfrac{(a + 3)(a - 3)}{5(a + 3)} = \dfrac{a - 3}{5}$ (fatorando)

> Uma fração que não admite mais simplificação é chamada **fração irredutível**.

112

EXERCÍCIOS
DE FIXAÇÃO

1. Para que valor de m não existe valor numérico de $\dfrac{m-2}{m+7}$?

2. As frações representadas abaixo são iguais?

$$-\dfrac{2}{7x} \qquad \dfrac{-2}{7x} \qquad \dfrac{2}{-7x}$$

3. Simplifique as frações algébricas.

   a) $\dfrac{8c}{4a}$
   b) $\dfrac{a^2b}{ab^2}$
   c) $\dfrac{abc}{cd}$
   d) $\dfrac{3a}{12m}$
   e) $\dfrac{4c^2}{6c^5}$
   f) $\dfrac{8a^3x^2}{10a^2x^3}$
   g) $\dfrac{9ax}{6ax^2}$
   h) $\dfrac{8a^3b^4}{2ab^5c}$
   i) $\dfrac{4m^3n^3}{8m^4n^2}$

4. Continue simplificando.

   a) $\dfrac{6x}{2x}$
   b) $\dfrac{ab}{ba}$
   c) $\dfrac{-x}{x}$
   d) $\dfrac{10m}{-2m^4}$
   e) $\dfrac{14x^3y}{-2x}$
   f) $\dfrac{-7a^3c}{-21ac^5}$

5. Observe o exemplo e simplifique as frações.

$$\dfrac{5a}{5x-10} = \dfrac{\cancel{5}a}{\cancel{5}(x-2)} = \dfrac{a}{x-2}$$

   a) $\dfrac{4}{2x-8}$
   b) $\dfrac{5x+10}{10x+20}$
   c) $\dfrac{3a-3}{3a+6}$
   d) $\dfrac{5x^2-7x}{8x}$
   e) $\dfrac{15x-3y}{3x-3y}$
   f) $\dfrac{x^2+3x}{4x+12}$

6. Observe o exemplo para simplificar as frações.

$$\dfrac{m^2-25}{m^2+10m+25} \xrightarrow{\text{fatorando}} \dfrac{(m+5)(m-5)}{(m+5)^2} =$$

$$= \dfrac{\cancel{(m+5)}(m-5)}{\cancel{(m+5)}(m+5)} = \dfrac{m-5}{m+5}$$

   a) $\dfrac{7c-21}{c^2-6c+9}$
   b) $\dfrac{x^2-16x+64}{x^2-64}$
   c) $\dfrac{7x-7y}{5x^2-5y^2}$
   d) $\dfrac{x^2-9}{x^2+3x}$
   e) $\dfrac{xy-2y}{x^2-4x+4}$
   f) $\dfrac{5x^2-5}{4x+4}$

Não cometa este erro tão comum:

$$\dfrac{x+3}{x+5} = \dfrac{3}{5}$$

x não é fator.

Adição e subtração de frações algébricas

Para somar e subtrair frações algébricas, utilizamos as regras das frações numéricas.

Frações com denominadores iguais

Somamos ou subtraímos os numeradores e conservamos o denominador comum.

A. $\dfrac{12c}{a} + \dfrac{3 - 5c}{a} = \dfrac{12c + 3 - 5c}{a} = \dfrac{7c + 3}{a}$

> Neste caso, é melhor escrever o segundo numerador dentro de parênteses e depois eliminá-lo pela regra dos sinais.

sinal negativo

B. $\dfrac{8 + m}{2x} - \dfrac{m - 1}{2x} = \dfrac{8 + m - (m - 1)}{2x} = \dfrac{8 + m - m + 1}{2x} = \dfrac{9}{2x}$

Frações com denominadores diferentes

Para efetuar a adição ou subtração de frações algébricas de denominadores diferentes, devemos proceder da seguinte maneira:

1º) reduzimos as frações ao mesmo denominador (m.m.c. dos denominadores);

2º) conservamos o denominador comum e adicionamos ou subtraímos os numeradores;

3º) quando for possível, simplificamos o resultado.

Exemplos:

A. $\dfrac{5}{2x} + \dfrac{1}{3x}$ → m.m.c. (2, 3) = 6. A letra x é comum. O denominador comum será $6x$.

$\dfrac{5}{2x} + \dfrac{1}{3x} = \dfrac{15}{6x} + \dfrac{2}{6x} = \dfrac{17}{6x}$

> Escrevemos frações equivalentes às originais, com mesmo denominador.

B. $\dfrac{2}{x + 1} + \dfrac{1}{x + 3}$ → O m.m.c. dos denominadores é o produto deles.

$\dfrac{2}{x + 1} + \dfrac{1}{x + 3} = \dfrac{2(x + 3)}{(x + 1)(x + 3)} + \dfrac{1 \cdot (x + 1)}{(x + 1)(x + 3)} = \dfrac{2x + 6 + x + 1}{(x + 1)(x + 3)} = \dfrac{3x + 7}{(x + 1)(x + 3)}$

> $x - 1$ deve ser colocado entre parênteses

> Observe esta mudança de sinal.

C. $\dfrac{5}{3x} - \dfrac{x - 1}{2x} = \dfrac{10 - 3(x - 1)}{6x} = \dfrac{10 - 3x + 3}{6x} = \dfrac{13 - 3x}{6x}$

D. $\dfrac{7x + 1}{\underbrace{x^2 - 4}_{(x + 2)(x - 2)}} - \dfrac{4}{x + 2} = \dfrac{7x + 1 - 4(x - 2)}{x^2 - 4} = \dfrac{7x + 1 - 4x + 8}{x^2 - 4} = \dfrac{3x + 9}{x^2 - 4}$

EXERCÍCIOS DE FIXAÇÃO

7. Calcule e, se possível, simplifique os resultados.

a) $\dfrac{4a}{5x} + \dfrac{3a}{5x}$

b) $\dfrac{4a}{5x} - \dfrac{3a}{5x}$

c) $\dfrac{9}{7a} - \dfrac{1}{7a}$

d) $\dfrac{a}{a+1} + \dfrac{1}{a+1}$

e) $\dfrac{5}{xy} - \dfrac{a}{xy} + \dfrac{4a}{xy}$

f) $\dfrac{a-3}{m+2} - \dfrac{a-7}{m+2}$

8. Calcule:

a) $\dfrac{2x}{3} + \dfrac{3x}{4}$

b) $\dfrac{x}{2} + \dfrac{x}{3} + \dfrac{x}{4}$

c) $2x + \dfrac{x}{3}$

d) $\dfrac{x-1}{6} + \dfrac{2x}{3}$

9. Calcule:

a) $\dfrac{1}{2x} + \dfrac{1}{3x}$

b) $\dfrac{2m}{3a} + \dfrac{5m}{6a}$

c) $\dfrac{3}{5x} - \dfrac{1}{2x}$

d) $\dfrac{1}{x} + \dfrac{1}{y}$

10. Adicione as frações abaixo representadas, duas a duas, de modo a obter sempre $\dfrac{1}{2x}$.

| $\dfrac{2}{8x}$ | $\dfrac{1}{3x}$ | $\dfrac{1}{6x}$ | $\dfrac{2}{5x}$ | $\dfrac{1}{4x}$ | $\dfrac{1}{10x}$ |

11. Calcule:

a) $\dfrac{a+3}{4m} + \dfrac{1}{2m}$

b) $\dfrac{3x-1}{4x} - \dfrac{5x-2}{6x}$

c) $\dfrac{x+1}{2x} - \dfrac{x-1}{3x}$

d) $\dfrac{x-4}{6x} - \dfrac{3+5x}{5x} + \dfrac{1}{10x}$

12. Calcule:

a) $\dfrac{x}{x+1} + \dfrac{3}{4}$

b) $7 + \dfrac{x+y}{x-y}$

c) $x - \dfrac{3x}{5}$

d) $\dfrac{3x-2}{5x+7} + 9$

13. Efetue as operações e, se possível, simplifique os resultados.

a) $\dfrac{16x^2}{4x} - \dfrac{24x^3}{8x^2}$

b) $\dfrac{4x^3}{2x} + \dfrac{8x^5}{x^3}$

c) $\dfrac{2x+3y}{x^2 y} - \dfrac{2x-4y}{xy^2}$

d) $\dfrac{2x^2 - x + 1}{x^2} - \dfrac{x+2}{3x}$

14. (Saresp) Veja o que vou fazer com um número x:

1º) elevar ao quadrado;

2º) multiplicar o resultado por 5;

3º) somar o resultado anterior com o próprio número x multiplicado por 10;

4º) dividir todo o resultado anterior pelo número x somado com 2.

Feito isso, terei montado uma fração. Se eu simplificar essa fração, que resultado obterei?

Multiplicação e divisão de frações algébricas

Multiplicação

Multiplicamos frações algébricas da mesma maneira que multiplicamos números fracionários.

$$\frac{a}{b} \cdot \frac{c}{d} = \frac{a \cdot c}{b \cdot d}$$
← produto dos numeradores
← produto dos denominadores

Exemplos:

A. $\dfrac{3a}{5x} \cdot \dfrac{a}{2y} = \dfrac{3a^2}{10xy}$

B. $\dfrac{5xy}{4a} \cdot \dfrac{z}{2a} = \dfrac{5xyz}{8a^2}$

C. $\dfrac{x+y}{7a} \cdot \dfrac{x-y}{m} = \dfrac{(x+y) \cdot (x-y)}{7a \cdot m} = \dfrac{x^2 - y^2}{7am}$

D. $\dfrac{x}{x-2} \cdot \dfrac{x+7}{x+3} = \dfrac{x(x+7)}{(x-2) \cdot (x+3)} = \dfrac{x^2 + 7x}{x^2 + x - 6}$

Nos casos em que o numerador e o denominador têm fatores comuns, podemos simplificar antes de efetuar a multiplicação.

E. $\dfrac{a}{5\cancel{x}} \cdot \dfrac{8\cancel{x}}{7} = \dfrac{8a}{35}$

F. $\dfrac{\cancel{a+x}}{2x} \cdot \dfrac{3m}{\cancel{a+x}} = \dfrac{3m}{2x}$

EXERCÍCIOS DE FIXAÇÃO

15. Efetue as multiplicações.

a) $\dfrac{a}{2} \cdot \dfrac{3}{c}$

b) $\dfrac{3x}{a} \cdot \dfrac{y}{5b}$

c) $\dfrac{7x}{2a} \cdot \dfrac{x}{3c}$

d) $\dfrac{5xy}{3a} \cdot \dfrac{2xy}{b}$

e) $2am \cdot \dfrac{a^2m}{c}$

f) $7x \cdot \dfrac{x}{2} \cdot \dfrac{x^2}{8}$

16. Efetue as multiplicações.

a) $\left(\dfrac{1}{5a}\right) \cdot \left(-\dfrac{1}{5a}\right)$

b) $\left(+\dfrac{1}{7c}\right) \cdot \left(-\dfrac{1}{2c}\right)$

c) $\left(-\dfrac{3}{a}\right) \cdot \left(-\dfrac{7}{c}\right)$

d) $\left(-\dfrac{5}{x}\right) \cdot \left(-\dfrac{3}{y}\right)$

17. Efetue as multiplicações.

a) $\dfrac{x}{x+7} \cdot \dfrac{3x+5}{x-7}$

b) $\dfrac{x+1}{3x} \cdot \dfrac{x-3}{5x}$

18. Efetue as multiplicações, simplificando quando possível.

a) $\dfrac{7}{x+y} \cdot \dfrac{x+y}{5}$

b) $\dfrac{5}{x-1} \cdot \dfrac{x-1}{x+1}$

c) $\dfrac{x+y}{3} \cdot \dfrac{6}{x+y}$

d) $\dfrac{x}{a^2 - c^2} \cdot \dfrac{a+c}{3x}$

Divisão

Para dividir, basta multiplicar a primeira fração pelo inverso da segunda.

$$\dfrac{a}{b} : \dfrac{c}{d} = \dfrac{a}{b} \cdot \dfrac{d}{c}$$

invertendo

produto da 1ª fração pelo inverso da 2ª fração

Exemplos:

A. $\dfrac{a}{c} : \dfrac{n}{m} = \dfrac{a}{c} \cdot \dfrac{m}{n} = \dfrac{am}{cn}$

B. $\dfrac{3a}{5x} : \dfrac{2}{7a} = \dfrac{3a}{5x} \cdot \dfrac{7a}{2} = \dfrac{21a^2}{10x}$

C. $\dfrac{a}{x+1} : \dfrac{m}{x+1} = \dfrac{a}{\cancel{x+1}} \cdot \dfrac{\cancel{x+1}}{m} = \dfrac{a}{m}$

EXERCÍCIOS DE FIXAÇÃO

19. Relacione as colunas. Veja o exemplo:

A. $\dfrac{2}{3} : \dfrac{3}{2}$ 1. $\dfrac{3x}{y} \cdot \dfrac{x}{2}$ I. $\dfrac{2x^2}{9y^2}$

B. $\dfrac{3x}{y} : \dfrac{2}{x}$ 2. $\dfrac{y}{3x} \cdot \dfrac{y}{2}$ II. $\dfrac{4}{9}$

C. $\dfrac{y}{3x} : \dfrac{2}{y}$ 3. $\dfrac{x}{3y} \cdot \dfrac{2x}{3y}$ III. $\dfrac{3x^2}{2y}$

D. $\dfrac{x}{2} : \dfrac{y}{3}$ 4. $\dfrac{2}{3} \cdot \dfrac{2}{3}$ IV. $\dfrac{3x}{2y}$

E. $\dfrac{x}{3y} : \dfrac{3y}{2x}$ 5. $\dfrac{x}{2} \cdot \dfrac{3}{y}$ V. $\dfrac{y^2}{6x}$

20. Efetue as divisões.

a) $\dfrac{9x^2}{5} : 3x$

b) $6x : \dfrac{3x}{4}$

c) $\dfrac{3x^2y}{8} : 6xy^2$

d) $\dfrac{4a^2}{7} : 8a$

21. Efetue as divisões e, se possível, simplifique os resultados.

a) $\dfrac{7x}{4} : \dfrac{3x}{x+3}$

b) $\dfrac{x+1}{7x} : \dfrac{a}{x-1}$

c) $\dfrac{x-2}{5x} : \dfrac{4}{x+3}$

d) $\dfrac{7}{x-y} : \dfrac{1}{3x+y}$

e) $\dfrac{a-b}{4} : \dfrac{a-b}{2}$

f) $\dfrac{x+2}{3} : \dfrac{x}{x+2}$

22. (PUCC-SP) A expressão

$\dfrac{a^2+2ab+b^2}{a^2-b^2} : \dfrac{a-b}{a+b}$ para $a \neq \pm b$, é

igual a:

a) $\dfrac{1}{a-b}$.

b) $\dfrac{1}{(a+b)^2}$.

c) $\dfrac{(a+b)^3}{a^2+b^2}$.

d) $\left(\dfrac{a+b}{a-b}\right)^2$.

117

Equações fracionárias do 1º grau

Uma equação é **fracionária** quando apresenta incógnita em um ou mais termos do denominador.

Exemplos:

A. $\dfrac{1}{x} - \dfrac{1}{2} = 5$ **B.** $\dfrac{5}{x-3} = \dfrac{x}{x-1} - 2$

Sabemos que o denominador de uma fração nunca pode ser zero. Então, os valores de incógnita que anulam os denominadores de uma equação fracionária não pertencem ao conjunto dos números que solucionam a equação. Por isso:

A. na equação $\dfrac{1}{x} - \dfrac{1}{2} = 5$, deve-se excluir o zero;

B. na equação $\dfrac{5}{x-3} = \dfrac{x}{x-1} - 2$, devem-se excluir os números 3 e 1.

Resolução de equações fracionárias em $\mathbb{R}$

As equações fracionárias são resolvidas como as equações que apresentam denominadores numéricos.

Exemplos:

A. Resolva a equação $3 + \dfrac{1}{x} = \dfrac{4}{x}$, sendo $x \neq 0$.

Solução:

$3 + \dfrac{1}{x} = \dfrac{4}{x}$

$\dfrac{3x}{x} + \dfrac{1}{x} = \dfrac{4}{x}$ • Determinar o m.m.c. dos denominadores.

$3x + 1 = 4$ • Eliminar os denominadores.

$3x = 4 - 1$

$3x = 3$ • Reduzir os termos semelhantes.

$x = \dfrac{3}{3}$ • Resolver a equação do 1º grau resultante.

$x = 1$ • A solução é 1.

B. Resolva a equação $\dfrac{4}{x-1} = \dfrac{3}{x-2}$, sendo $x \neq 2$ e $x \neq 1$.

Solução:

$\dfrac{4}{x-1} = \dfrac{3}{x-2}$

$\dfrac{4(x-2)}{(x-1)(x-2)} = \dfrac{3(x-1)}{(x-1)(x-2)}$ • Determinar o m.m.c. dos denominadores.

$4(x-2) = 3(x-1)$ • Eliminar os denominadores.

$4x - 8 = 3x - 3$

$4x - 3x = -3 + 8$ • Reduzir os termos semelhantes e resolver a equação do 1º grau resultante.

$x = 5$

• A solução é 5.

EXERCÍCIOS
DE FIXAÇÃO

23. Resolva as equações fracionárias.

a) $2 + \dfrac{1}{x} = \dfrac{4}{x}$

b) $1 - \dfrac{3}{x} = \dfrac{1}{x}$

c) $\dfrac{1}{x} + \dfrac{3}{4} = \dfrac{5}{2x}$

d) $\dfrac{1}{4x} + \dfrac{1}{12} = \dfrac{2}{3x}$

e) $\dfrac{3}{x} - \dfrac{4}{5x} = \dfrac{1}{10}$

f) $\dfrac{1}{2x} + \dfrac{1}{4} = \dfrac{1}{5} + \dfrac{1}{10x}$

24. Resolva as equações fracionárias.

a) $\dfrac{5x + 3}{x} = 2$

b) $\dfrac{x + 5}{x} = \dfrac{3}{2x}$

c) $\dfrac{x + 1}{x} + \dfrac{3}{2x} = \dfrac{7}{2}$

25. Resolva as equações fracionárias.

a) $\dfrac{11}{x - 4} = \dfrac{5}{x - 10}$

b) $\dfrac{7}{x - 3} = \dfrac{2}{x + 2}$

c) $\dfrac{-2}{x - 1} = \dfrac{1}{2 + x}$

26. Resolva a equação

$\dfrac{1}{x + 2} + \dfrac{2}{x^2 - 4} = \dfrac{7}{x^2 - 4}$, sendo $x \neq 2$ e $x \neq -2$.

Solução:

$\dfrac{1}{x + 2} + \dfrac{2}{\underbrace{x^2 - 4}_{(x+2)(x-2)}} = \dfrac{7}{x^2 - 4}$ I

$\dfrac{1(x - 2)}{x^2 - 4} + \dfrac{2}{x^2 - 4} = \dfrac{7}{x^2 - 4}$

$(x - 2) + 2 = 7$ II

$x = 7 + 2 - 2$ III

$x = 7$

I. Determinar o m.m.c. dos denominadores.
II. Eliminar os denominadores.
III. Reduzir os termos semelhantes e resolver a equação do 1º grau resultante.

A solução é 7.

27. Resolva as equações fracionárias.

a) $\dfrac{3}{x - 2} + \dfrac{2}{x + 2} = \dfrac{7}{x^2 - 4}$

b) $\dfrac{1}{x - 3} + \dfrac{2}{x + 3} = \dfrac{3}{x^2 - 9}$

c) $\dfrac{3}{x - 4} + \dfrac{5}{2} = -\dfrac{1}{2}$

28. Resolva as equações fracionárias.

a) (PUC-SP) $\dfrac{1 - x}{1 + x} - \dfrac{2x}{1 - x} = 1$

b) (ESPM-SP)

$\dfrac{7}{x - 1} = \dfrac{6x + 1}{x + 1} - \dfrac{3(1 + 2x^2)}{x^2 - 1}$

29. A razão entre a idade que Eliana terá daqui a 5 anos e a idade que ela tinha há 5 anos é $\dfrac{3}{2}$. Qual é a idade atual de Eliana?

30. Em uma escola, 320 livros deveriam ser repartidos igualmente entre alguns alunos. No entanto, três desses alunos deixaram de comparecer, e o total de livros a ser distribuído foi alterado para 296. A quantidade de livros que cada aluno receberia não se alterou com a mudança. Qual era o número inicial de alunos?

31. (Cesgranrio-RJ) Se $\dfrac{1}{a} + \dfrac{1}{b} = \dfrac{1}{c}$, com $a = \dfrac{1}{2}$ e $b = \dfrac{1}{3}$, então quanto vale c?

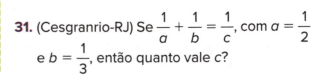

Equações fracionárias redutíveis a equações do 2º grau

Toda equação que apresenta ao menos uma fração com variável no denominador é uma **equação fracionária**. Para resolvê-la, devemos inicialmente reduzi-la ao mesmo denominador.

Exemplos:

A. Resolva em $\mathbb{R}$ a equação $x - \dfrac{2}{x-1} = 0$, sendo $x \neq 1$.

Solução:

$$\dfrac{x(x-1)}{x-1} - \dfrac{2}{x-1} = 0$$

$$x(x-1) - 2 = 0$$

$$x^2 - x - 2 = 0$$

- O m.m.c. dos denominadores é $x - 1$.
- Reduzimos ao mesmo denominador.
- Escrevemos a equação na forma reduzida e resolvemos pela fórmula geral.

$$x = \dfrac{-(-1) \pm \sqrt{(-1)^2 - 4 \cdot 1 \cdot (-2)}}{2 \cdot 1}$$

$$x = \dfrac{1 \pm \sqrt{1+8}}{2} = \dfrac{1 \pm \sqrt{9}}{2}$$

$x = \dfrac{1+3}{2} = \dfrac{4}{2} = 2$

$x = \dfrac{1-3}{2} = \dfrac{-2}{2} = -1$

> Na resposta, é necessário eliminar os valores de x que anulam os denominadores da equação dada. Motivo: não há divisão por zero.

As duas soluções, 2 e -1, são aceitas, pois não anulam o denominador da equação dada.

B. Resolva em $\mathbb{R}$ a equação $\dfrac{x}{x+4} + \dfrac{x}{x+1} = 1$, sendo $x \neq -4$ e $x \neq -1$.

Solução:

$$\dfrac{x(x+1)}{(x+4)(x+1)} + \dfrac{x(x+4)}{(x+4)(x+1)} = \dfrac{(x+4)(x+1)}{(x+4)(x+1)}$$

O m.m.c. dos denominadores é $(x+4)(x+1)$.

$$x(x+1) + x(x+4) = (x+4)(x+1)$$

$$x^2 + x + x^2 + 4x = x^2 + 5x + 4$$

$$x^2 - 4 = 0 \quad \begin{array}{l} x = 2 \\ x = -2 \end{array}$$

As duas soluções, 2 e -2, são aceitas, pois esses números não anulam os denominadores da equação dada.

EXERCÍCIOS
DE FIXAÇÃO

32. (CAp-UFRJ) A aluna Natália resolveu em $\mathbb{R}$ a equação $\dfrac{2}{x-2} - \dfrac{x}{x+1} = -2$ conforme apresentado abaixo. Sabe-se que ela errou ao longo do desenvolvimento.

I. m.m.c. $(x-2, x+1) = (x-2) \cdot (x+1)$

II. $\dfrac{2(x+1)}{(x-2)(x+1)} - \dfrac{x(x-2)}{(x+1)(x-2)} = -\dfrac{2(x-2)(x+1)}{(x-2)(x+1)}$

III. $2(x+1) - x(x-2) = -2(x^2 - x - 2)$

IV. $2x + 2 - x^2 - 2x = -2x^2 + 2x + 4$

V. $x^2 - 2x - 2 = 0$

VI. $x = \dfrac{2 \pm \sqrt{12}}{2}$

VII. $x = \dfrac{2 \pm 2\sqrt{3}}{2}$

VIII. $x = 1 \pm \sqrt{3}$

IX. Raízes: $1 + \sqrt{3}$ e $1 - \sqrt{3}$.

a) Indique em que linha ocorreu o erro.

b) Resolva a equação $\dfrac{2}{x-2} - \dfrac{x}{x+1} = -2$ corretamente.

33. Resolva as equações em $\mathbb{R}$.

a) $x + 5 + \dfrac{4}{x} = 0$

b) $x - \dfrac{1}{x} = -\dfrac{3}{2}$

c) $\dfrac{x}{5} + \dfrac{5}{x} = \dfrac{26}{5}$

d) $\dfrac{5}{x^2} + \dfrac{1}{x} = 6$

e) $\dfrac{2x-1}{2} + \dfrac{x-2}{3x} = \dfrac{5x+2}{6}$

f) $x + \dfrac{3}{x-2} = 6$

g) $\dfrac{x}{2} + \dfrac{x}{x+2} = \dfrac{x+4}{4}$

h) $\dfrac{x^2}{x-3} - \dfrac{x+6}{x-3} = 1$

i) $\dfrac{1}{x-3} - \dfrac{1}{2} = \dfrac{1}{x-2}$

j) $\dfrac{x+1}{x-1} + \dfrac{x-1}{x+1} = \dfrac{13}{6}$

k) $\dfrac{5}{x-3} - \dfrac{30}{x^2-9} = 1$

l) $\dfrac{x}{x-1} + \dfrac{2}{x+1} = \dfrac{16}{x^2-1}$

34. Os alunos de uma turma resolveram dar à professora um presente que custou R$ 720,00. Como 5 alunos de outra turma também quiseram participar da compra do presente, coube a cada aluno R$ 2,00 a menos na quantia anteriormente combinada.

a) Escreva uma equação que traduza essa situação.

b) Quantos alunos há nessa turma?

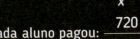
Alunos da turma: x
Cada aluno deveria pagar: $\dfrac{720}{x}$
Porém, cada aluno pagou: $\dfrac{720}{x+5}$

EXERCÍCIOS COMPLEMENTARES

35. Simplifique:

a) $\dfrac{xy^2}{x^2 y}$ b) $\dfrac{-3x}{15x}$ c) $\dfrac{18r^2 s}{48rs}$ d) $\dfrac{22x^3 yz^4}{33x^2 yz^2}$

36. Simplifique:

a) $\dfrac{3x+3y}{6}$ c) $\dfrac{ax+ay}{bx+by}$ e) $\dfrac{x^2}{3x^3-2x^2}$

b) $\dfrac{14-7a}{21}$ d) $\dfrac{a+1}{ac+c}$ f) $\dfrac{14x^2+2x}{7x+1}$

37. Simplifique:

a) $\dfrac{5(m-2)}{m^2-4m+4}$ c) $\dfrac{4-x^2}{6+3x}$ e) $\dfrac{4x^2-4x+1}{4x^2-1}$

b) $\dfrac{x^2-49}{x-7}$ d) $\dfrac{3+x}{x^2-9}$ f) $\dfrac{2x-6}{x^2-6x+9}$

38. Qual é o valor de $\dfrac{x^4-1}{(x-1)(x^2+1)}$ para $x=1\,999$?

39. Simplifique.

a) (UFRJ) $\dfrac{x^2-1}{x^2+2x+1}$ b) (Faap-SP) $\dfrac{x^3-x^2-4x+4}{x^2-4}$

40. Efetue e, se possível, simplifique os resultados.

a) $\dfrac{7}{2x}-\dfrac{4}{3x^2}$ c) $\dfrac{4}{2x}-\dfrac{3x}{5}+\dfrac{6}{x}$

b) $\dfrac{3x}{4y}-\dfrac{4y}{3x}$ d) $\dfrac{a}{bc}-\dfrac{b}{ac}+\dfrac{c}{ab}$

41. Efetue as operações e, se possível, simplifique os resultados.

a) $\dfrac{4}{x}-\dfrac{5}{x-2}$ b) $\dfrac{8}{x+2}-\dfrac{3}{x-4}$

42. Efetue as operações, com base no exemplo a seguir.

$$\dfrac{7x+1}{\underbrace{x^2-4}_{(x+2)(x-2)}}-\dfrac{4}{x+2}=\dfrac{7x+1-4(x-2)}{x^2-4}=\dfrac{7x+1-4x+8}{x^2-4}=\dfrac{3x+9}{x^2-4}$$

a) $\dfrac{1}{x-3}-\dfrac{6}{x^2-9}$ c) $\dfrac{2}{x-3}-\dfrac{3}{x^2-9}$

b) $\dfrac{4}{x-2}-\dfrac{3x+2}{x^2-4}$ d) $\dfrac{3x+2}{x^2-4}-\dfrac{4}{x+2}$

EXERCÍCIOS

COMPLEMENTARES

43. A expressão $\dfrac{6x^2 - 9x}{3x^2}$ é igual a:

a) $2 - 9x$.
b) $2x - \dfrac{3}{x}$.
c) $2 - \dfrac{3}{x}$.
d) $2x - \dfrac{9}{3}x$.

44. Efetue e, se possível, simplifique os resultados.

a) $\dfrac{7x}{2a} \cdot \dfrac{x}{3c}$

b) $\dfrac{3a^2}{2c^3} \cdot \dfrac{4c^2}{5a}$

c) $\dfrac{p^3}{q} \cdot \dfrac{q^3}{p} \cdot \dfrac{p^3}{q}$

45. Calcule os produtos.

a) $\dfrac{x}{2} \cdot \dfrac{x+2}{x-1}$

b) $\dfrac{x+1}{x-7} \cdot \dfrac{x-1}{x+7}$

46. Efetue e, se possível, simplifique os resultados.

a) $\dfrac{x}{y} : \dfrac{y}{x}$

b) $\dfrac{9x^2}{5} : 3x$

c) $\dfrac{4x}{3y^2} : \dfrac{6x^2}{3y}$

47. Calcule os quocientes.

a) $\dfrac{2x}{x+3} : \dfrac{4}{5x}$

b) $\dfrac{x+y}{x+3} : \dfrac{x-3}{x-y}$

48. Calcule $\left(\dfrac{3n}{n-5}\right)^2$.

49. Patrícia tem 7 anos, e seu pai, 39. Daqui a quantos anos Patrícia terá $\dfrac{1}{3}$ da idade de seu pai?

50. Um número é o dobro de outro. A soma de seus inversos é $\dfrac{15}{2}$. Quais são os dois números?

51. Para que o valor da fração $\dfrac{3}{5}$ não se altere se multiplicarmos o numerador por 6, quantas unidades devemos adicionar ao denominador?

52. Uma torneira pode encher um tanque em 3 horas e outra, em 6 horas. Funcionando juntas, em quanto tempo encherão o tanque?

EXERCÍCIOS
SELECIONADOS

53. Use a fatoração para simplificar ao máximo a expressão.

a) $\dfrac{x^2}{x^3 - x}$

b) $\dfrac{a^2 + ab - ac - bc}{a^2 - ac}$

c) $\dfrac{4x - 12}{15 - 5x}$

54. (UnB-DF) A expressão $\dfrac{3a - 4}{a^2 - 16} - \dfrac{1}{a - 4}$ ($a \neq 4$) é equivalente a:

a) $\dfrac{1}{a - 4}$.

b) $\dfrac{2}{a - 4}$.

c) $\dfrac{2}{a + 4}$.

d) n.d.a.

55. (Olimpíada de São José dos Campos-SP) Sabendo que $a + b = ab = 10$, quanto vale $\dfrac{a}{b} + \dfrac{b}{a}$?

a) 4
b) 6
c) 7
d) 8

56. Resolva as equações fracionárias.

a) $\dfrac{1}{3} + \dfrac{1}{2x} = -\dfrac{1}{6}$

b) $\dfrac{4}{3x} - \dfrac{x + 4}{6x} = 2$

c) $\dfrac{x + 5}{2x} - \dfrac{7}{3x} = \dfrac{5}{12}$

d) $\dfrac{1}{x - 3} + \dfrac{1}{x + 3} = \dfrac{2}{x^2 - 9}$

e) $\dfrac{2}{x^2 - 4} + \dfrac{1}{x + 2} = 0$

f) $\dfrac{3}{x + 5} = \dfrac{10}{x^2 - 25} - \dfrac{1}{x - 5}$

57. Calcule dois números cuja diferença seja 1 e o produto, 20.

Solução:

Vamos representar os números por x e y. Assim:

$\begin{cases} x - y = 1 \\ x \cdot y = 20 \end{cases}$

Todo sistema que recai em equação do 2º grau é chamado de sistema do 2º grau. Na resolução, utilizamos o método de substituição.

Isolando a incógnita x na 1ª equação e substituindo-a na 2ª equação, temos:

$\begin{cases} x - y = 1 \\ x \cdot y = 20 \end{cases} \Rightarrow x = 1 + y$

$(1 + y) \cdot y = 20$

$y + y^2 = 20$

$y^2 + y - 20 = 0$

$y = \dfrac{-1 \pm \sqrt{1^2 - 4 \cdot 1 \cdot (-20)}}{2 \cdot 1} = \dfrac{-1 \pm \sqrt{81}}{2}$

$y = \dfrac{-1 + 9}{2} = \dfrac{8}{2} = 4$

$y = \dfrac{-1 - 9}{2} = \dfrac{-10}{2} = -5$

Então:

$x = 1 + y$

$x = 1 + \boxed{4} = \boxed{5}$

Par ordenado: (5; 4)

$x = 1 + (\boxed{-5}) = \boxed{-4}$

Par ordenado: (−4; −5)

Resposta: Os números são 5 e 4 ou −5 e −4.

58. A diferença entre as idades de dois irmãos é de 3 anos e o produto das idades deles é 270. Qual é a idade de cada um?

PANORAMA

FAÇA AS ATIVIDADES A SEGUIR E REVEJA O QUE VOCÊ APRENDEU.

59. (PUC-SP) Simplificando $\dfrac{a + \dfrac{1}{b}}{b + \dfrac{1}{a}}$, obtém-se:

a) $\dfrac{a}{b}$.

b) $\dfrac{b}{a}$.

c) $\dfrac{a+1}{b}$.

d) $\dfrac{b+1}{a}$.

60. A raiz da equação $\dfrac{x}{x-1} + 3 = \dfrac{1}{x-1} - 1$ é:

a) 0.

b) $\dfrac{3}{5}$.

c) 1.

d) Não existe.

61. (FIB-RJ) A solução de
$\dfrac{5}{x} - \dfrac{1}{12x} + \dfrac{1}{2} = \dfrac{5-3x}{3x} + \dfrac{1}{4x}$ é:

a) 1.

b) 2.

c) −1.

d) −2.

62. (Acafe-SC) Um estudante comprou n canetas por 300 reais e $(n+4)$ lapiseiras por 200 reais. Se o preço de uma caneta é o dobro do preço de uma lapiseira, o número de canetas e lapiseiras, respectivamente, que ele comprou, é:

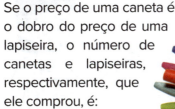

a) 12 e 16.

b) 10 e 14.

c) 16 e 20.

d) 14 e 18.

63. (PUC-MG) Somando-se o número p a cada um dos termos da fração $\dfrac{3}{4}$, obtém-se uma nova fração cujo valor é 0,9. O valor de p é:

a) 3.

b) 4.

c) 5.

d) 6.

64. (Saresp) Um laboratório embalou 156 comprimidos de vitamina em duas caixas, uma com duas cartelas de x comprimidos cada e outra com quatro cartelas de y comprimidos cada. Sabendo-se que y é o quadrado de x, quantos comprimidos havia em cada cartela?

a) 4 e 16

b) 5 e 25

c) 6 e 36

d) 7 e 49

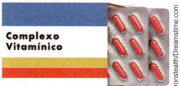

65. (PUC-RJ) Se $1 - \dfrac{4}{x} + \dfrac{4}{x^2} = 0$, então $\dfrac{2}{x}$ vale:

a) 1.

b) $\dfrac{1}{2}$.

c) 2.

d) $\dfrac{1}{4}$.

66. (PUC-SP) Considere o seguinte problema: "Achar um número que, somado com 1, seja igual ao seu inverso". Qual das equações representa esse problema?

a) $x^2 - x + 1 = 0$

b) $x^2 + x - 1 = 0$

c) $x^2 - x - 1 = 0$

d) $x^2 + x + 2 = 0$

67. (FGV-SP) A quantia de R$ 4.000,00 deveria ser repartida para um certo número de crianças. No entanto, quatro crianças deixaram de comparecer, aumentando com isso em R$ 50,00 a quantia para cada uma das crianças restantes. Qual era o número inicial de crianças?

a) 10   b) 20   c) 30   d) 40

68. (UCSal-BA) Um professor dispunha de 144 doces para dividir igualmente entre os alunos de sua classe. Como no dia da distribuição faltaram 12 alunos, ele dividiu os 144 doces igualmente entre os presentes, cabendo a cada aluno 1 doce a mais. O número de alunos presentes no dia da distribuição era:

a) 36.   b) 40.   c) 42.   d) 48.

CAPÍTULO 12
Funções

Conceito de função

No domingo, Carlos fez um passeio de carro. Saiu de casa às 8 horas e retornou às 11 horas.

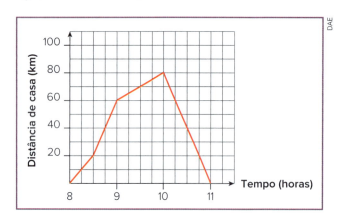
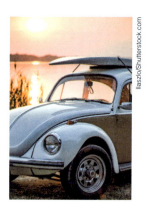

A que distância Carlos estava de sua casa às:

- 8 horas?
- 9 horas?
- 10 horas?
- 11 horas?

Veja na tabela que há uma resposta para cada questão.

Hora	Distância
8	0
9	60
10	80
11	0

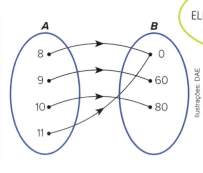
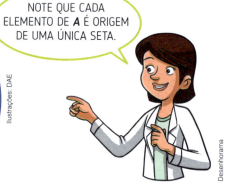

NOTE QUE CADA ELEMENTO DE **A** É ORIGEM DE UMA ÚNICA SETA.

Essa informação pode também ser apresentada por meio de um diagrama de setas. Cada elemento de **A** tem um único elemento correspondente em **B**.

Essa correspondência se chama **função de A em B**.

Nem todas as correspondências são funções. Por exemplo:

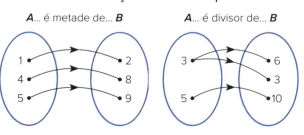

Não é função: o 5 não tem correspondente em **B**.

Não é função: o 3 tem dois elementos correspondentes em **B**.

Representação de uma função

O valor que pagamos pelo combustível do carro depende da quantidade de litros colocada no tanque.

está em função

Observe o preço do litro de gasolina na foto.

Esta tabela traduz a correspondência entre o número de litros de gasolina e o custo:

Número de litros de gasolina	Custo
1	R$ 4,20
2	R$ 8,40
3	R$ 12,60
4	R$ 16,80
6,5	R$ 27,30
⋮	⋮

A todo valor da coluna da esquerda corresponde um único valor na coluna da direita.

Essa função também pode ser representada por uma expressão.

A **expressão** que traduz a situação é:

custo = 4,20 · número de litros de gasolina

De modo mais simples, podemos escrever:

$y = 4{,}20 \cdot x$ ← fórmula matemática ou lei de formação da função

custo   preço   número de litros
        por litro

Se chamarmos de f a função $y = 4{,}20 \cdot x$, sua expressão é dada por: $f(x) = 4{,}20 \cdot x$

Quando escrevemos a lei de formação de uma função, utilizamos, em geral, as letras x e y para representar as variáveis que estamos relacionando, sendo a variável y determinada em função de x.

f: função de x
Lemos: f de x

Finalmente, veremos como a função acima pode ser representada por um gráfico.

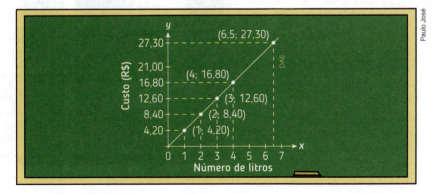

Concluindo:

Tabela, gráfico e **lei de formação** são os modos mais comuns de representar uma função.

127

Função de A em B

Dados os conjuntos A e B, dizemos que foi estabelecida uma função de A em B se a cada elemento de A corresponde um único elemento de B.

1. Veja a função de A em B definida por $y = x + 4$.

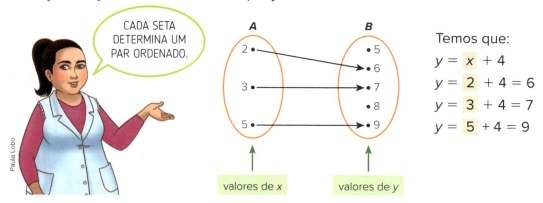

Temos que:
$y = \boxed{x} + 4$
$y = \boxed{2} + 4 = 6$
$y = \boxed{3} + 4 = 7$
$y = \boxed{5} + 4 = 9$

Os pares ordenados (x; y) dessa função são: (2; 6), (3; 7) e (5; 9).

2. Veja a função de A em B definida por $y = x^2$.

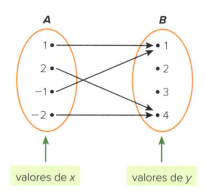

Como y pode ainda ser indicado por f(x), temos:

$f(x) = x^2 \xrightarrow{\text{trocando } x \text{ por } 1} f(1) = 1^2 = 1$

$f(x) = x^2 \xrightarrow{\text{trocando } x \text{ por } 2} f(2) = 2^2 = 4$

$f(x) = x^2 \xrightarrow{\text{trocando } x \text{ por } -1} f(-1) = (-1)^2 = 1$

$f(x) = x^2 \xrightarrow{\text{trocando } x \text{ por } -2} f(-2) = (-2)^2 = 4$

Os pares ordenados (x; y) dessa função são: (1; 1), (2; 4), (−1; 1) e (−2; 4).

➕ AQUI TEM MAIS

Um pouco de história

O conceito de função é atribuído ao matemático francês Nicole d'Oresme, que viveu no século XIV.

Entretanto, foi somente no século XVII que surgiu uma ideia ampliada e rica de funcionalidade. Para ela, contribuíram decisivamente os estudiosos Galileu e Descartes. Como já sabemos, este último elaborou um sistema de coordenação no plano que possibilitou representar graficamente as relações entre duas variáveis.

Mas foi o matemático suíço Leonard Euler (1707-1783) quem utilizou pela primeira vez na história da Matemática a notação f(x) para designar o valor de uma função.

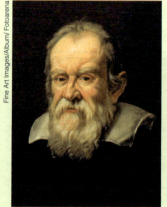
↑ Galileu Galilei.

↑ Leonard Euler.

EXERCÍCIOS
DE FIXAÇÃO

1. Observe a tabela e responda.

Número de refrigerantes	Preço a pagar
1	R$ 2,40
2	R$ 4,80
3	R$ 7,20
4	R$ 9,60
5	R$ 12,00
6	R$ 14,40

a) Qual é o preço a pagar numa compra de 3 refrigerantes?

b) Quantos refrigerantes podem ser comprados com R$ 9,60?

c) O preço a pagar está em função do número de refrigerantes comprados?

d) Qual é o preço y a pagar numa compra de x refrigerantes?

2. Dada a função $y = 2x - 1$, determine o valor de y para:

a) $x = 0$;
b) $x = 2$;
c) $x = -5$;
d) $x = \dfrac{1}{3}$.

3. Dada a função $y = x + \dfrac{1}{x}$, determine o valor de y para:

a) $x = 1$;
b) $x = -1$;
c) $x = -2$;
d) $x = \dfrac{3}{2}$.

4. Complete estas tabelas.

a)
x	-3	-1	0	2	5
Quadrado de x					

b)
x	-2	0		4	
Dobro de x			6		18

5. Dada a função $y = x^2 - 7x + 10$, responda:

a) Para $x = 0$, quanto vale y?

b) Para $x = -3$, quanto vale y?

c) Para $x = \dfrac{1}{2}$, quanto vale y?

d) Para quais valores de x tem-se $y = 18$?

6. Gustavo dizia um número e Rafael respondia outro usando uma regra que só ele conhecia.

a) Qual número deve ser respondido por Rafael para ocupar o último quadradinho?

b) Chame x os números ditos por Gustavo e y os números respondidos por Rafael. Escreva uma expressão matemática que represente y em função de x.

7. O preço a ser pago por uma corrida de táxi inclui uma parcela fixa, denominada bandeirada, e uma parcela que depende da distância percorrida. Sabendo que a bandeirada custa R$ 3,20 e cada quilômetro rodado custa R$ 1,50, responda:

a) Qual é o valor V a pagar em uma corrida de n quilômetros?

b) Quanto custará uma corrida de 12 quilômetros?

c) Quanto custará uma corrida de 6 quilômetros e 800 metros?

d) Qual é a distância percorrida por um passageiro que pagou R$ 37,70 pela corrida?

Funções representadas por gráficos

Ao abrir jornais e revistas, ou mesmo páginas da internet, deparamo-nos muitas vezes com notícias acompanhadas de gráficos. Além de serem muito úteis para a análise rápida e sucinta da informação, os gráficos são recursos importantes para representar funções matemáticas, auxiliando os profissionais de áreas como Economia, Física, Química e Biologia. Por exemplo, o eletrocardiograma e o encefalograma – exames para a realização de diagnósticos – são apresentados em forma de gráfico.

Exemplos:

1. Considere agora a seguinte situação e veja como interpretá-la graficamente.

    "Tiago foi dar um passeio de bicicleta, saindo de sua casa e retornando depois de algum tempo."

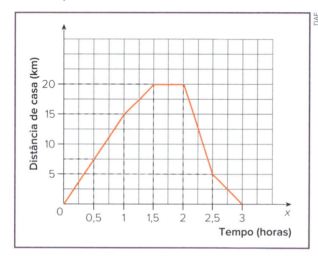

a) Quanto tempo durou o passeio?

   Basta ler no eixo horizontal (eixo x) que o passeio durou 3 horas.

b) Quantos quilômetros Tiago percorreu?

   Lendo no eixo vertical (eixo y), Tiago percorreu 20 km na ida e 20 km na volta, perfazendo um total de 40 km.

c) Quanto tempo Tiago descansou?

   Tiago descansou 30 minutos, pois entre os tempos 1,5 e 2 horas ele permaneceu na mesma posição.

2. Num dia de inverno, Adriana anotou a temperatura ambiente a cada duas horas, das 6h às 20h, e montou um gráfico para analisar a variação dela.

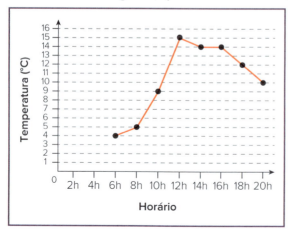

Observando o gráfico, ela notou que a temperatura foi crescente das 6h às 12h.

Das 14h às 16h, a temperatura manteve-se constante em 14 °C.

Das 16h às 20h, a temperatura diminuiu 2 °C a cada 2 horas.

A temperatura máxima do período foi de 15 °C ao meio-dia e a temperatura mínima foi de 4 °C às 6h da manhã.

EXERCÍCIOS

COMPLEMENTARES

8. Frederico leu a história de um professor chamado Matema, que construiu a máquina dos números a seguir. Quando o professor Matema colocava na entrada da máquina o número 7, saía o 22.

a) Se o professor pusesse na máquina o 15, que número sairia?

b) Que número o professor precisaria colocar na máquina para que saísse o 34?

9. Dada a função $y = 3x + 1$, determine o valor de y para:

a) $x = 0$;

b) $x = -1$;

c) $x = 1,5$;

d) $x = \dfrac{1}{2}$.

10. Considerando a função dada por $y = 2x^2 - 1$, responda:

a) Para $x = 0$, quanto vale y?

b) Para $x = 2$, quanto vale y?

c) Para $x = -2$, quanto vale y?

d) Para quais valores de x tem-se $y = 17$?

11. Considerando a função dada por $y = \dfrac{5x - 13}{3x - 7}$, responda:

a) Para $x = 0$, quanto vale y?

b) Existe x tal que $y = 1$?

12. Seja $f(x) = \dfrac{x}{2}$. Qual é o valor de $f\left(\dfrac{1}{2}\right)$?

13. Um automóvel gasta 8 litros de gasolina para rodar 100 km. Complete a tabela que indica o consumo de combustível pelo automóvel.

Distância (km)	40	80	120	160	200
Nº de litros					

14. Em cada um dos itens a seguir, escreva uma expressão que relaciona as duas variáveis.

a)

x	0	1	2	3	−1	−2
y	1	2	3	4	0	−1

b)

x	3	4	5	−1	−2	−3
y	27	64	125	−1	−8	−27

15. As figuras seguintes mostram azulejos coloridos x e azulejos brancos y com a relação apresentada na tabela ao lado.

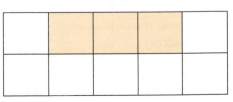

x	y
1	5
2	6
3	7
4	8

Qual fórmula relaciona y com x?

EXERCÍCIOS SELECIONADOS

16. A tabela de preços do Hotel Sonodez é a seguinte:

Número de noites	Preço (reais)
1	80
2	130
3	180
4	230
⋮	⋮
x	y = 30 + 50x

a) Escreva os três termos seguintes da sequência: 80, 130, 180, 230, ...

b) Fernando dormiu cinco noites no hotel. Quanto gastou?

c) Patrícia pagou R$ 630,00 por uma estada no hotel. Quantas noites ela dormiu?

17. (Saresp) A tabela abaixo apresenta o consumo médio de gasolina de certo veículo, em função da distância por ele percorrida.

Consumo médio (litros)	0,25	1,25	2,75	4,5
Distância percorrida (quilômetros)	3	15	33	54

Qual seria, em litros, o consumo médio de gasolina de tal veículo para percorrer 270 km?

18. (CTI-Unesp-Bauru) Na Confeitaria do Céu, quanto maior a encomenda, mais barato sai cada doce. Veja no gráfico abaixo:

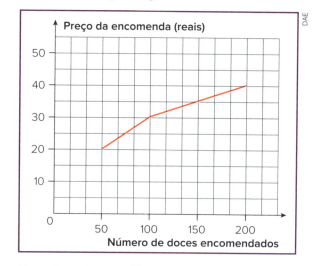

Examinando o gráfico, complete a tabela.

Número de doces da encomenda	50	100	150	200
Preço da encomenda (reais)				
Preço de cada doce (reais)				

19. (Obmep) Antônio tem um papagaio que faz contas fantásticas com números inteiros, mas não sabe nada de decimais. Quando Antônio sopra um número em seu ouvido, o papagaio multiplica esse número por 5, depois soma 14, divide o resultado por 6, finalmente subtrai 1 e grita o resultado.

a) Se Antônio soprar o número 8, qual número o papagaio grita?

b) Se o papagaio gritou 3, qual é o número que Antônio soprou em seu ouvido?

c) Por que o papagaio nunca grita o número 7?

PANORAMA

FAÇA AS ATIVIDADES A SEGUIR E REVEJA O QUE VOCÊ APRENDEU.

20. (FECABC-SP) O valor da função $y = -x^2 + 1$ para $x = -1$ é:
a) 0.
b) 2.
c) -1.
d) -2.

21. (UFPR) O valor da função $y = \dfrac{1+x}{1-x}$ para $x = -1$ é:
a) 0.
b) 1.
c) -1.
d) -2.

22. (UCMG) O valor da expressão $y = \dfrac{0,25 - x^2}{0,5 + x}$ para $x = -2,1$ é:
a) 1,3.
b) 2,6.
c) $-1,2$.
d) $-1,6$.

23. (Mack-SP) O valor de $y = x^2 + \dfrac{1}{5}$ para $x = \dfrac{2}{5}$ é:
a) $\dfrac{3}{5}$.
b) $\dfrac{9}{5}$.
c) $\dfrac{9}{25}$.
d) $\dfrac{6}{25}$.

24. (PUC-SP) Sendo $f(x) = 7x + 1$, então $\dfrac{f(12) - f(9)}{3}$ é igual a:
a) 3.
b) 5.
c) 7.
d) -1.

25. (FMU-SP) Se $f(x) = 2x^3 - 1$, então $f(0) + f(-1) + f\left(\dfrac{1}{2}\right)$ é igual a:
a) $-\dfrac{3}{4}$.
b) $-\dfrac{15}{4}$.
c) $-\dfrac{17}{4}$.
d) $-\dfrac{19}{4}$.

26. (Saresp) Uma população de bactérias cresce, em função do tempo, de acordo com a função:

$$N = 400 \cdot (1,2)^t$$

N: número de bactérias
t: tempo em horas

O número de bactérias, na população, depois de 2 horas é:
a) 400.
b) 480.
c) 576.
d) 960.

27. A fórmula $N = \dfrac{5p + 28}{4}$ dá o valor aproximado do número do calçado (*N*) em função do comprimento (*p*), em centímetros, do pé de qualquer pessoa. De acordo com a fórmula, o comprimento do pé de quem calça 37 é, em centímetros, aproximadamente:
a) 22.
b) 24.
c) 25.
d) 26.

28. (Enem) Os congestionamentos de trânsito constituem um problema que aflige, todos os dias, milhares de motoristas brasileiros. O gráfico ilustra a situação, representando, ao longo de um intervalo definido de tempo, a variação da velocidade de um veículo durante um congestionamento.

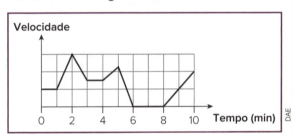

Quantos minutos o veículo permaneceu imóvel ao longo do intervalo de tempo total analisado?
a) 4
b) 3
c) 2
d) 1
e) 0

29. (Cefet-RN) Regina descobriu que a relação entre o tempo *t* (em minutos) de utilização da internet e o valor *V* (em reais) a ser pago por ela no final do mês é representado pela fórmula $V = 30 + 0,15t$. Quanto gastará Regina se, durante o mês, utilizar a internet por 10 horas e 20 minutos?
a) R$ 80,13.
b) R$ 81,30.
c) R$ 120,30.
d) R$ 123,00.

PANORAMA

FAÇA AS ATIVIDADES A SEGUIR E REVEJA O QUE VOCÊ APRENDEU.

30. (Enem) Uma empresa farmacêutica fez um estudo da eficácia (em porcentagem) de um medicamento durante 12h de tratamento em um paciente. O medicamento foi administrado em duas doses, com espaçamento de 6h entre elas. Assim que foi administrada a primeira dose, a eficácia do remédio cresceu linearmente durante 1h até atingir a máxima eficácia (100%) e permaneceu em máxima eficácia durante 2h. Após essas 2h em que a eficácia foi máxima, ela passou a diminuir linearmente, atingindo 20% de eficácia ao completar as 6h iniciais de análise. Nesse momento, foi administrada a segunda dose, que passou a aumentar linearmente, atingindo a máxima eficácia após 0,5h e permanecendo em 100% por 3,5h. Nas horas restantes da análise, a eficácia decresceu linearmente, atingindo ao final do tratamento 50% de eficácia.

Considerando as grandezas tempo (em hora), no eixo das abscissas; e eficácia do medicamento (em porcentagem), no eixo das ordenadas, qual é o gráfico que representa tal estudo?

a)

b)

c)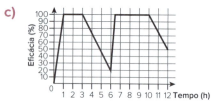

d)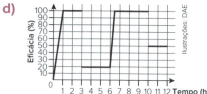

31. (UFPE) A altura h de um homem varia com o tamanho F do seu fêmur de acordo com a fórmula (medidas em cm):

$$h = 69{,}089 + 2{,}238F$$

Se a idade ultrapassa 30 anos, subtrai-se 0,06 cm por cada ano após os 30 anos. Qual a altura estimada de um homem de 40 anos cujo fêmur mede 40 cm?

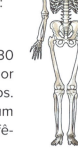

a) 1,50 m
b) 1,58 m
c) 1,61 m
d) 1,65 m

32. (Unisinos-RS) Suponha que o número de carteiros necessários para distribuir, em cada dia, as correspondências entre as residências de um bairro seja dado pela função $y = \dfrac{22x}{500 + 2x}$, em que x é o número de residências e y é o número de carteiros. Se foram necessários 6 carteiros para distribuir, em um dia, essas correspondências, o número de residências desse bairro que as receberam é:

a) 300.
b) 340.
c) 400.
d) 420.

33. (Unioeste) A função $f(x) = 200x + 500$ representa o salário de um vendedor de carros em função da quantidade de carros vendidos no mês. Se este vendedor vendeu 15 carros em fevereiro, então é correto afirmar que seu salário foi:

a) R$ 715,00.
b) R$ 3.000,00.
c) R$ 3.500,00.
d) R$ 7.700,00.
e) R$ 10.500,00.

CURIOSO É...

O conceito de função é um dos mais importantes não só na Matemática como também em muitas situações do cotidiano.

Vejamos algumas delas a seguir.

↑ O valor que deve ser pago pela energia elétrica em sua casa varia em função do consumo.

↑ O custo de uma chamada telefônica interurbana geralmente varia em função do tempo que demora a ligação.

↑ A dose de um remédio é determinada em função do peso da criança medicada.

↑ O tempo gasto para ir ao supermercado varia em função da velocidade com que a pessoa se desloca.

↑ O juro pago em um empréstimo é calculado em função da quantia emprestada.

↑ O valor que se pagará pelo feijão varia em função da quantidade comprada.

No último jornal que leu, você encontrou exemplos de funções?

CAPÍTULO 13

Função do 1º grau

Função do 1º grau em ℝ

É toda função que pode ser escrita na forma $y = ax + b$ sendo a e b números reais e $a \neq 0$.

Exemplos:

Ⓐ $y = 3x + 1$
Ⓑ $y = 4 - 2x$
Ⓒ $y = 5x$
Ⓓ $y = -x + 6$

OS GRÁFICOS DAS FUNÇÕES DO 1º GRAU SÃO RETAS.

Gráfico da função do 1º grau

Vamos construir o gráfico da função: $y = x + 1$.

Atribuímos valores quaisquer a x e obtemos, pela substituição, os valores correspondentes de y.

Veja:

Para $x = 2 \Rightarrow y = 2 + 1 \Rightarrow y = 3$

Para $x = 1 \Rightarrow y = 1 + 1 \Rightarrow y = 2$

Para $x = 0 \Rightarrow y = 0 + 1 \Rightarrow y = 1$

Para $x = -1 \Rightarrow y = -1 + 1 \Rightarrow y = 0$

Para $x = -2 \Rightarrow y = -2 + 1 \Rightarrow y = -1$

Em seguida, localizamos no plano cartesiano os pontos que representam cada par ordenado. Observe que os pontos estão alinhados. Quanto mais pares ordenados da função representarmos, mais pontos alinhados obteremos.

Tabela

x	y	Pares ordenados
2	3	⇒ (2; 3)
1	2	⇒ (1; 2)
0	1	⇒ (0; 1)
−1	0	⇒ (−1; 0)
−2	−1	⇒ (−2; −1)

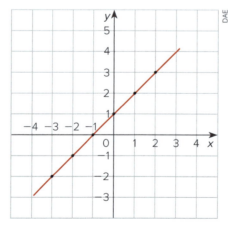

Como o gráfico de uma função do 1º grau é sempre uma **reta**, basta localizar **dois de seus pontos** para traçá-lo.

Todos os pontos que representam os pares ordenados dessa função formam seu gráfico, que é uma reta.

136

Exemplos:

A. Traçar o gráfico da função $y = 2x - 1$.

Solução:

- Para $x = 1 \Rightarrow y = 2 \cdot 1 - 1 \Rightarrow y = 1$
- Para $x = 2 \Rightarrow y = 2 \cdot 2 - 1 \Rightarrow y = 3$

Tabela

x	y	Pares ordenados
1	1	$\Rightarrow$ (1; 1)
2	3	$\Rightarrow$ (2; 3)
⋮	⋮	

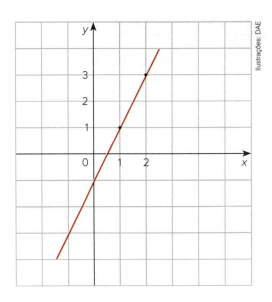

B. Traçar o gráfico da função $y = -2x + 3$.

Solução:

- Para $x = 0 \Rightarrow y = -2 \cdot 0 + 3 \Rightarrow y = 3$
- Para $x = 1 \Rightarrow y = -2 \cdot 1 + 3 \Rightarrow y = 1$

Tabela

x	y	Pares ordenados
0	3	$\Rightarrow$ (0; 3)
1	1	$\Rightarrow$ (1; 1)
⋮	⋮	

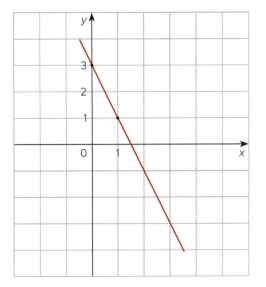

C. Traçar o gráfico da função $y = 3x$.

Solução:

- Para $x = 0 \Rightarrow y = 3 \cdot 0 \Rightarrow y = 0$
- Para $x = 1 \Rightarrow y = 3 \cdot 1 \Rightarrow y = 3$

Tabela

x	y	Pares ordenados
0	0	$\Rightarrow$ (0; 0)
1	3	$\Rightarrow$ (1; 3)
⋮	⋮	

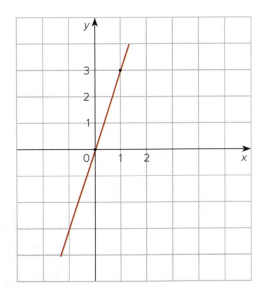

Se em $y = ax + b$ temos $b = 0$, a função assume a forma $y = ax$. Nesse caso, recebe o nome de **função linear** e passa pela origem do sistema cartesiano.

EXERCÍCIOS
DE FIXAÇÃO

1. Complete a tabela a seguir.

x	−2	0	1	3	4
Dobro de x					

y É IGUAL A 2x.

   a) Construa o gráfico da função "dobro de x".
   b) Verifique se os pontos A (−7; −13) e B (−10; −5) pertencem ao gráfico.

2. Considere a função definida pelo gráfico:

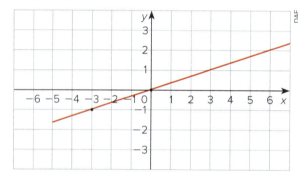

   a) Indique as coordenadas de quatro pontos do gráfico da função.
   b) Qual expressão relaciona y com x?

3. Construa o gráfico de cada uma das seguintes funções.
   a) $y = x$
   b) $y = 1 - 2x$
   c) $y = -x + 1$
   d) $y = 3x + 1$

4. Uma função está definida pela expressão $y = 0,5x + 1$.
   a) Complete esta tabela.

x	0	0,5	1	2	3
y					

   b) Quais dos seguintes pontos pertencem ao gráfico dessa função?
   - A (10; 11)
   - B (100; 51)
   - C (11; 20)

   c) Determine x de modo que $y = 15$.
   d) Determine x de modo que $y = -4$.

5. Em um mesmo sistema de eixos cartesianos, faça o gráfico das funções representadas na lousa. O que você observou?

   a) $y = 2x$
   b) $y = 2x + 1$
   c) $y = 2x - 1$
   d) $y = 2x + 3$

Aplicações das funções do 1º grau

Muitas situações cotidianas e do mundo do trabalho podem ser representadas e analisadas por meio de funções do 1º grau. Veremos dois exemplos.

1. Um reservatório contém 120 L de água. Um vazamento faz com que a água escoe numa vazão constante de 400 mL por minuto.

   A partir dessas informações, podemos descrever a situação por meio de uma função do 1º grau. Sejam:

   t – tempo decorrido em minutos e

   y – número de litros restantes no reservatório; então:

   y = 120 − 0,4t (400 mL = 0,4 L) → neste caso, a = −0,4 e b = 120.

   Usando a lei de formação podemos determinar, por exemplo:

   - quantos litros restarão no reservatório após 1 hora de vazamento:

     $$t = 60 \text{ min} \Rightarrow y = 120 - 0,4 \cdot 60 \Rightarrow y = 96 \text{ L};$$

   - em quanto tempo o reservatório ficará vazio:

     $$y = 0 \Rightarrow 0 = 120 - 0,4t \Rightarrow t - 120 = -0,4t \Rightarrow t = 300 \text{ minutos, ou seja, 5 horas};$$

   - um gráfico que ilustre a situação:

     Como a função é do 1º grau, seu gráfico é uma reta. Então, basta determinarmos dois pontos.

     Os itens anteriores nos fornecem os pares ordenados (60; 96) e (300; 0). Assim, basta localizá-los no sistema cartesiano e traçar a reta.

     Observe que o gráfico corta o eixo y no ponto (0; 120) e o eixo x no ponto (300; 0).

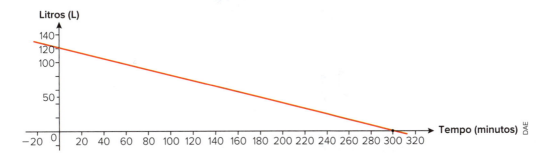

2. Renato trabalha em uma loja de calçados. Recebe R$ 1.500,00 fixos e mais uma comissão de 8% sobre o total das vendas que faz no mês.

   Se representarmos o salário dele por y e o valor das vendas mensais por x, podemos descrever a relação entre essas grandezas por meio de uma função do 1º grau:

   $$y = 1500 + 0,08x, \text{ pois } 8\% = 0,08$$

   A partir da lei de formação da função, podem-se determinar, por exemplo:

   a) o salário quando as vendas de Renato somarem R$ 2.400,00;

   $$y = 1500 + 0,08 \cdot 2400 = 1500 + 192 = 1692$$

   O salário será de R$ 1.692,00.

   b) quanto ele precisa vender para receber R$ 1.900,00.

   $$1900 = 1500 + 0,08x \Rightarrow 400 = 0,08x \Rightarrow x = 5000$$

   As vendas devem somar R$ 5.000,00 para ele receber R$ 1.900,00.

Funções lineares e grandezas diretamente proporcionais

Sabemos que, se duas grandezas são diretamente proporcionais, a razão entre elas é constante. A tabela abaixo mostra a distância percorrida por um trem do momento da partida até 4 horas de viagem.

Distância (d)	0	60 km	120 km	180 km	240 km
Tempo (t)	0	1h	2h	3h	4h

A razão entre a distância percorrida e o tempo é constante:

$$\frac{d}{t} = \frac{60}{1} = \frac{120}{2} = \frac{180}{3} = \frac{240}{4} = 60$$

$$V = \frac{d}{t} \qquad 60 = \frac{d}{t}$$

ESSA RAZÃO IGUAL A 60 É A CONSTANTE DE PROPORCIONALIDADE ENTRE AS GRANDEZAS *d* E *t*, QUE SÃO DIRETAMENTE PROPORCIONAIS.

CONHECEMOS ESSA RAZÃO: É A **VELOCIDADE MÉDIA**. DESCOBRIMOS QUE A VELOCIDADE MÉDIA DO TREM É 60 KM/H.

Se $\frac{d}{t} = 60$, podemos escrever **d = 60t**.

Temos uma **função linear** do tipo **y = ax**.

Nela, ***a*** é a constante de proporcionalidade entre as grandezas *x* e *y*.

Vimos um exemplo, mas esse fato ocorre em outras situações.

> Se duas grandezas ***x*** e ***y*** são diretamente proporcionais, elas se relacionam por meio de uma função linear ***y = ax***, em que ***a*** é a constante de proporcionalidade entre elas.

Representamos os valores da tabela no plano cartesiano e, traçando uma reta que passa pelos pontos, teremos o gráfico da função linear *d = 60t*.

O gráfico da função linear é sempre uma reta que passa pelo ponto (0; 0).

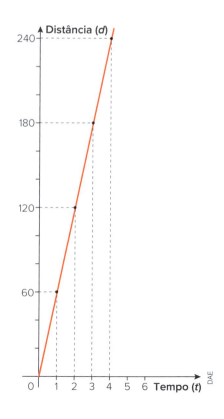

EXERCÍCIOS
DE FIXAÇÃO

6. Duas grandezas *x* e *y* se relacionam pela fórmula $y = 3x$.

   a) Essas grandezas são diretamente proporcionais?

   b) Qual é a constante de proporcionalidade entre elas?

   c) As grandezas se relacionam por meio de que tipo de função?

   d) Como será o gráfico dessa função?

7. Um parque de diversões cobra R$ 20,00 pelo ingresso e R$ 15,00 para brincar em cada uma das 10 atrações.

   a) A quantia que uma pessoa gastará no parque é função do número de atrações que escolherá? Justifique.

   b) Escreva a fórmula que relaciona a quantia (*q*) gasta no parque por uma pessoa com o número de atrações (*n*) em que vai brincar.

   c) Quanto gastará uma pessoa que for a todos os brinquedos do parque?

   d) Quem gastou R$ 140,00 foi a quantas atrações do parque?

8. Um quilograma de certo tipo de carne custa R$ 32,00 reais.

   a) O preço *y* a pagar quando se compra *x* quilogramas de carne é função de *x*?

   b) Escreva a lei de formação dessa função e calcule quanto se paga por 850 g dessa carne.

9. Observe a tabela com os valores das grandezas *x* e *y* a seguir.

x	1,5	2,5	3,5	4,5
y	3	5	7	9

   a) Escreva a lei de formação da função que relaciona *x* e *y*.

   b) Essas grandezas são diretamente proporcionais?

   c) Qual é a razão de proporcionalidade entre elas?

10. Em várias cidades brasileiras é possível alugar um patinete elétrico para fazer percursos. Certa empresa cobra, por meio de cartão de crédito, R$ 13,00 de valor mínimo para a corrida e R$ 0,50 por minuto de utilização.

   a) Escreva a lei que relaciona o preço a ser pago (*p*) e o número de minutos de utilização (*m*).

   b) Calcule o preço de um trajeto com 24 minutos de duração.

   c) Um trajeto que custa R$ 34,00 tem quantos minutos de duração?

Função constante

Considere a função $f(x) = 3$ ou $y = 3$, que também pode ser escrita na forma $y = 0 \cdot x + 3$.

Essa é uma **função constante**, pois y é sempre igual a 3 para qualquer valor de x.

Representação gráfica

Tabela	
x	y
1	3
5	3
⋮	⋮

Pares ordenados
⇒ (1; 3)
⇒ (5; 3)

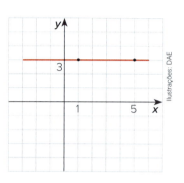

O gráfico de uma função constante ($a = 0$) é sempre uma reta paralela ao eixo x.

Zeros da função do 1º grau

Chama-se **zero** ou **raiz** da função do 1º grau o valor de x para o qual $y = 0$. Assim, para calcular o zero da função, basta resolver a equação do 1º grau: $ax + b = 0$, $(a \neq 0)$.

Exemplos:

A. O zero ou raiz da função $y = 2x - 4$ é obtido fazendo $y = 0$.

$$2x - 4 = 0$$
$$2x = 4$$
$$x = \frac{4}{2}$$
$$x = 2$$

Então, a reta $y = 2x - 4$ corta o eixo x no ponto (2; 0).

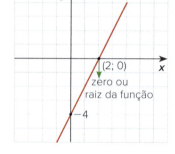

B. Para determinar o zero da função $y = -\frac{2x}{3} + 4$, fazemos $y = 0$.

$$-\frac{2x}{3} + 4 = 0$$
$$-\frac{2x}{3} = -4$$
$$-2x = -12$$
$$x = 6$$

O zero da função é $x = 6$.

O gráfico da função corta o eixo x no ponto (6; 0).

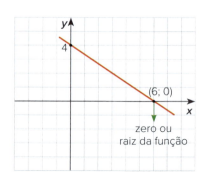

EXERCÍCIOS
COMPLEMENTARES

11. Considere a função $y = 6x - 1$.

a) Complete a tabela ao lado, associada à função.

b) Construa o gráfico da função.

x	0	1	−1	
y				11

12. Considere a função $x - y = 8$.

a) Complete a tabela ao lado, associada à função.

b) Construa o gráfico da função.

x	0	4		
y			−3	−2

13. Estabeleça a correspondência entre cada gráfico e cada função a seguir.

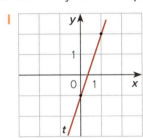 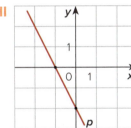 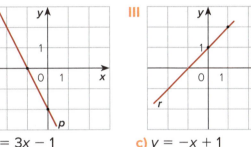 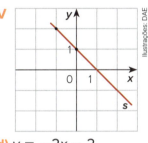

a) $y = x + 1$ b) $y = 3x - 1$ c) $y = -x + 1$ d) $y = -2x - 2$

14. Construa o gráfico de cada uma das seguintes funções.

a) $y = 1,5x$ b) $y = -0,5x$ c) $y + 3x = 0$ d) $y = \dfrac{1 + x}{2}$

15. Determine os zeros das seguintes funções do 1º grau:

a) $y = x + 6$
b) $y = -3x + 3$
c) $y = -2x + 10$
d) $y = -5x + 3$
e) $y = -3x - 6$
f) $y = 2 - \dfrac{x}{2}$

16. Durante o último trimestre de 2010, o preço do feijão da marca Zão manteve-se constante em R$ 3,00.

a) Utilizando essa informação, complete este gráfico.

b) O modelo matemático que descreve a situação é uma função constante. Qual é a expressão dessa função?

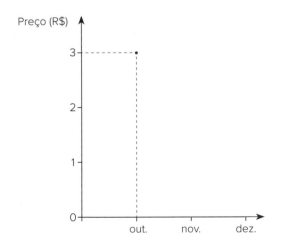

EXERCÍCIOS

SELECIONADOS

17. Construa o gráfico de cada uma das funções a seguir definidas de ℝ em ℝ:

a) $2 - y = 0$ b) $y = -\dfrac{2}{3}x$ c) $y + \dfrac{x}{2} = 0$

18. Seja a função $y = 2x - 1$.

a) Complete esta tabela.

x	−2	−1	0			
y				9	5	1

b) Represente graficamente a função.

19. (UFMG) Esboce o gráfico de $y = -3(x - 1) - 2$.

20. (Fuvest-SP) Esboce o gráfico da função $y = (x + 3)^2 - (x - 2)^2$.

21. Calcule o zero de cada uma das funções a seguir.

a) $y = \dfrac{x}{3} - 2$ b) $y = \dfrac{x}{2} - \dfrac{3}{4}$

22. (Encceja-MEC) A escola de natação "Nada ou tudo" cobra R$ 100,00 de matrícula e R$ 80,00 de mensalidade para o uso da piscina duas vezes por semana. O valor total que um usuário paga depende do número de meses que frequenta a escola. O gráfico cartesiano que representa o valor total V pago pelo usuário em função do número n de meses é:

a)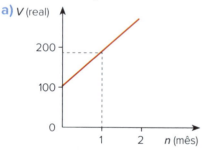

b)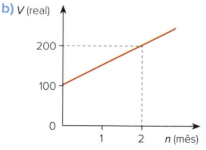

c)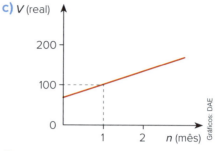

d)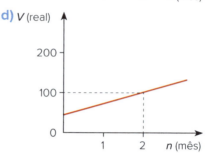

23. (Saresp) A relação entre a temperatura em graus Celsius (°C) e em Fahrenheit (°F) é dada por $\dfrac{C}{5} = \dfrac{F - 32}{9}$. Sabendo que a temperatura mínima da cidade de São Paulo durante o ano de 2002 foi de 5 °C, podemos afirmar que essa temperatura em graus Fahrenheit (F) foi de:

a) 20°.
b) 37°.
c) 41°.
d) 100°.

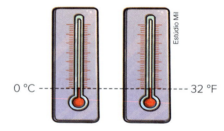

24. (Cefet-SP) Suponha que você resolva poupar certa quantidade de dinheiro, guardando-o em casa, sem a possibilidade de render juros ou sofrer correção monetária, e começar guardando no primeiro dia R$ 10,00 e a partir do segundo dia acrescentar R$ 5,00 por dia. Considere y como sendo a quantia acumulada e x o número de dias que se passaram após o início da poupança. Qual é a fórmula que melhor representa essa situação?

a) $y = 10x + 5$ c) $y = 5x + 10$

b) $y = \dfrac{x}{5} + 10$ d) $y = \dfrac{x - 5}{10}$

AQUI TEM MAIS

Vimos que as funções do 1º grau são do tipo $y = ax + b$ com $a \neq 0$ e que têm como gráfico uma reta.

Sabemos que dois pontos determinam uma reta.

Se determinarmos dois pares ordenados $(x; y)$ a partir da lei de formação da função localizando-os no plano cartesiano, poderemos traçar o gráfico.

Para economizar cálculos, podemos escolher os dois pontos que cortam os eixos x e y.

Pontos sobre o eixo y tem $x = 0$

Pontos sobre o eixo x tem $y = 0$

OBSERVE QUE NAS FUNÇÕES $y = ax + b$, QUANDO $x = 0$, TEMOS $y = a \cdot 0 + b$ $y = b$.

Vamos ver exemplos.

A. Traçar o gráfico da função $y = 3x - 2$.

Fazendo $x = 0$, temos $y = 3 \cdot 0 - 2 \Rightarrow y = -2$.

Par ordenado $(0; -2)$

Fazendo $y = 0$, temos $0 = 3x - 2 \Rightarrow x = \dfrac{2}{3}$.

Par ordenado $\left(\dfrac{2}{3}; 0\right)$

QUANDO FAZEMOS $y = 0$, DETERMINAMOS O ZERO DA FUNÇÃO. O ZERO DESTA FUNÇÃO É $x = \dfrac{2}{3}$.

Para traçar o gráfico, marcamos os dois pares ordenados e os ligamos por meio de uma reta.

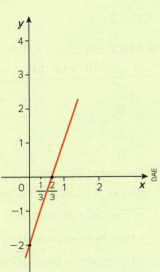

PANORAMA

FAÇA AS ATIVIDADES A SEGUIR E REVEJA O QUE VOCÊ APRENDEU.

25. Qual das funções abaixo **não** é do 1º grau?
   a) $y = x$
   b) $y = \dfrac{1}{x}$
   c) $y = -x + 1$
   d) $y = \dfrac{x}{2} - 3$

26. Se $f(x) = 4x$, qual das seguintes igualdades é **falsa**?
   a) $f(2) = 8$
   b) $f(0) = 4$
   c) $f(3) = 12$
   d) $f(5) = 20$

27. (Saresp) Das funções do 1º grau definidas abaixo, aquela cujo gráfico contém o ponto $\left(-\dfrac{1}{4}; 2\right)$ é:
   a) $y = -4x - \dfrac{1}{2}$.
   b) $y = -6x + \dfrac{1}{2}$.
   c) $y = -2x - \dfrac{1}{2}$.
   d) $y = -6x - \dfrac{1}{2}$.

28. (Saresp) O ponto $(-2; 1)$ pertence ao gráfico da função dada por $y = kx + 5$. Por isso conclui-se que a constante real k é igual a:
   a) -1.
   b) -2.
   c) 1.
   d) 2.

29. (Mack-SP) Seja a função do 1º grau $y = 4x - 3$. O valor de x tal que $y = 0{,}75$ é:
   a) $\dfrac{5}{8}$.
   b) $\dfrac{8}{5}$.
   c) $\dfrac{15}{16}$.
   d) $\dfrac{16}{15}$.

30. (Univap-SP) A equação $y = 5x$ é representada no plano cartesiano por uma reta:
   a) paralela ao eixo dos x.
   b) paralela ao eixo dos y.
   c) que passa pela origem.
   d) coincidente com o eixo dos x.

31. Considere o gráfico da função $y = -2x + 6$. As coordenadas do ponto em que esse gráfico corta o eixo das abscissas (x) são:
   a) $(3; 0)$.
   b) $(0; 3)$.
   c) $(-3; 0)$.
   d) $(0; -3)$.

32. (UFMA) A representação gráfica da função $y = -3$ é uma reta:
   a) que intercepta os dois eixos.
   b) paralela ao eixo das ordenadas.
   c) perpendicular ao eixo das abscissas.
   d) perpendicular ao eixo das ordenadas.

33. (Saresp) Em uma cidade, uma corrida de táxi custa R$ 3,00 mais R$ 1,50 por km rodado.

Com R$ 15,00, posso pagar por uma corrida de no máximo:
   a) 5 km.
   b) 8 km.
   c) 10 km.
   d) 12 km.

34. (UMC-SP) A equação da reta r da figura é:

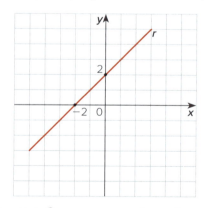

   a) $y = x + 2$.
   b) $y = x - 2$.
   c) $y = 2 - x$.
   d) $y = 2x + 2$.

(Ceeteps-SP) O texto e o gráfico a seguir referem-se às questões 35 e 36.

Pelo acesso à internet, um provedor cobra do internauta uma mensalidade fixa de R$ 15,00 mais R$ 0,10 a cada minuto de uso. O valor a ser pago pelo internauta no final do mês depende, então, do tempo que ele gasta acessando a internet.

O gráfico a seguir expressa essa relação:

35. A relação matemática que expressa o valor a ser pago pelo internauta no final do mês (y) em função do tempo (x) é:
   a) $y = 10x + 15$.
   b) $y = 0{,}1x - 15$.
   c) $y = 0{,}1x + 15$.
   d) $y = -0{,}1x + 15$.

36. Se, durante o mês, o internauta utilizar a internet durante 10 horas e 30 minutos, ele gastará:
   a) R$ 63,00.
   b) R$ 68,00.
   c) R$ 78,00.
   d) R$ 86,00.

37. O zero da função $y - 5 = 3x + 4$ é:
   a) 3.
   b) 6.
   c) −3.
   d) −6.

38. (FMIT-MG) O gráfico abaixo pode representar qual das expressões?

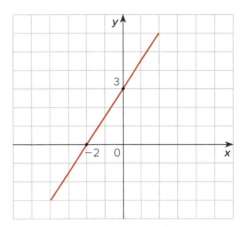

   a) $y = 2x - 3$
   b) $y = 1{,}5x + 3$
   c) $y = -2x + 3$
   d) $3y = -2x$

39. (SEE-SP) Uma empresa fabrica um único produto e toda sua produção é vendida. O gráfico abaixo representa o custo total C e a receita R em função da quantidade vendida.

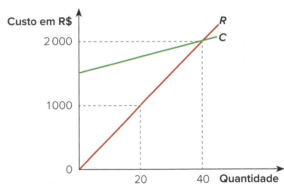

Dado que o lucro L da empresa é a diferença $R - C$, podemos garantir que:
   a) a empresa só terá lucro se fabricar mais de 20 peças do produto.
   b) a empresa só terá lucro se fabricar mais de 40 peças do produto.
   c) fabricando 40 peças, o lucro será de R$ 2.000,00.
   d) o lucro máximo ocorre fabricando 40 peças.

CAPÍTULO 14
Função do 2º grau ou função quadrática

Função do 2º grau ou função quadrática

As funções do 2º grau são do tipo:

$$y = ax^2 + bx + c, \text{ com } a, b \text{ e } c \in \mathbb{R} \text{ e } a \neq 0$$

Exemplos:

A. $y = x^2 - 5x + 6$ **B.** $y = 2x^2 + 8x + 8$ **C.** $y = 3x^2$ **D.** $y = x^2 - 9$

Gráfico da função do 2º grau

O gráfico das funções do 2º grau não é uma reta. É uma curva chamada **parábola**. A forma da parábola é utilizada em muitas construções. Veja o exemplo ao lado.

Vamos traçar o gráfico de algumas funções do 2º grau para compreendê-las melhor.

A. Função $y = x^2 - 2x - 3$

Atribuímos a x os valores $-2, -1, 0, 1, 2, 3$ e 4 e calculamos os valores de y.

↑ Ponte JK, Brasília(DF), 2016.

x	$y = x^2 - 2x - 3$	(x; y)
-2	$y = (-2)^2 - 2(-2) - 3 = 5$	(-2; 5)
-1	$y = (-1)^2 - 2(-1) - 3 = 0$	(-1; 0)
0	$y = (0)^2 - 2(0) - 3 = -3$	(0; -3)
1	$y = (1)^2 - 2(1) - 3 = -4$	(1; -4)
2	$y = (2)^2 - 2(2) - 3 = -3$	(2; -3)
3	$y = (3)^2 - 2(3) - 3 = 0$	(3; 0)
4	$y = (4)^2 - 2(4) - 3 = 5$	(4; 5)

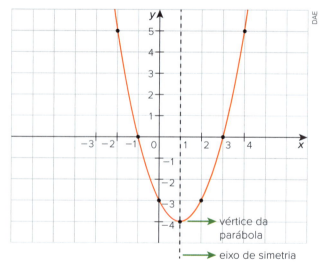

Observe alguns fatos a seguir:

- A parábola corta o eixo y no ponto (0; −3).

  c da função

- Resolvendo a equação $x^2 - 2x - 3 = 0$, encontramos $x = -1$ e $x = 3$. Estes são os **zeros** da função: a parábola corta o eixo x nos pontos (−1; 0) e (3; 0).

- A parábola é uma curva simétrica. O eixo de simetria passa pelo ponto chamado **vértice** da parábola.

B. Função $y = x^2 - 4$

Atribuímos a x os valores $-3, -2, -1, 0, 1, 2$ e 3 e calculamos os valores de y.

x	$y = x^2 - 4$	(x; y)
-3	$y = (-3)^2 - 4 = 5$	$(-3; 5)$
-2	$y = (-2)^2 - 4 = 0$	$(-2; 0)$
-1	$y = (-1)^2 - 4 = -3$	$(-1; -3)$
0	$y = (0)^2 - 4 = -4$	$(0; -4)$
1	$y = (1)^2 - 4 = -3$	$(1; -3)$
2	$y = (2)^2 - 4 = 0$	$(2; 0)$
3	$y = (3)^2 - 4 = 5$	$(3; 5)$

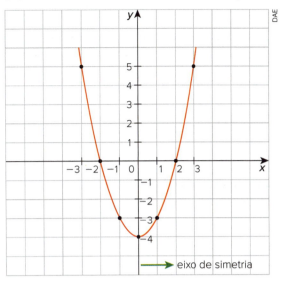

Veja os fatos abaixo.

- A parábola corta o eixo y no ponto $(0; -4)$.
  ↳ c da função

- A parábola corta o eixo x nos pontos $(-2; 0)$ e $(2; 0)$. Os números -2 e 2 são os zeros da função.

- O eixo de simetria da parábola coincide com o eixo y.

- Nos dois gráficos que traçamos, a abertura das parábolas é para cima. Dizemos que a concavidade está voltada para cima.

C. Função $y = -x^2 + 4$

Atribuímos a x os valores $-2, -1, 0, 1$ e 2 e calculamos os valores de y.

x	$y = -x^2 + 4$	(x; y)
-2	$y = -(-2)^2 + 4 = 0$	$(-2; 0)$
-1	$y = -(-1)^2 + 4 = 3$	$(-1; 3)$
0	$y = -(0)^2 + 4 = 4$	$(0; 4)$
1	$y = -(1)^2 - 4 = 3$	$(1; 3)$
2	$y = -(2)^2 + 4 = 0$	$(2; 0)$

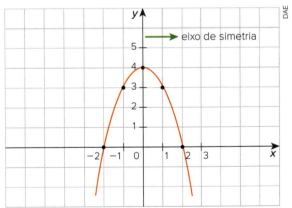

Observamos os seguintes fatos.

- A **concavidade** da parábola está voltada para baixo.

- A função admite **dois zeros**: -2 e 2 ($-x^2 + 4 = 0 \Rightarrow x = 2$ e $x = -2$).

- O **vértice** da curva é $(0; 4)$.

- Nesse caso também, o eixo y é o **eixo de simetria** da parábola.

Os exemplos nos mostram que:

Se $a > 0$ (positivo), a concavidade é voltada para cima. O y do ponto de vértice é o valor mínimo da função.

Se $a < 0$ (negativo), a concavidade é voltada para baixo. O y do ponto de vértice é o valor máximo da função.

EXERCÍCIOS
DE FIXAÇÃO

Para cada função a seguir, complete a tabela e esboce o gráfico.

1. $y = x^2 - 4x - 5$

x	−2	−1	0	1	2	3	4	5	6
y									

2. $y = -x^2 + 4x - 3$

x	−1	0	1	2	3	4	5
y							

3. $y = x^2 - 4x + 4$

x	−1	0	1	2	3	4	5
y							

4. $y = -x^2 + 6x$

x	0	1	2	3	4	5	6
y							

Informações para esboçar a parábola

Como a parábola é simétrica, se soubermos sua concavidade, determinando o ponto de vértice e os zeros da função (se existirem), fica mais fácil esboçar o gráfico. Vamos ver exemplos.

Coordenadas do vértice

Podemos determinar o vértice da parábola calculando primeiro a abscissa, dada pela fórmula:

$$x_v = \frac{-b}{2a}$$

- $-b$ → coeficiente do termo em x
- $2a$ → coeficiente do termo em x^2

O valor da ordenada do vértice da parábola é obtido atribuindo-se o valor de x_v à variável x da função dada.

Exemplo:

Vamos determinar o vértice da função $y = x^2 - 2x - 3$.

$$x_v = \frac{-b}{2a} = \frac{-(-2)}{2 \cdot 1} = \frac{2}{2} = 1$$

$$y_v = 1^2 - 2 \cdot 1 - 3 = 1 - 2 - 3 = -4$$

Então, as coordenadas do vértice são (1; −4).

Zeros da função do 2º grau

Achar os zeros (ou raízes) da função do 2º grau equivale a resolver uma equação do tipo $ax^2 + bx + c = 0$ ($a \neq 0$).

Exemplos:

Determine os zeros das funções a seguir.

A. $y = x^2 - 2x - 3$

Fazendo $y = 0$, temos: $x^2 - 2x - 3 = 0$

$\Delta = (-2)^2 - 4 \cdot 1 \cdot (-3)$

$\Delta = 4 + 12$

$\Delta = 16$

> Lembre-se de que sabemos que a parábola corta o eixo y no ponto $(0, c)$. Neste exemplo, o ponto é $(0; -3)$.

$$x = \frac{-(-2) \pm \sqrt{16}}{2 \cdot 1} = \frac{2 \pm 4}{2}$$

$x' = \frac{6}{2} = 3$

$x'' = -\frac{2}{2} = -1$

Os **zeros da função** são 3 e −1.

Esboço do gráfico:

- $a = 1$ (positivo) ⇒ a **concavidade** da parábola é voltada **para cima**;
- a parábola corta o eixo y no ponto $(0; -3)$ e o eixo x nos pontos $(3; 0)$ e $(-1; 0)$;
- o ponto de vértice é $(1; -4)$ e é ponto de mínimo.

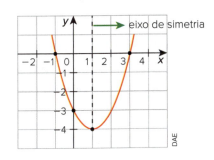

B. $y = -x^2 + 4x - 4$

- **Zeros da função:**

Fazendo $y = 0$, temos:

$-x^2 + 4x - 4 = 0$

$\Delta = 4^2 + 4 \cdot (-1) \cdot (-4)$

$\Delta = 16 - 16$

$\Delta = 0$

$x = \dfrac{-4 \pm \sqrt{0}}{2 \cdot (-1)}$

$x' = \dfrac{-4 + 0}{-2} = \dfrac{-4}{-2} = 2$

$x'' = \dfrac{-4 - 0}{-2} = \dfrac{-4}{-2} = 2$

- **Ponto de vértice**

$x_v = -\dfrac{-b}{2a} = \dfrac{-4}{-2} = 2$

$y_v = -2^2 + 4 \cdot 2 - 4$

$y_v = 0$

Vértice: (2, 0)

O zero da função é 2. A parábola toca o eixo x no ponto (2, 0).

Esboço do gráfico:

- $a = -1$ (negativo) $\Rightarrow$ a **concavidade** da parábola é voltada **para baixo**;
- a parábola corta o eixo y no ponto $(0, -4)$;
- marcamos um ponto simétrico ao ponto $(0, -4)$ em relação ao eixo de simetria para esboçar a parábola.

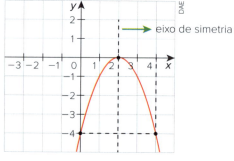

C. $y = x^2 - 2x + 5$

- **Zeros da função:**

Fazendo $y = 0$, temos:

$x^2 - 2x + 5 = 0$

$\Delta = (-2)^2 - 4 \cdot 1 \cdot 5$

$\Delta = 4 - 20$

$\Delta = -16$

$x' = \dfrac{-(-2) \pm \sqrt{-16}}{2 \cdot 1}$ ($\sqrt{-16} \notin \mathbb{R}$; não existe raiz real)

- **Vértice da parábola**

$x_v = \dfrac{-2}{-2} - 1$

$y_v = 4$

Vértice (1, 4)

Nesse caso, a função não tem zeros reais, ou seja, a parábola não corta o eixo x.

Esboço do gráfico:

- $a = 1$;
- a parábola corta o eixo y no ponto (0, 5);
- marcamos um ponto simétrico ao ponto (0, 5) em relação ao eixo de simetria.

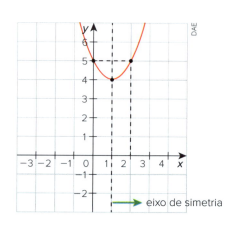

AQUI TEM MAIS

Como você viu no início do capítulo, a parábola é uma forma encontrada na arquitetura e na natureza. Observe mais exemplos abaixo.

↑ Terrassa, Catalunha, Espanha.

↑ Fonte Mágica, Praça de Espanha, Barcelona.

↑ Igreja de São Francisco de Assis, Belo Horizonte (MG). Projetada por Oscar Niemeyer.

A parábola também é utilizada em outras situações. Veja a seguir.

A lâmpada do farol de um carro se localiza num ponto que, como vemos na figura, corresponde ao foco de uma parábola. Os raios de luz emitidos pela lâmpada incidem em um espelho parabólico que os reflete de forma paralela ao eixo de simetria das parábolas, o que permite boa iluminação.

Essa é uma propriedade das parábolas: todo raio que incide paralelamente ao eixo de simetria de uma parábola reflete passando pelo foco dela e vice-versa. Veja a figura ao lado.

Nas antenas parabólicas, o coletor de sinais enviados por satélite também é posicionado no foco. Nesse caso, o espelho parabólico reflete ondas eletromagnéticas. Um conversor possibilita a recepção das imagens por uma TV, por exemplo:

O foco de uma parábola é o ponto sobre o eixo de simetria da parábola.

Especula-se que Arquimedes (grande matemático grego nascido em Siracusa, território em que hoje está a Sicília, na Itália) conseguiu incendiar as velas dos navios dos romanos durante o cerco de Siracusa (214-212 a.C.) usando um espelho parabólico e o calor dos raios solares.

Fontes: Mirtes Tamy Gomes Machado. *Parábolas – as curvas preciosas*. Disponível em: <www.gestaoescolar.diaadia.pr.gov.br/arquivos/File/producoes_pde/artigo_mirtes_tamy_gomes_machado.pdf>. Noemi Zeraick Monteiro e Vanessa Camargo dos Santos. *Arquimedes de Siracusa*. Disponível em: <http://clubes.obmep.org.br/blog/b_arquimedes/>. Acessos em: out. 2019.

Aplicações das funções do 2º grau

Vamos resolver problemas contextualizados que envolvem funções do 2º grau.

A. Um tiro de meta batido pelo goleiro fez com que a bola percorresse uma trajetória parabólica. A equipe técnica que assessora o time calculou as medidas e descobriu que a altura h da bola em metros, a cada instante t, dado em segundos, pode ser obtida pela função $h = -2t^2 + 8t$.

Observe que temos $a = -2$, ou seja, a concavidade da parábola está voltada para baixo, como mostra a ilustração.

Determinada essa função, podemos obter várias informações mesmo sem estar observando o chute. Acompanhe a seguir.

- A posição no instante $t = 0$ é $h = 0$. A bola foi chutada do chão.
- Como a concavidade é voltada para baixo, o vértice é ponto de máximo da função. Vamos calcular as coordenadas do vértice.

$$x_v = -\frac{b}{2a} = \frac{-8}{-4} = 2$$

$$y_v = -2 \cdot 2^2 + 8 \cdot 2 = 8$$

Isso quer dizer que, aos 2 s, a bola atinge a altura máxima de 8 m.

- Vamos encontrar os zeros da função, fazendo $h = 0$.

$-2t^2 + 8t = 0 \Rightarrow -2t(t - 4) = 0$
- $-2t = 0 \longrightarrow t = 0$
- $t - 4 = 0 \longrightarrow t = 4$

Descobrimos que $h = 0$ para $t = 0$ (bola chutada do chão) e que $h = 0$ para $t = 4$ s (bola retorna ao solo). A bola levou 4 s para subir até a altura máxima e então retornar ao solo.

B. O lucro (L) de uma fábrica de componentes eletrônicos é dado pela diferença entre o que arrecada com suas vendas (V) e o custo de produção (C), ou seja, $L = V - C$. Essa fábrica produziu x unidades com o custo de produção $C = x^2 - 1000x$. As vendas são representadas por $V = 9000x - x^2$.

Com base nessas informações, é possível descobrir quantas peças devem ser produzidas para que a empresa tenha lucro máximo.

$L = V - C \Rightarrow L = 9000x - x^2 - (x^2 - 1000x)$

$L = 9000x - x^2 - x^2 + 1000x$

$L = -2x^2 + 10000x$

O gráfico dessa função é uma parábola com concavidade voltada para baixo. O vértice é ponto de máximo. A abscissa do ponto de vértice é o número de unidades que gerarão lucro máximo.

$$x_v = -\frac{b}{2a} = \frac{-10000}{-4} = 2500$$

O lucro máximo será obtido quando a produção atingir 2 500 unidades.

EXERCÍCIOS

COMPLEMENTARES

5. Indique se os pontos a seguir pertencem ou não à parábola $y = x^2 - 2x - 3$.

a) $(0, -3)$ b) $(1, -4)$ c) $(1, -3)$ d) $(2, -3)$ e) $(3, 0)$ f) $(4, -3)$

6. Faça um esboço do gráfico das funções a seguir.

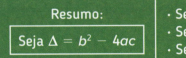

Resumo:
Seja $\Delta = b^2 - 4ac$
- Se $\Delta > 0$, o gráfico intercepta o eixo x em 2 pontos.
- Se $\Delta = 0$, o gráfico tangencia o eixo x.
- Se $\Delta < 0$, o gráfico não intercepta o eixo x.

a) $y = x^2 - 6x + 8$

b) $y = -x^2 - 2x$

c) $y = -9x^2 - 6x - 1$

d) $y = -3x^2 + 2x - 5$

7. Determine o vértice da parábola que representa a função definida por:

a) $y = x^2 - 2x - 3$

b) $y = -x^2 + 8x - 15$

c) $y = x^2 - 6x + 9$

d) $y = x^2 - 5x + 6$

8. (UnB-DF) Esboce o gráfico da função $y = 4x^2 - 5x(1 + x)$.

9. (UMC-SP) Dada a função $y = x^2 - 6x + 5$, pedem-se:

a) os pontos em que seu gráfico corta o eixo x;

b) os pontos em que seu gráfico corta o eixo y;

c) as coordenadas do vértice de seu gráfico;

d) o gráfico da função.

10. (Faap-SP) Que tipo de curva representa a função $y = tx^2 + x + 1$ se:

a) $t = 0$;   b) $t \neq 0$.

11. (PUC-SP) O gráfico da função quadrática $y = x^2 + ax + 3$ passa pelo ponto $(1, 2)$. Determine a.

12. (UF-Ouro Preto) Em relação ao gráfico da função $f(x) = -x^2 + 4x - 3$, pode-se afirmar:

a) é uma parábola de concavidade voltada para cima;

b) seu vértice é o ponto $V(2, 1)$;

c) intercepta o eixo das abscissas em $P(-3, 0)$ e $Q(3, 0)$;

d) o seu eixo de simetria é o eixo das ordenadas;

e) intercepta o eixo das ordenadas em $R(0, 3)$.

13. (UFPB) O gráfico da função $y = f(x) = -\dfrac{x^2}{200} + \dfrac{x}{5}$, representado na figura a seguir, descreve a trajetória de um projétil, lançado a partir da origem. Sabendo-se que x e y são dados em quilômetros, a altura máxima H e o alcance A do projétil são, respectivamente,

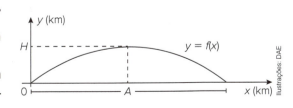

a) 2 km e 40 km.   b) 40 km e 2 km.   c) 2 km e 10 km.   d) 10 km e 2 km.   e) 2 km e 20 km.

EXERCÍCIOS

SELECIONADOS

14. (CPII-RJ) Na figura temos uma sequência de operações que devem ser efetuadas com um número real de "entrada".

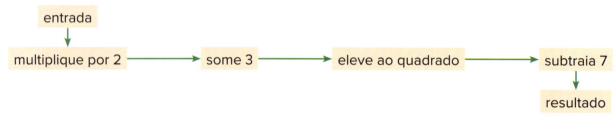

a) Se o valor de entrada é 5, qual é o resultado?

b) Chame de x o valor de entrada e obtenha uma expressão simplificada para o valor do resultado.

c) Utilizando a expressão obtida no item **b**, determine o(s) valor(es) de entrada quando o resultado é 18.

15. (CAP-UFRJ) Lucas joga uma pedra para cima. A altura dessa pedra até o chão pode ser calculada, em cada instante, pela fórmula:

$$h = 1{,}5 + 20t - 5t^2$$

em que h é a altura (em metros) e t é o tempo (em segundos) decorrido desde o lançamento.

a) Calcule a altura da pedra no instante $t = 2$.

b) Calcule os instantes em que a pedra se encontra a 16,5 m de altura do chão.

16. Estabeleça a correspondência entre cada função e cada esboço de gráfico.

a) $y = -x^2$

b) $y = x^2 - 1$

c) $y = -x^2 + 2x$

d) $y = x^2 - x - 6$

e) $y = -x^2 + 2x - 8$

f) $y = x^2 - 6x + 5$

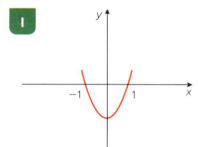
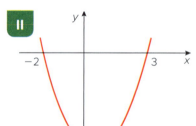
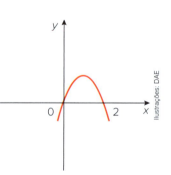
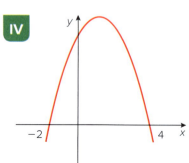
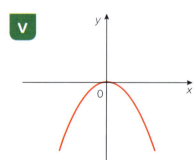
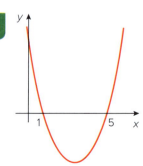

PANORAMA

FAÇA AS ATIVIDADES A SEGUIR E REVEJA O QUE VOCÊ APRENDEU.

17. (PUC-SP) A função quadrática
$y = (m^2 - 4)x^2 - (m + 2)x - 1$ está definida quando:

a) $m = 4$.   c) $m = \pm 2$.
b) $m \neq 4$.   d) $m \neq \pm 2$.

18. (UCSal-BA) Um futebolista chutou uma bola que se encontrava parada no chão e ela descreveu uma trajetória parabólica, indo tocar o solo 40 m adiante, como mostra a figura. Se, a 10 m do ponto de partida, a bola atingiu a altura de 7,5 m, então a altura máxima, em metros, atingida por ela, foi de:

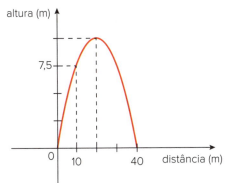

a) 12.   b) 10.   c) 9,2.   d) 8,5.   e) 8.

19. (UEL) A função real f, de variável real, dada por $f(x) = -x^2 + 12x + 20$, tem um valor:

a) mínimo igual a -16, para $x = 6$.
b) mínimo igual a 16, para $x = -12$.
c) máximo igual a 56, para $x = 6$.
d) máximo igual a 72, para $x = 12$.
e) máximo igual a 240, para $x = 20$.

20. (UFPA) As coordenadas do vértice da função $y = x^2 - 2x + 1$ são:

a) (1, 0).   c) (−1, 1).
b) (0, 1).   d) (−1, 4).

21. (UnB-DF) O vértice da parábola $y = 4 - x^2$ é o ponto cujas coordenadas são:

a) (2, 0).   c) (0, 4).
b) (2, −2).   d) (0, −4).

22. (UFC-CE) Qual é a parábola abaixo que poderia representar uma função quadrática com discriminante negativo?

a)   c)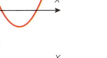

b)   d)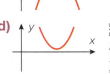

23. (PUC-SP) O esboço do gráfico da função quadrática $y = 2x^2 - 8x + 6$ é:

a) 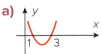   c)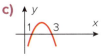

b) 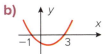   d)

24. (PUC-SP) O gráfico da função quadrática $y = x^2 - 12x = 35$ é:

a)   c)

b) 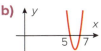   d)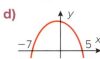

25. (Esan-SP) Considerando o gráfico da função $y = x^2 - x - 6$, vale afirmar que:

a) não corta o eixo x.
b) corta o eixo y no ponto (0, 6).
c) tem concavidade voltada para baixo.
d) corta o eixo x nos pontos (−2, 0) e (3, 0).

26. (Saresp) Quais são as coordenadas do ponto A assinalado na figura, referente ao gráfico da função $y = -2x^2 - 6x + 8$?

a) (−2, 8)   c) (−3, 8)
b) (−1, 6)   d) (−3, 6)

27. (UFRGS-RS) Uma bola colocada no chão é chutada para o alto, percorrendo uma trajetória descrita por $y = -2x^2 + 12x$, em que y é a altura dada em metros. A altura máxima atingida pela bola é de:

a) 6 m.   b) 12 m.   c) 18 m.   d) 36 m.

Teorema de Tales

Razão entre segmentos

Sejam os segmentos AB e CD:

```
        2 cm
    A ───────── B
         5 cm
    C ───────────────── D
```

- A razão entre $\overline{AB}$ e $\overline{CD}$ será: $\dfrac{AB}{CD} = \dfrac{2 \text{ cm}}{5 \text{ cm}}$, ou seja: $\dfrac{AB}{CD} = \dfrac{2}{5}$.

- A razão entre $\overline{CD}$ e $\overline{AB}$ será: $\dfrac{CD}{AB} = \dfrac{5 \text{ cm}}{2 \text{ cm}}$, ou seja: $\dfrac{CD}{AB} = \dfrac{5}{2}$.

A **razão** entre dois segmentos é o **quociente** entre suas medidas tomadas na mesma unidade.

Segmentos proporcionais

Sejam os segmentos das figuras:

```
      2 cm                    4 cm
   A ─────── B            E ─────────── F
      3 cm                    6 cm
   C ────────── D         G ──────────────── H
```

Temos:

- $AB = 2$ cm
- $CD = 3$ cm   razão: $\dfrac{AB}{CD} = \dfrac{2}{3}$
- $EF = 4$ cm
- $GH = 6$ cm   razão: $\dfrac{EF}{GH} = \dfrac{4}{6}$

Mas $\dfrac{2}{3} = \dfrac{4}{6}$; então $\dfrac{AB}{CD} = \dfrac{EF}{GH}$ é uma proporção.

Lembrando:

Numa proporção, o produto dos extremos é igual ao produto dos meios.

Assim:

- $\dfrac{2}{3}$ e $\dfrac{4}{6}$ formam uma proporção, pois $\underbrace{2 \cdot 6}_{12} = \underbrace{3 \cdot 4}_{12}$.

Conta-se que Tales de Mileto, nascido por volta de 640 a.C., determinou a altura da pirâmide de Quéops, no Egito, usando proporcionalidade entre segmentos. Você verá como no Capítulo 16.

EXERCÍCIOS

DE FIXAÇÃO

1. Calcule x. Observe o exemplo:

> produto dos extremos = produto dos meios
> $$\frac{x}{x+2} = \frac{6}{10} \Rightarrow 10 \cdot x = 6 \cdot (x+2)$$
> $$10x = 6x + 12$$
> $$4x = 12$$
> $$x = 3$$

Essa propriedade é conhecida como multiplicação "em cruz".

a) $\dfrac{28}{3x} = \dfrac{7}{6}$

b) $\dfrac{9}{2x} = \dfrac{12}{4}$

c) $\dfrac{x}{6} = \dfrac{x+3}{15}$

d) $\dfrac{x-2}{x} = \dfrac{12}{20}$

e) $\dfrac{2}{1} = \dfrac{15-x}{x}$

f) $\dfrac{6}{10} = \dfrac{x}{x+2}$

2. A razão entre a altura de Maria e a de Fabiana é $\dfrac{5}{4}$. A altura de Maria é 170 centímetros. Qual é a altura de Fabiana?

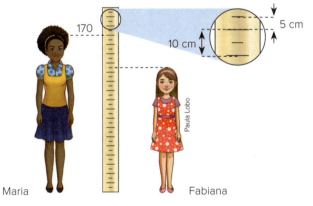

3. Divida um segmento de 45 cm em partes proporcionais a 2, 3 e 4.

Solução:

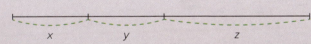

Sejam x, y e z as partes desconhecidas. Então, podemos escrever:

$$\frac{x}{2} = \frac{y}{3} = \frac{z}{4} = k \Rightarrow x = 2k, y = 3k \text{ e } z = 4k$$

Como $x + y + z = 45$, temos:

$$2k + 3k + 4k = 45$$
$$9k = 45$$
$$k = 5$$

Assim:

A. $x = 2k$
   $x = 2 \cdot 5$
   $x = 10$

B. $y = 3k$
   $y = 3 \cdot 5$
   $y = 15$

C. $z = 4k$
   $z = 4 \cdot 5$
   $z = 20$

Resposta: 10 cm, 15 cm e 20 cm.

4. Divida um segmento de 66 centímetros em partes proporcionais a 2, 4 e 5.

Teorema de Tales

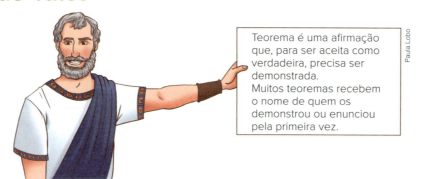

Teorema é uma afirmação que, para ser aceita como verdadeira, precisa ser demonstrada.
Muitos teoremas recebem o nome de quem os demonstrou ou enunciou pela primeira vez.

Quando um feixe de retas paralelas é cortado por duas retas transversais, os segmentos determinados numa das retas transversais são proporcionais aos segmentos determinados na outra.

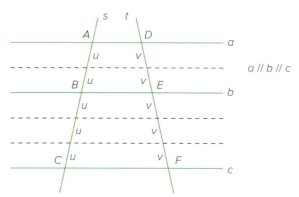

Veja a prova dessa afirmação:

1 Medindo os segmentos $\overline{AB}$ e $\overline{BC}$ na unidade u, temos:

$AB = 2u$
$BC = 3u$ Então: $\dfrac{AB}{BC} = \dfrac{2}{3}$ **1**

2 Pelos pontos de divisão dos segmentos $\overline{AB}$ e $\overline{BC}$, traçamos paralelas às retas do feixe. Essas paralelas dividem $\overline{DE}$ e $\overline{EF}$ em segmentos congruentes.

$DE = 2v$
$EF = 3v$ Então: $\dfrac{DE}{EF} = \dfrac{2}{3}$ **2**

Comparando **1** e **2**, temos: $\boxed{\dfrac{AB}{BC} = \dfrac{DE}{EF}}$

Veja a seguir um exemplo no qual utilizamos o **teorema de Tales**.

Exemplo:

Calcule x, sabendo que $a \,//\, b \,//\, c$.

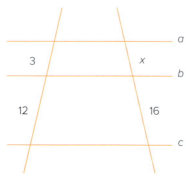

Solução:
Pelo teorema de Tales:
$\dfrac{3}{12} = \dfrac{x}{16} \Rightarrow 12 \cdot x = 3 \cdot 16$
$12x = 48$
$x = \dfrac{48}{12}$
$x = 4$

Podemos montar as proporções de outras maneiras.
Veja exemplos:

$\dfrac{3}{x} = \dfrac{12}{16}$

$\dfrac{16}{12} = \dfrac{x}{3}$

$\dfrac{16}{x} = \dfrac{12}{3}$

EXERCÍCIOS
DE FIXAÇÃO

5. Calcule x sabendo que a // b // c.

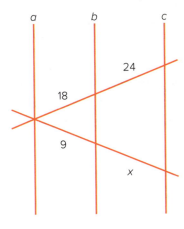

Solução:

Escrevemos a razão entre dois segmentos de uma transversal, por exemplo: $\dfrac{9}{x}$.

Depois, olhamos para a outra transversal e escrevemos a razão entre os segmentos que correspondem a esses dois anteriormente considerados, escrevendo-os na mesma ordem: $\dfrac{18}{24}$.

A proporção fica assim: $\dfrac{9}{x} = \dfrac{18}{24}$.

Pelo teorema de Tales:

$$\dfrac{9}{x} = \dfrac{18}{24} \Rightarrow 18 \cdot x = 9 \cdot 24$$
$$18x = 216$$
$$x = \dfrac{216}{18}$$
$$x = 12$$

6. Calcule x sabendo que a // b // c.

a)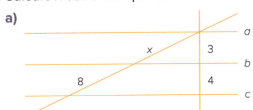

c)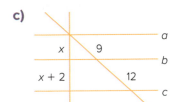

b)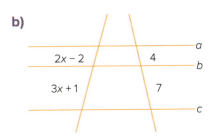

d)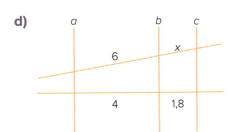

7. A planta ao lado mostra as medidas de três lotes com frente para a Rua A e para a Rua B. As divisas laterais são perpendiculares à Rua A. Quais são as medidas de x e y indicadas na figura?

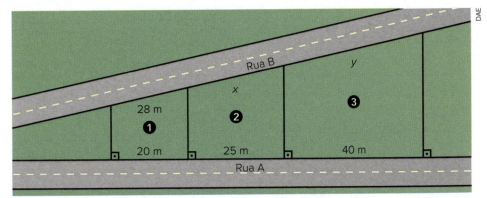

8. Calcule x sabendo que a // b // c.

a)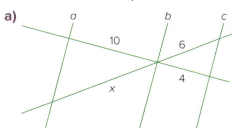

b)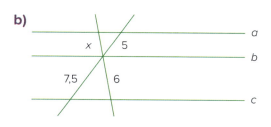

9. (Cefet-RN) Ao executar a fiação de um prédio, um eletricista verificou que os dois fios que puxara – representados pelas retas r e s na figura abaixo – passavam transversalmente pelo conjunto de fios paralelos que pertencem à linha de transmissão – representados pelas retas a, b, c e d.

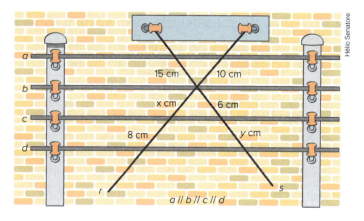

Podemos afirmar que os comprimentos x e y na figura são respectivamente:

a) 4 cm e 10 cm.　　b) 4 cm e 12 cm.　　c) 6 cm e 12 cm.　　d) 6 cm e 10 cm.

10. Calcule x sabendo que a // b // c.

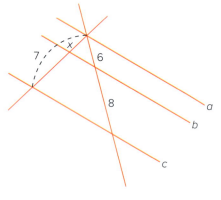

Solução:
Pelo teorema de Tales:

$$\frac{x}{7-x} = \frac{6}{8} \Rightarrow 8 \cdot x = 6 \cdot (7-x)$$

$$8x = 42 - 6x$$
$$8x + 6x = 42$$
$$14x = 42$$
$$x = \frac{42}{14}$$
$$x = 3$$

11. Calcule x sabendo que a // b // c.

a)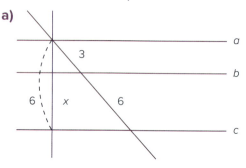

b)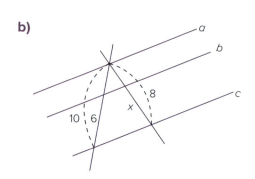

Teorema de Tales nos triângulos

Toda reta paralela a um dos lados de um triângulo determina, sobre os outros dois lados, segmentos proporcionais.

Veja:

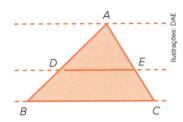

Podemos concluir que:

$$\frac{AD}{DB} = \frac{AE}{EC}$$

EXERCÍCIOS DE FIXAÇÃO

12. Calcule x sabendo que $\overline{BC} \parallel \overline{EF}$.

a)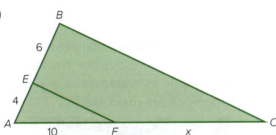

b)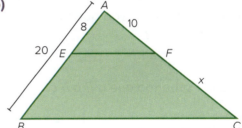

13. Calcule x sabendo que $\overline{BC} \parallel \overline{GH}$.

a)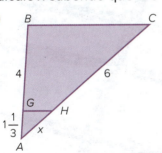

b)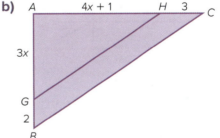

14. (UTFPR) O jardineiro do sr. Artur fez um canteiro triangular composto por folhagens e flores onde as divisões são todas paralelas à base *AB* do triângulo *ABC*, conforme figura.

Sendo assim, as medidas *x* e *y* dos canteiros de flores são, respectivamente:

a) 30 cm e 50 cm.
b) 28 cm e 56 cm.
c) 50 cm e 30 cm.
d) 56 cm e 28 cm.

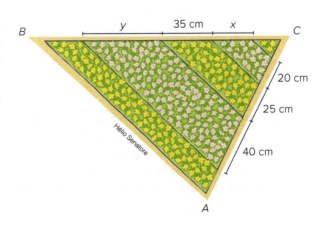

EXERCÍCIOS
COMPLEMENTARES

15. (Saresp) No desenho abaixo estão representados os terrenos I, II e III.

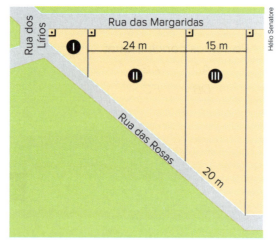

Quantos metros de comprimento deverá ter o muro que o proprietário do terreno II construirá para fechar o lado que faz frente com a Rua das Rosas?

a) 20 m   b) 24 m   c) 32 m   d) 35 m

16. Calcule x sabendo que a // b // c.

a)
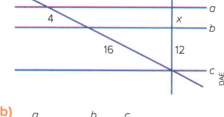

b)
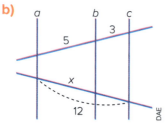

17. Na figura a seguir, o valor de x é:

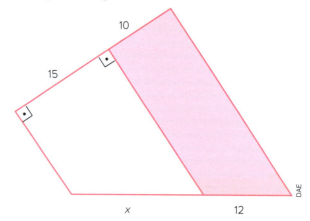

a) 14.
b) 16.
c) 18.
d) 20.

18. O mapa abaixo mostra quatro estradas paralelas que são cortadas por três vias transversais. Calcule as distâncias x, y e z supondo as medidas em quilômetros.

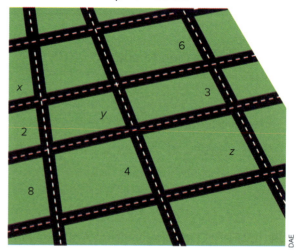

! CURIOSO É...

Tales de Mileto, filósofo e matemático grego, viveu no século VI antes de Cristo e e já era considerado um sábio por seus contemporâneos.

Tales foi o primeiro matemático de que se tem notícia. Entre os assuntos que estudamos em Geometria, encontramos alguns que foram provados por Tales, como o fato de que a soma dos ângulos internos de qualquer triângulo é sempre 180° e que dois ângulos opostos pelo vértice são congruentes.

EXERCÍCIOS

COMPLEMENTARES

19. Calcule *x* e *y* sabendo que *a* // *b* // *c* // *d*.

a)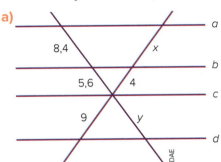

b)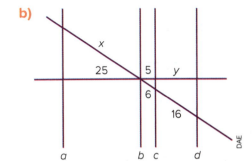

20. (CPII-RJ) As ruas Amor, Bondade e Caridade são paralelas e as avenidas Paz e Felicidade são transversais a essas ruas. Arthur mora na esquina da Rua Amor com a Avenida Paz indicada pelo ponto *A*.

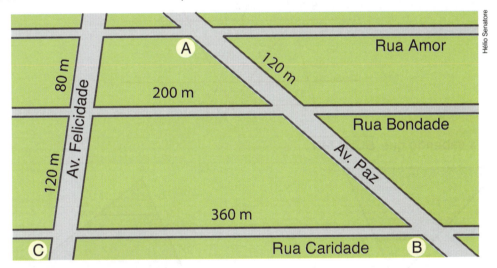

a) Para ir à videolocadora situada na esquina da Rua Caridade com a Avenida Paz, indicada pelo ponto *B*, quantos metros, no mínimo, Arthur percorre?

b) Arthur faz uma caminhada de 200 metros em 3 minutos. Para ir à sua escola, situada na esquina da Rua Caridade com a Avenida Felicidade, indicada pelo ponto *C*, ele anda pela Avenida Paz e vira na Rua Caridade. Quanto tempo Arthur demora para chegar à escola?

21. (PUC-MG) Nesta figura, os segmentos de retas *AO*, *BP*, *CQ* e *DR* são paralelos. A medida do segmento *PQ*, em metros, é:

a) 24.
b) 35.
c) 40.
d) 50.

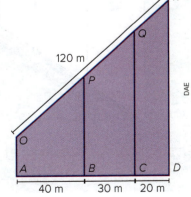

EXERCÍCIOS

SELECIONADOS

22. Calcule os elementos desconhecidos sabendo que $a \mathbin{//} b \mathbin{//} c$.

a)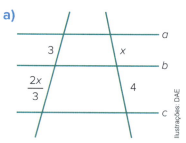

b)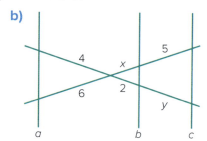

23. (Univap-SP) Calcule t, u, v, x, y e z, sabendo que $a \mathbin{//} b \mathbin{//} c \mathbin{//} d$.

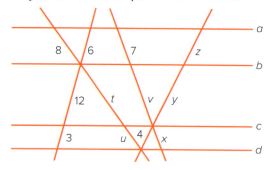

24. Calcule x sabendo que $\overline{BC} \mathbin{//} \overline{MN}$.

a)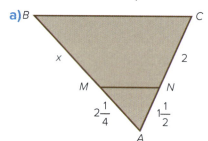

b)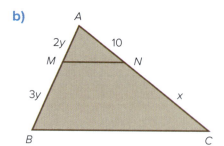

25. Esta planta representa dois terrenos. As divisas laterais são perpendiculares à rua. Calcule a medida da frente de cada terreno, sabendo que a medida das duas frentes juntas é 90 metros.

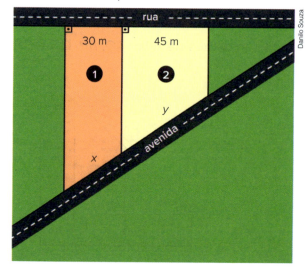

PANORAMA

FAÇA AS ATIVIDADES A SEGUIR E REVEJA O QUE VOCÊ APRENDEU.

26. (Saresp) Joana quer dividir um segmento AB em 5 partes iguais. Traçou então uma semirreta, a partir de A, fazendo um ângulo agudo com AB. Também a partir de A, marcou na semirreta 5 pontos distantes igualmente um do outro: P_1, P_2, P_3, P_4 e P_5. Ligou P_5 a B e traçou P_1C paralelo a P_5B. Concluiu então, corretamente, que:

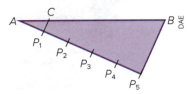

a) AC é igual a AP_1.
b) AC é a metade de AB.
c) AC é a quarta parte de AB.
d) AC é a quinta parte de AB.

27. A razão entre as alturas de dois postes é de 3 para 5. Sabendo que o menor deles mede 6 m, o maior mede:

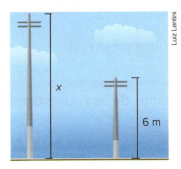

a) 8 m.   b) 9 m.   c) 10 m.   d) 12 m.

28. (Saresp) Valdemar tem um terreno na forma de um trapézio. Um riacho paralelo à estrada em que se situa divide o terreno em duas partes, como mostra a figura abaixo. Ele já cercou quase todo o limite externo do terreno e só falta o trecho x, cuja medida em metros é:

a) 15.
b) 20.
c) 36.
d) 45.

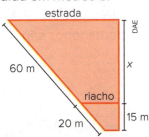

29. (Cefet-SP) Dois lotes estão representados na figura abaixo. Calcule as medidas de frente para a rua R de cada um dos terrenos, respectivamente.

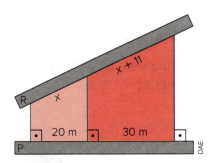

a) 15 m e 26 m
b) 21 m e 32 m
c) 22 m e 33 m
d) 23 m e 34 m

30. (Cesgranrio-RJ) As retas r_1, r_2 e r_3 são paralelas e os comprimentos dos segmentos de transversais são indicados na figura. Então x é igual a:

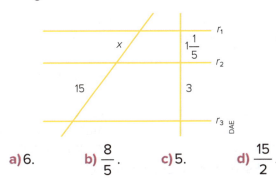

a) 6.   b) $\frac{8}{5}$.   c) 5.   d) $\frac{15}{2}$.

31. (Saresp) Três terrenos têm frentes para a Rua A e fundo para a Rua B, como na figura. As divisas laterais são perpendiculares à Rua A. Sabendo-se que a soma das medidas dos fundos desses terrenos é 180 m, qual é a medida do fundo de cada terreno?

a) 60 m, 90 m, 30 m
b) 65 m, 65 m, 50 m
c) 70 m, 50 m, 60 m
d) 80 m, 60 m, 40 m

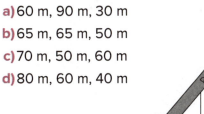

CAPÍTULO 16
Semelhança de triângulos

Ampliação e redução de figuras

Miguel tinha uma bela foto de seu neto. Então, mandou fazer uma ampliação dela.

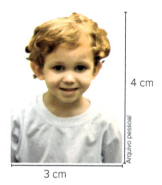

A ampliação ficou muito boa, não houve deformação: a foto era retangular e permaneceu retangular. As medidas da foto original foram dobradas.

$$\frac{3}{4} = \frac{6}{8}$$ Os lados correspondentes formam uma proporção.

Em Matemática, duas figuras são semelhantes se todos os comprimentos de uma delas são iguais aos da outra quando multiplicados por um número constante. Se as figuras têm ângulos, os ângulos correspondentes são congruentes.

Esse número constante é chamado de **razão** de semelhança.

Semelhança de polígonos

Observe os pentágonos A e B.

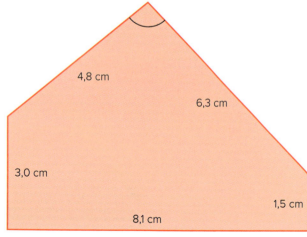

Os ângulos correspondentes são congruentes e os lados correspondentes são proporcionais.

$$\frac{4,8}{1,6} = \frac{6,3}{2,1} = \frac{1,5}{0,5} = \frac{8,1}{2,7} = \frac{3,0}{1,0} = 3$$

Os pentágonos são semelhantes.

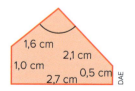

EXERCÍCIOS DE FIXAÇÃO

1. (Saresp) Dois terrenos retangulares são semelhantes, e a razão de semelhança é $\frac{2}{5}$. Se o terreno maior tem 50 m de frente e 150 m de comprimento, quais são as dimensões do terreno menor?

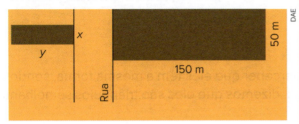

2. Os triângulos GHI e KLJ são semelhantes? Qual é a razão de semelhança?

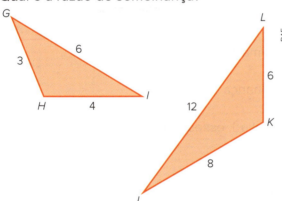

3. Dois polígonos são semelhantes. A razão de semelhança do menor para o maior é 3 para 4. Calcule o perímetro do maior polígono sabendo que o perímetro do menor é 27 cm.

4. Que figuras geométricas são sempre semelhantes?
   a) Retângulos.
   b) Triângulos.
   c) Quadrados.
   d) Círculos.

5. Qual dos seguintes processos não reproduz uma figura semelhante à original?
   a) A fotocópia.
   b) A fotocópia reduzida.
   c) A fotocópia ampliada.
   d) Os espelhos planos.
   e) Os espelhos esféricos.

6. Os comprimentos dos lados de um triângulo são 3 cm, 4 cm e 5 cm. Calcule os comprimentos dos lados de um triângulo semelhante cujo perímetro é 18 cm.

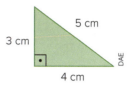

7. As figuras seguintes são semelhantes. Calcule os comprimentos indicados (a unidade usada é o centímetro).

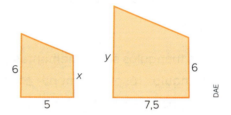

8. Na Bandeira Nacional, se dividirmos o comprimento pela altura, o resultado será sempre $\frac{10}{7}$. Qual deve ser a altura de uma bandeira de 6 m de comprimento?

9. Lídia ampliou uma fotografia de seus dois filhos para fazer um pôster.

A fotografia original era um retângulo de 15 cm × 8 cm. A ampliação foi de 80%. Quais são as dimensões da fotografia ampliada?

10. Um azulejo quadrado pesa 200 gramas. Quanto pesará outro azulejo, do mesmo material e com a mesma espessura, cujos lados sejam três vezes maiores?

Semelhança de triângulos

Observe os triângulos ABC e RST da figura:

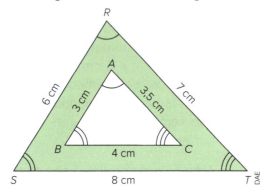

- $\overline{AB}$ é paralelo a $\overline{RS}$.
- $\overline{BC}$ é paralelo a $\overline{ST}$.
- $\overline{AC}$ é paralelo a $\overline{RT}$.

Comparando esses dois triângulos, é possível perceber que eles têm a mesma forma, sendo um deles ampliação ou redução do outro. Em geometria, dizemos que eles são triângulos semelhantes.

Assim:

> Dois triângulos são **semelhantes** quando têm:
> - os ângulos respectivamente congruentes;
> - os lados correspondentes proporcionais.

> Lados correspondentes são os lados opostos ao mesmo ângulo.

A razão de semelhança do menor triângulo para o maior é:

$\dfrac{3}{6} = \dfrac{4}{8} = \dfrac{3{,}5}{7}$, ou seja, $\boxed{\dfrac{1}{2}}$ ← razão de semelhança

Se a razão de semelhança de dois triângulos é igual a 1, esses triângulos são congruentes.

Exercício resolvido:

Determine x e y sabendo que os triângulos são semelhantes.

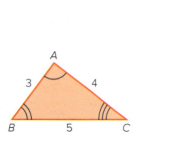 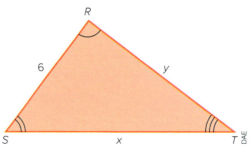

Solução:

Os triângulos são semelhantes: $\dfrac{x}{5} = \dfrac{y}{4} = \dfrac{6}{3}$.

Então:

- $\dfrac{x}{5} = \dfrac{6}{3} \Rightarrow 3x = 30$

  $x = \dfrac{30}{3}$

  $x = 10$

- $\dfrac{y}{4} = \dfrac{6}{3} \Rightarrow 3y = 24$

  $y = \dfrac{24}{3}$

  $y = 8$

EXERCÍCIOS DE FIXAÇÃO

11. Determine x e y sabendo que os triângulos são semelhantes.

a) r // s

b)

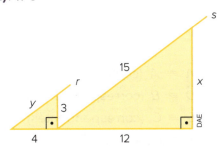
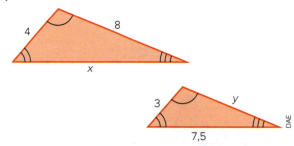

12. Um edifício projeta uma sombra de 10 m e um poste de 12 m projeta uma sombra de 4 m. Qual é a altura do edifício se ele e o poste são perpendiculares ao solo?

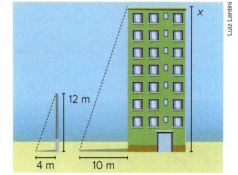

13. Determine x e y sabendo que os triângulos são semelhantes.

a)

b)

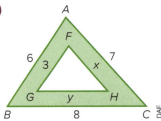
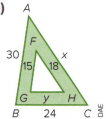

14. Paulo tem 1,50 m de altura; o comprimento de sua sombra, a determinada hora do dia, mede 1,25 m, conforme observamos na ilustração.

Calcule e complete a tabela com a medida da sombra de alguns dos amigos de Paulo no mesmo dia e à mesma hora.

	Medida da altura	Medida da sombra
Paulo	1,50 m	1,25 m
Pedro	1,68 m	
Lúcio	1,80 m	

Teorema fundamental da semelhança

> Se uma reta paralela a um dos lados de um triângulo intercepta os outros dois lados em pontos distintos, então o triângulo que ela determina é semelhante ao primeiro.

Como $\overline{DE}$ é paralelo a $\overline{BC}$, temos:

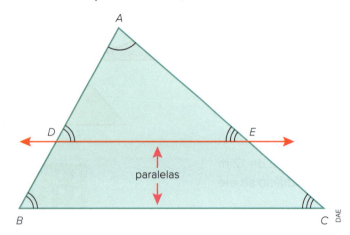

- $\hat{A} \equiv \hat{A}$ (comum)
- $\hat{D} \equiv \hat{B}$ (correspondentes)
- $\hat{E} \equiv \hat{C}$ (correspondentes)

Pelo teorema de Tales:

$$\frac{AD}{AB} = \frac{DE}{BC} = \frac{AE}{AC}$$

Portanto, os triângulos ADE e ABC são semelhantes.

EXERCÍCIOS DE FIXAÇÃO

15. Na figura, temos $\overline{DE} \parallel \overline{BC}$.

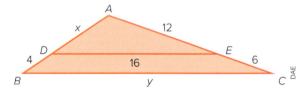

a) Qual é o valor de x?
b) Qual é o valor de y?
c) Qual é o perímetro do $\triangle ABC$?
d) Qual é o perímetro do $\triangle ADE$?

16. A que distância do ponto de ônibus encontra-se o passageiro?

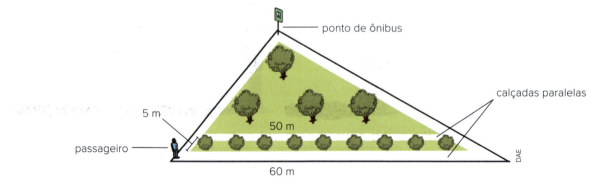

17. (OM-SP) Dada a figura, calcule:

a) a medida de $\overline{AC}$;
b) a medida de $\overline{AE}$;
c) a medida de $\overline{AB}$.

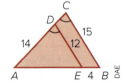

AQUI TEM MAIS

Tales de Mileto e a altura da pirâmide de Quéops

Estima-se que Tales nasceu por volta de 640 a.C., na cidade de Mileto, hoje pertencente à Turquia. Tales foi incluído entre os sete sábios da Antiguidade. Ele passou muito tempo no Antigo Egito, onde estudou Astronomia e Geometria. Quando voltou a Mileto, dedicou-se ao estudo de Filosofia e Matemática.

Conta-se que, quando estava no Egito, o faraó pediu a ele que calculasse a altura da Pirâmide de Quéops, a mais famosa de seu reino.

De acordo com essa história, passada de geração a geração, Tales esperou que os raios de Sol incidissem na pirâmide e fincou uma vara de madeira no chão, de modo que a pirâmide e a vara projetassem sombras no chão.

Veja a ilustração a seguir.

Assim, supondo-se que os raios de sol sejam paralelos, formam-se dois triângulos semelhantes. A base da pirâmide é quadrada. Medindo o comprimento das sombras e a altura da vara, pode-se calcular a altura da pirâmide.

$$\frac{\text{altura da pirâmide (desconhecida)}}{\text{altura da vara (conhecida)}} = \frac{\text{sombra da pirâmide (conhecida)}}{\text{sombra da vara (conhecida)}}$$

Presume-se que Tales tenha utilizado essas ideias.

A Pirâmide de Quéops, no Egito, é considerada uma das Sete Maravilhas do Mundo Antigo. Sua base é um quadrado cujos lados medem cerca de 230 metros e sua altura é de aproximadamente 150 metros. Egiptólogos acreditam que ela foi construída durante a IV dinastia egípcia, em torno de 2560 a.C., ao longo de um período de 10 a 20 anos, para ser o túmulo do faraó Quéops.

Semelhança pelo caso AA

Para saber se dois triângulos são semelhantes, não é necessário examinar todos os lados e todos os ângulos. Veja este caso:

Se dois triângulos têm dois ângulos correspondentes congruentes, então eles são semelhantes.

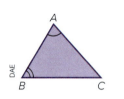

$\hat{A} \equiv \hat{A}'$ e $\hat{B} \equiv \hat{B}'$ $\Rightarrow \triangle ABC \sim \triangle A'B'C'$

Os terceiros ângulos serão obrigatoriamente congruentes, pois são a medida que falta para completar 180°.

semelhante

Então:

dois ângulos correspondentes congruentes ⇒ triângulos semelhantes ⇒ lados proporcionais

Exercício resolvido:

Calcule x.

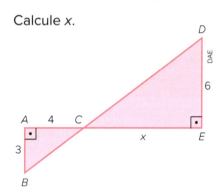

Solução:

Temos que:
$\hat{C} \equiv \hat{C}$ (o.p.v.)
$\hat{A} \equiv \hat{E}$ (reto) $\Rightarrow \triangle ABC \sim \triangle EDC$ semelhante

$\dfrac{3}{6} = \dfrac{4}{x} \Rightarrow 3 \cdot x = 4 \cdot 6$

$3x = 24$

$x = 8$

EXERCÍCIOS DE FIXAÇÃO

18. Sabendo que os ângulos com "marcas iguais" são congruentes, determine x.

a)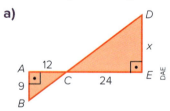

b)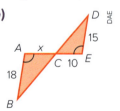

19. Sabendo que os ângulos com "marcas iguais" são congruentes, determine x.

a)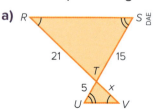

b)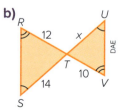

EXERCÍCIOS

COMPLEMENTARES

20. Determine *x* e *y* sabendo que os triângulos são semelhantes.

a)

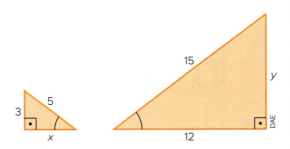

b)

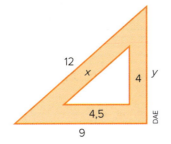

21. Calcule *x*.

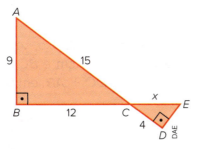

22. Na figura, temos $\overline{MN} \parallel \overline{BC}$.

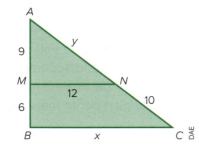

a) Qual é o valor de *x*?
b) Qual é o valor de *y*?
c) Qual é o perímetro do △ABC?
d) Qual é o perímetro do △AMN?

23. Na figura abaixo, um garoto está em cima de um banco. Qual é a altura desse garoto, que projeta uma sombra de 1,2 m, se o banco com 30 cm de altura projeta uma sombra de 40 cm?

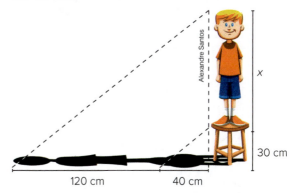

24. (Unesp) Um observador situado num ponto *O*, localizado na margem de um rio, precisa determinar sua distância até um ponto *P*, localizado na outra margem, sem atravessar o rio. Para isso marca, com estacas, outros pontos do lado da margem em que se encontra, de tal forma que *P*, *O* e *B* estão alinhados entre si, e *P*, *A* e *C* também. Além disso, *OA* é paralelo a *BC*, *OA* = 25 m, *BC* = 40 m e *OB* = 30 m, conforme figura. A distância, em metros, do observador em *O* até o ponto *P* é:

a) 30.
b) 35.
c) 40.
d) 45.
e) 50.

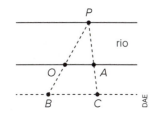

25. Determine *x* sabendo que *AB* = 12 cm e $\overline{PQ} \parallel \overline{BC}$.

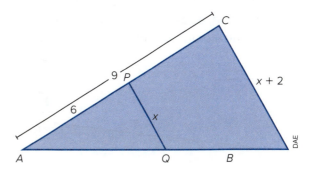

175

EXERCÍCIOS

SELECIONADOS

26. Calcule x e y sabendo que os ângulos com marcas iguais são congruentes.

a)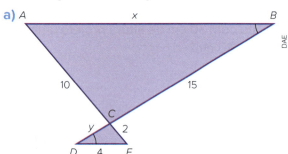

b)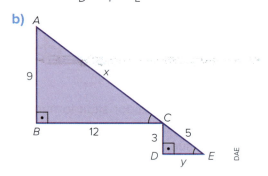

27. É muito difícil medir diretamente a distância entre o ponto A e o ponto B devido à existência de uma pedra. Qual é a distância entre A e B?

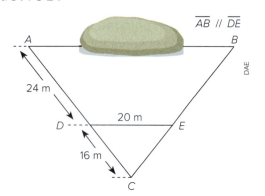

28. Calcule o valor de x.

a)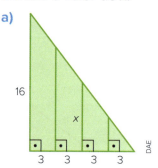

b)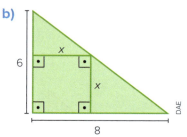

29. Na figura abaixo, $\overline{AB}$ // $\overline{CD}$. Então, o valor de x é:

a) 3.
b) 6.
c) 9.
d) 4,5.

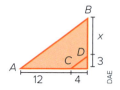

30. (UEL-PR) Na figura abaixo, $\overline{AC}$ = 4 cm, $\overline{CE}$ = 2 cm, $\overline{DE}$ = 3 cm e $\overline{BC}$ = 5 cm. Se $\overline{AB}$ // $\overline{DE}$, a soma $\overline{DC}$ + $\overline{AB}$, em centímetros, é igual a:

a) 8.
b) 10.
c) 8,5.
d) 9,5.

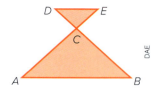

31. (Unicamp-SP) Uma rampa de inclinação constante, como a que dá acesso ao Palácio do Planalto em Brasília, tem 4 metros de altura na sua parte mais alta. Uma pessoa, tendo começado a subi-la, nota que, após caminhar 12,3 metros sobre a rampa, está a 1,5 metro de altura em relação ao solo. Calcule quantos metros a pessoa ainda deve caminhar para atingir o ponto mais alto da rampa.

176

PANORAMA

FAÇA AS ATIVIDADES A SEGUIR E REVEJA O QUE VOCÊ APRENDEU.
NO CADERNO

32. (UFJF-MG) Os lados de um triângulo medem, respectivamente, 7, 9 e 14 dm. Qual é o perímetro do triângulo semelhante ao dado, cujo lado maior é de 21 dm?

a) 45 dm   b) 55 dm   c) 60 dm   d) 75 dm

33. Na figura abaixo, o valor de x é:

a) 12.
b) 16.
c) 18.
d) 12,5.

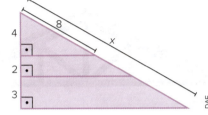

34. (Vunesp) Uma pessoa está a uma distância de 6,30 m da base de um poste, conforme indica a figura. Essa pessoa tem 1,80 m de altura e projeta uma sombra que tem 2,70 m de comprimento. Conclui-se, pois, que a altura do poste é de:

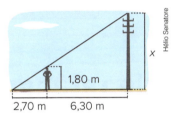

a) 5 m.   b) 6 m.   c) 8 m.   d) 9 m.

35. A distância entre as duas palmeiras é de:

a) 120 m.
b) 134 m.
c) 140 m.
d) 144 m.

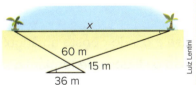

36. (BA-SP) Dada a figura, sendo o segmento $\overline{PQ}$ paralelo ao segmento $\overline{AB}$ e a medida do segmento $\overline{AC}$ igual a 16, calcule x e y.

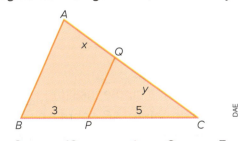

a) $x = 6$ e $y = 10$
b) $x = 2$ e $y = 5$
c) $x = 3$ e $y = 5$
d) $x = 7$ e $y = 9$

37. Qual é o diâmetro da abertura da casquinha do sorvete?

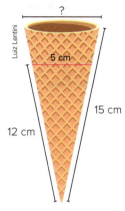

a) 6,25 cm   c) 6 cm
b) 7,25 cm   d) 8 cm

38. (Mack-SP) Na figura abaixo a medida de x vale:

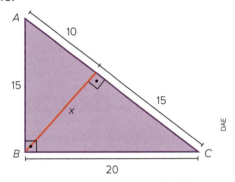

a) 11,25.   b) 11,75.   c) 12,25.   d) 12,75.

39. As sombras destas árvores mediam, às três da tarde, 12 m, 8 m, 6 m e 4 m, respectivamente. A árvore maior mede 7,5 m.

Então, as demais árvores medem, respectivamente:

a) 5 m; 3,75 m; 2 m.
b) 5 m; 3,75 m; 2,5 m.
c) 5 m; 3,25 m; 2,5 m.
d) 4,75 m; 3,75 m; 2,5 m.

CAPÍTULO 17
Relações métricas no triângulo retângulo

CURIOSO É...

Na Antiguidade, para traçar os ângulos retos dos quadrados que eram a base das pirâmides, os egípcios utilizavam cordas com 13 nós igualmente espaçados (o nó era considerado a unidade de medida) e, com elas, construíam triângulos cujos lados mediam 3, 4 e 5 unidades.

Os antigos egípcios já sabiam que, nesses triângulos, o ângulo oposto ao maior lado era reto.

Os ângulos retos são, até hoje, fundamentais nas medições e na construção de objetos e prédios.

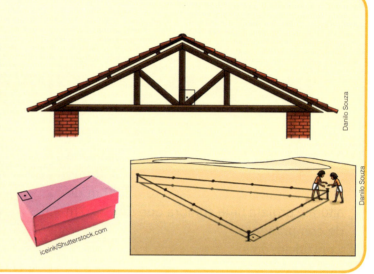

Elementos de um triângulo retângulo

Vamos recordar os nomes dos lados de um triângulo retângulo.

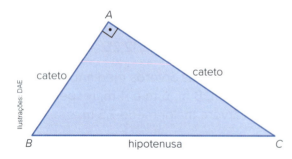

Hipotenusa é o lado oposto ao ângulo reto.
Catetos são os lados que formam o ângulo reto.

Traçando-se o segmento $\overline{AH}$ perpendicular à hipotenusa, obtêm-se novos elementos nesse triângulo.

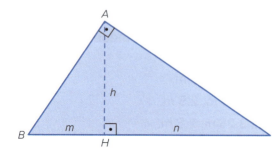

- $\overline{AH}$ é a altura relativa à hipotenusa (h).
- $\overline{BH}$ é a projeção do cateto $\overline{AB}$ sobre a hipotenusa (m).
- $\overline{CH}$ é a projeção do cateto $\overline{AC}$ sobre a hipotenusa (n).

Relações métricas no triângulo retângulo

Seja o triângulo retângulo:

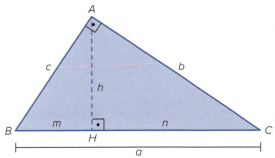

O triângulo retângulo ABC é composto de dois triângulos: ΔHBA e ΔHAC. Esses dois novos triângulos são semelhantes entre si e semelhantes ao triângulo ABC, porque eles têm os três ângulos com medidas respectivamente iguais.

Veja:

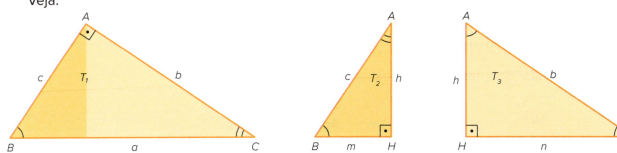

Para facilitar as conclusões, colocaremos esses triângulos de modo que seus ângulos congruentes fiquem nas mesmas posições:

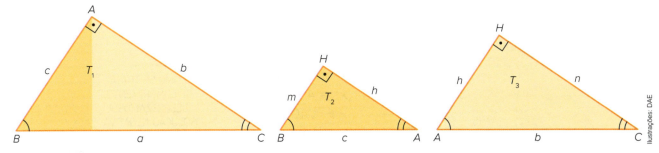

Assim podemos observar as **relações** a seguir.

1. Comparando os triângulos:

$T_1 \sim T_2 \Rightarrow \dfrac{a}{b} = \dfrac{c}{m} \Rightarrow \boxed{c^2 = a \cdot m}$

O quadrado da medida de um cateto é igual ao produto da medida da hipotenusa pela medida da projeção desse cateto sobre ela.

$T_1 \sim T_3 \Rightarrow \dfrac{a}{b} = \dfrac{b}{n} \Rightarrow \boxed{b^2 = a \cdot n}$

2. Comparando os triângulos:

$T_2 \sim T_3 \Rightarrow \dfrac{m}{h} = \dfrac{h}{n} \Rightarrow \boxed{h^2 = m \cdot n}$

O quadrado da medida da altura relativa à hipotenusa é igual ao produto das medidas dos segmentos que ela determina sobre a hipotenusa.

3. Comparando os triângulos:

$T_1 \sim T_3 \Rightarrow \dfrac{a}{c} = \dfrac{b}{h} \Rightarrow \boxed{b \cdot c = a \cdot h}$

O produto das medidas dos catetos é igual ao produto da medida da hipotenusa pela medida da altura relativa a essa hipotenusa.

Resumindo

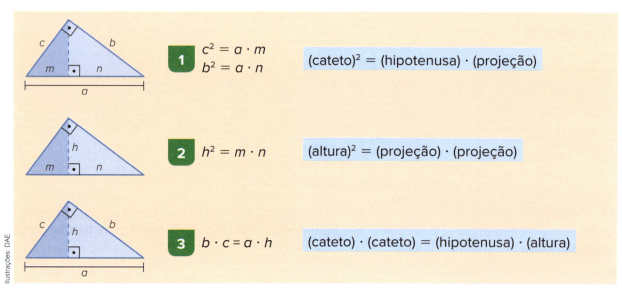

1. $c^2 = a \cdot m$
   $b^2 = a \cdot n$
   (cateto)² = (hipotenusa) · (projeção)

2. $h^2 = m \cdot n$
   (altura)² = (projeção) · (projeção)

3. $b \cdot c = a \cdot h$
   (cateto) · (cateto) = (hipotenusa) · (altura)

Exercícios resolvidos

Calcule o valor de x nestes triângulos retângulos.

A.
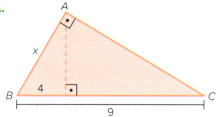

Solução:
Aplicando 1, temos:
$x^2 = 9 \cdot 4$
$x^2 = 36$
$x = \sqrt{36}$
$x = 6$

B.
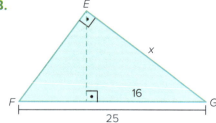

Solução:
Aplicando 1, temos:
$x^2 = 25 \cdot 16$
$x^2 = 400$
$x = \sqrt{400}$
$x = 20$

COMO SE TRATA DE COMPRIMENTO, DESPREZAMOS A SOLUÇÃO NEGATIVA.

C.
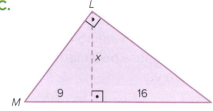

Solução:
Aplicando 2, temos:
$x^2 = 9 \cdot 16$
$x^2 = 144$
$x = \sqrt{144}$
$x = 12$

D.
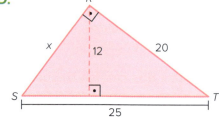

Solução:
Aplicando 3, temos:
$20 \cdot x = 25 \cdot 12$
$20x = 300$
$x = \dfrac{300}{20}$
$x = 15$

EXERCÍCIOS DE FIXAÇÃO

1. Calcule o valor dos elementos desconhecidos nos triângulos retângulos a seguir.

a)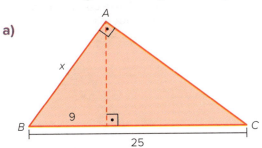

b)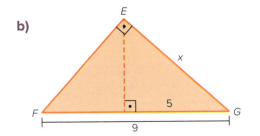

c)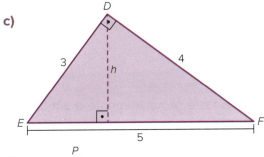

d)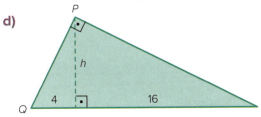

e)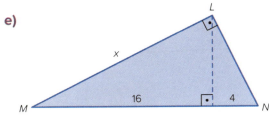

f)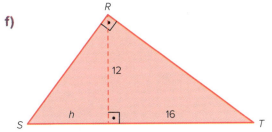

2. Na figura abaixo, a distância da casa à estrada é de 1,2 km.

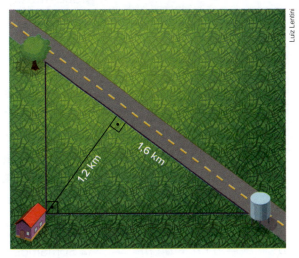

a) Qual é a menor distância da árvore à caixa-d'água?

b) Qual é a menor distância da casa à árvore?

c) Qual é a menor distância da casa à caixa-d'água?

3. Calcule h, m e n neste triângulo retângulo.

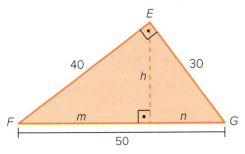

4. Calcule a, x, y e z neste triângulo retângulo.

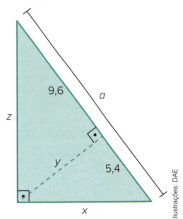

Teorema de Pitágoras

O quadrado da medida da hipotenusa é igual à soma dos quadrados das medidas dos catetos.

Veja a prova dessa afirmação:

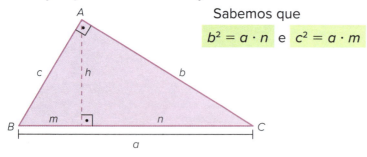

Sabemos que

$b^2 = a \cdot n$ e $c^2 = a \cdot m$

Veja abaixo outra demonstração apenas com figuras.

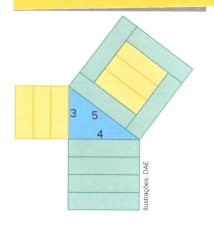

Essas duas relações valem para qualquer triângulo retângulo. Vamos somá-las para obter outra importante relação.

$$\begin{array}{r} b^2 = a \cdot n \\ + \; c^2 = a \cdot n \\ \hline \end{array}$$

$b^2 + c^2 = a \cdot n + a \cdot m$ • Somamos membro a membro.
$b^2 + c^2 = a(n + m)$ • Fatoramos o 2º membro.
$b^2 + c^2 = a \cdot a$ • Observe que $n + m = a$.
$b^2 + c^2 = a^2$

ou

$a^2 = b^2 + c^2$ ou $(hipotenusa)^2 = (cateto)^2 + (cateto)^2$

Esse teorema tem muitas aplicações em situações cotidianas e provavelmente é o mais famoso da Matemática.

Exercícios resolvidos

Calcule o valor de x nos seguintes triângulos retângulos:

A.

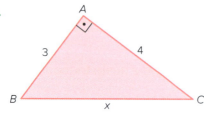

Solução:
Pelo teorema de Pitágoras:
$x^2 = 3^2 + 4^2$
$x^2 = 25$
$x = \sqrt{25}$
$x = 5$

B.

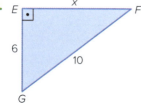

Solução:
Pelo teorema de Pitágoras:
$10^2 = x^2 + 6^2$
$x^2 + 6^2 = 10^2$
$x^2 = 100 - 36$
$x^2 = 64$
$x = \sqrt{64}$
$x = 8$

EXERCÍCIOS
DE FIXAÇÃO

5. Calcule o valor de *x* nos triângulos retângulos abaixo.

a)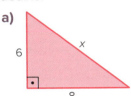

b)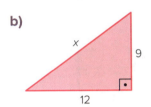

c)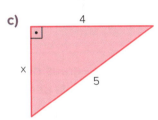

d)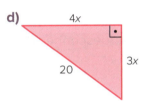

6. Calcule o valor de *x* nos triângulos retângulos a seguir.

a)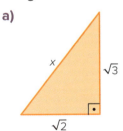

b)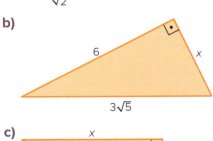

c)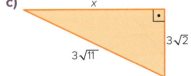

7. Uma pessoa percorre a menor trajetória de *A* até *C* passando por *B*. Qual foi a distância percorrida?

OBSERVE AS MARCAS DE ÂNGULOS RETOS.

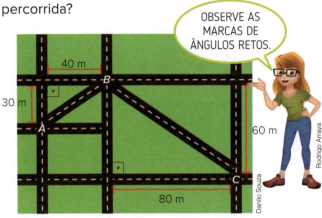

8. Calcule o valor de *x* nestes triângulos retângulos.

a)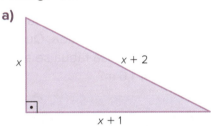

b)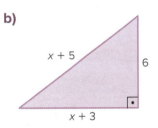

c)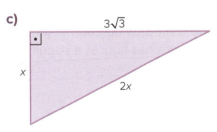

d)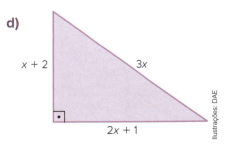

EXERCÍCIOS
DE FIXAÇÃO

9. Determine a medida de cada segmento indicada por letras nas figuras abaixo.

a)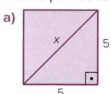

b)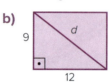

c)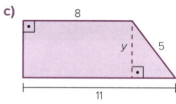

10. Um fazendeiro quer colocar uma tábua em diagonal na porteira da fazenda. Qual deve ser o comprimento dessa tábua se a porteira mede 1,2 m por 1,6 m?

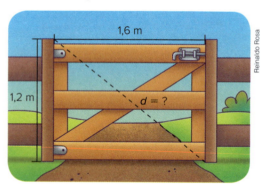

11. Determine a medida de cada segmento indicada por letra nas figuras a seguir.

a)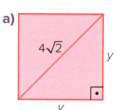

b)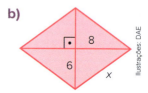

c)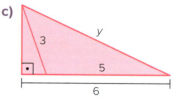

12. Observe esta ilustração.

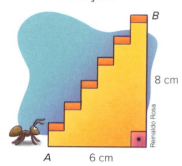

Agora responda.

a) A formiga andou pelos degraus do ponto A ao ponto B. Que distância ela percorreu?

b) Qual é a distância em linha reta do ponto A ao ponto B?

13. Determine as medidas desconhecidas nas figuras abaixo.

a)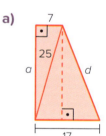

b)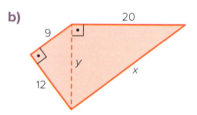

c)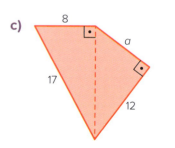

AQUI TEM MAIS

Conta a lenda que Pitágoras, matemático e filósofo grego que viveu no século VI a.C., estava passeando em um jardim quando observou que a soma das áreas dos quadrados construídos sobre os lados menores de um triângulo retângulo era igual à área do quadrado construído sobre o lado maior.

- O quadrado da hipotenusa: $5^2 = 25$ quadradinhos.
- O quadrado de um cateto: $3^2 = 9$ quadradinhos.
- O quadrado do outro cateto: $4^2 = 16$ quadradinhos.

$5^2 = 3^2 + 4^2$

$25 = 9 + 16$

$25 = 25$

Pitágoras, conhecido por seu famoso teorema, é uma das figuras mais interessantes da história da Matemática. Ele acreditava que os números estavam presentes em tudo. Chegou a afirmar que "os números governam o mundo".

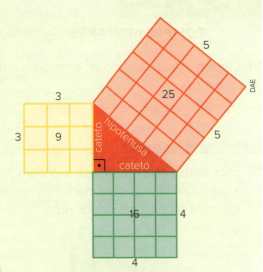

→ Rafael Sanzio. *Escola de Atenas*, 1510-1511. Afresco, 500 cm × 770 cm. Museu do Vaticano, Roma. Este quadro homenageia os pensadores gregos, que tanto contribuíram para a Ciência.

CURIOSO É...

O que são números pitagóricos?

Se as medidas dos lados de um triângulo retângulo são expressas por três números inteiros, esses números são chamados **pitagóricos**.

Observe alguns **ternos** que verificam a relação pitagórica:

- (3, 4, 5) porque $3^2 + 4^2 = 5^2$;
- (6, 8, 10) porque $6^2 + 8^2 = 10^2$;
- (9, 12, 15) porque $9^2 + 12^2 = 15^2$;
- (5, 12, 13) porque $5^2 + 12^2 = 13^2$;
- (8, 15, 17) porque $8^2 + 15^2 = 17^2$;
- (20, 21, 29) porque $20^2 + 21^2 = 29^2$.

Pensando na semelhança de triângulos, se multiplicarmos o terno pitagórico (3, 4, 5) por qualquer número positivo, obteremos um triângulo semelhante ao triângulo de catetos 3 e 4 e hipotenusa 5. Esses triângulos semelhantes serão triângulos retângulos – o teorema de Pitágoras vale para todos eles.

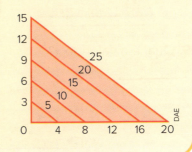

EXERCÍCIOS
COMPLEMENTARES

14. Determine o valor dos elementos desconhecidos.

a) b)

15. Esta figura mostra um edifício com 15 m de altura. Qual é o comprimento da escada encostada na parte superior do prédio?

16. Calcule x.

a) b)

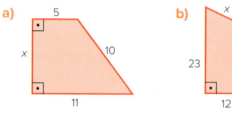

17. Um fio de aço será esticado do topo de uma torre até o topo da outra. Quantos metros de fio serão necessários para isso?

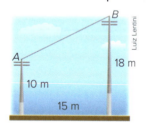

18. Determine o valor dos elementos desconhecidos.

a) b)

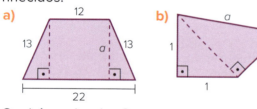

19. Qual é o valor de x?

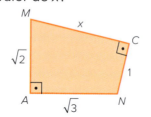

20. (FMRP-SP) Uma piscina de forma retangular mede 15 metros de largura por 20 metros de comprimento. Antônio nada 100 vezes no comprimento. Para nadar a mesma distância, quantas vezes deveria nadar na diagonal?

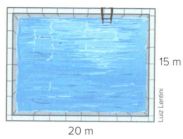

21. (Saresp) O cartaz da figura foi preso à parede com auxílio de um fio, conforme indicado. O comprimento do fio é de:

a) 48 cm.
b) 52 cm.
c) 55 cm.
d) 96 cm.

22. Uma parede da cozinha de dona Eliana foi azulejada conforme mostra a figura abaixo. Veja que foram colocados 13 azulejos inteiros, enfileirados. Qual é a largura aproximada dessa parede se cada azulejo é um quadrado com 15 cm de lado?

23. A figura a seguir é formada por três quadrados e um triângulo retângulo.

a) Complete:
   área de B =
   área de C =
b) Compare:
   área de A =
   área de B + área de C =
c) O que você concluiu?

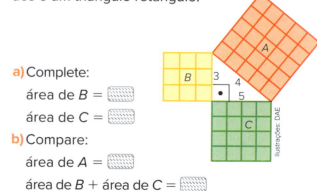

EXERCÍCIOS
SELECIONADOS

24. Qual é o perímetro destas figuras?

a)

b)

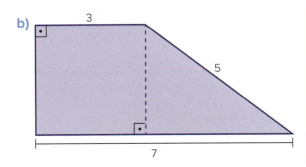

25. (Obmep) Uma formiga está no ponto *A* da malha mostrada na figura. A malha é formada por retângulos de 3 cm de largura por 4 cm de comprimento. A formiga só pode caminhar sobre os lados ou sobre as diagonais dos retângulos. Qual é a menor distância que a formiga deve percorrer para ir de *A* até *B*?

a) 12 cm
b) 14 cm
c) 15 cm
d) 17 cm

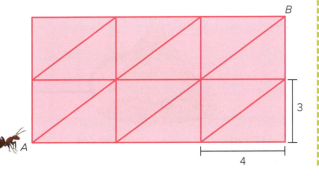

26. Qual é o valor de *x*?

a)

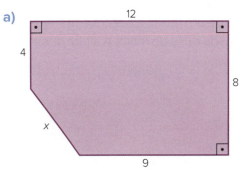

b)

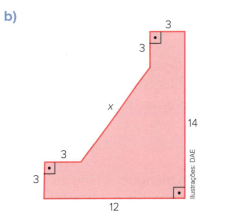

27. (Fuvest-SP) A aresta do cubo abaixo mede 2 e *BP* = 3. Calcule *PC* e *PD*.

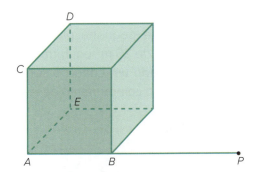

28. Qual é o comprimento da maior vareta que cabe nesta caixa?

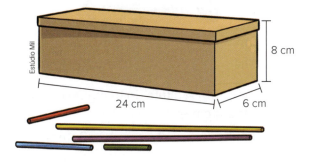

187

PANORAMA

FAÇA AS ATIVIDADES A SEGUIR E REVEJA O QUE VOCÊ APRENDEU.
NO CADERNO

29. (UMC-SP) Uma escada medindo 4 metros tem uma de suas extremidades apoiada no topo de um muro, e a outra extremidade dista 2,4 m da base do muro. A altura desse muro é:

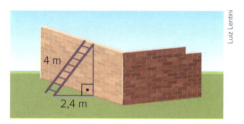

a) 2,3 m.
b) 3,0 m.
c) 3,2 m.
d) 3,8 m.

30. (UEPG-PR) Os dois maiores lados de um triângulo retângulo medem 12 dm e 13 dm. O perímetro desse triângulo é:

a) 30 dm.
b) 32 dm.
c) 35 dm.
d) 36 dm.

31. (UFPA) Num triângulo retângulo, um cateto é o dobro do outro, e a hipotenusa mede 10 cm. A soma dos catetos mede:

a) $4\sqrt{5}$ cm.
b) $6\sqrt{5}$ cm.
c) $8\sqrt{5}$ cm.
d) $12\sqrt{5}$ cm.

32. Para molhar uma pequena plantação que ocupa uma área de 36 m² em forma de quadrado, foi colocado um cano no sentido da diagonal. Qual é o comprimento desse cano?

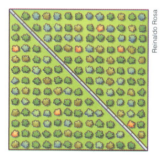

a) 6 m
b) 8 m
c) $6\sqrt{2}$ m
d) $8\sqrt{2}$ m

33. (FCMSC-SP) A altura do triângulo equilátero de lado 4 cm é:

a) 2 cm.
b) 4 cm.
c) $2\sqrt{3}$ m.
d) $4\sqrt{3}$ m.

34. (Uepa) Uma praça de formato retangular tem dimensões de 120 m por 50 m. Um rapaz que está no vértice A enxerga sua namorada, que está no vértice B. Na ânsia de abraçá-la, corre desesperadamente ao seu encontro percorrendo a menor distância, que é de:

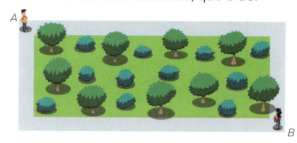

a) 130 m.
b) 170 m.
c) 220 m.
d) 290 m.

35. (PUC-SP) A medida de AB neste trapézio é:

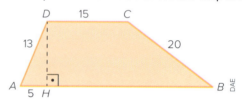

a) 30.
b) 32.
c) 34.
d) 36.

36. (UMC-SP) O triângulo ABC é retângulo em B. O valor de h é:

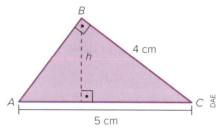

a) 1,2.
b) 2,0.
c) 2,4.
d) 3,2.

37. Qual é a altura do funil representado pela figura?

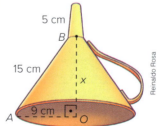

a) 12 cm
b) 13 cm
c) 17 cm
d) 18 cm

38. (Mack-SP) Na figura, a soma das áreas dos três quadrados é 18. A área do quadrado maior é:

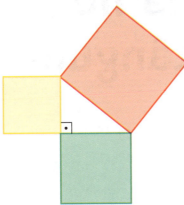

a) 8.
b) 9.
c) 10.
d) 12.

39. (Cesgranrio-RJ) No retângulo ABCD de lados $\overline{AB} = 4$ e $\overline{BC} = 3$, o segmento $\overline{DM}$ é perpendicular à diagonal $\overline{AC}$. O segmento $\overline{AM}$ mede:

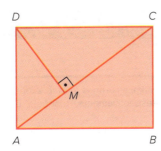

a) 2.
b) $\dfrac{3}{2}$.
c) $\dfrac{5}{2}$.
d) $\dfrac{9}{5}$.

40. (Saresp) Um motorista vai da cidade A até a cidade E, passando pela cidade B, conforme mostra a figura. Ele percorreu:

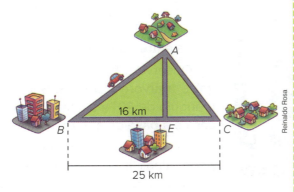

a) 9 km.
b) 41 km.
c) 15 km.
d) 36 km.

41. (UCSal-BA) Na situação do mapa abaixo, deseja-se construir uma estrada que ligue a cidade A à estrada BC com o menor comprimento possível. Essa estrada medirá em quilômetros:

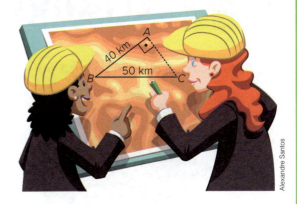

a) 24.
b) 28.
c) 30.
d) 32.

42. (PUC-SP) A figura a seguir mostra a trajetória percorrida por uma pessoa para ir do ponto A ao ponto B, caminhando em um terreno plano e sem obstáculos.

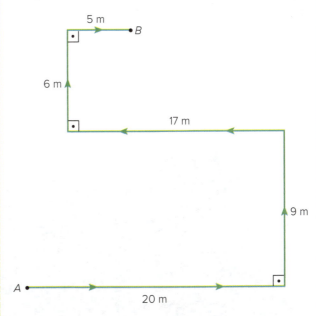

Se ela tivesse usado o caminho mais curto para ir de A a B, teria percorrido:

a) 15 m.
b) 16 m.
c) 17 m.
d) 18 m.

CAPÍTULO 18
Trigonometria no triângulo retângulo

Se a árvore cair na direção da casa, irá atingi-la?

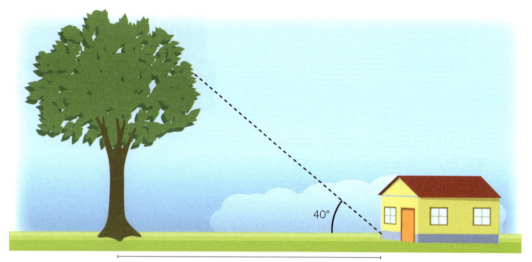

O que é trigonometria?

> Do latim, os termos *trigono* e *metria* significam, respectivamente, "triângulo" e "medida".

A trigonometria estuda a relação entre a medida dos lados e a medida dos ângulos de um triângulo. A familiarização com os conceitos seno, cosseno e tangente, tão frequentes em problemas, será útil para você.

Na Antiguidade, povos como os egípcios, os babilônios e os gregos, entre outros, tinham conhecimentos de trigonometria.

A Astronomia, as Grandes Navegações e a agrimensura motivaram o desenvolvimento desse ramo da Matemática, pois, por meio da trigonometria, podemos obter distâncias inacessíveis fisicamente, como a distância entre duas estrelas.

Observe a figura acima, que envolve a árvore e a casa. São dados o ângulo de 40° e a distância entre a casa e a base da árvore.

Para saber se a árvore, ao cair, pode atingir a casa, devemos determinar a altura da árvore, e isso pode ser obtido facilmente com as noções de trigonometria que estudaremos adiante.

↑ O teodolito é um instrumento de precisão que mede ângulos. É utilizado na construção civil, navegação, agrimensura, entre outras atividades.

Cateto adjacente e cateto oposto a um ângulo agudo

Seja o triângulo ABC da figura e seus ângulos α e β.

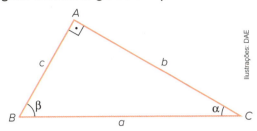

Em relação ao ângulo α:
- c é a medida do cateto oposto;
- b é a medida do cateto adjacente.

Em relação ao ângulo β:
- b é a medida do cateto oposto;
- c é a medida do cateto adjacente.

Seno, cosseno e tangente no triângulo retângulo

Para um ângulo agudo de um triângulo, definimos **seno**, **cosseno** e **tangente** como a seguir.

Seno

O **seno** do ângulo α é a **razão** entre a medida do cateto oposto ao ângulo e a medida da hipotenusa.

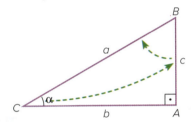

$$\text{seno de } \alpha = \frac{\text{cateto oposto}}{\text{hipotenusa}}$$

$$\text{sen } \alpha = \frac{c}{a}$$

Cosseno

O **cosseno** do ângulo α é a **razão** entre a medida do cateto adjacente ao ângulo e a medida da hipotenusa.

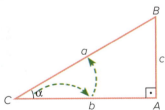

$$\text{cosseno de } \alpha = \frac{\text{cateto adjacente}}{\text{hipotenusa}}$$

$$\cos \alpha = \frac{b}{a}$$

Tangente

A **tangente** do ângulo é a **razão** entre a medida do cateto oposto e a medida do cateto adjacente ao ângulo.

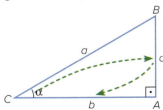

$$\text{tangente de } \alpha = \frac{\text{cateto oposto}}{\text{cateto adjacente}}$$

$$\text{tg } \alpha = \frac{c}{b}$$

Seno, cosseno e tangente são razões entre comprimentos.

Exercício resolvido

No triângulo retângulo da figura, temos:

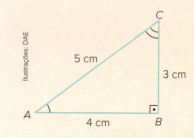

- sen $\hat{A} = \dfrac{3}{5} = 0,6$
- cos $\hat{A} = \dfrac{3}{5} = 0,8$
- tg $\hat{A} = \dfrac{3}{4} = 0,75$

- sen $\hat{C} = \dfrac{4}{5} = 0,8$
- cos $\hat{C} = \dfrac{3}{5} = 0,6$
- tg $\hat{C} = \dfrac{4}{3} = 1,333...$

Perceba que, para qualquer outro triângulo semelhante a esse, obteremos o mesmo resultado:

- sen $\theta = \dfrac{1,5}{2,5} = \dfrac{3}{5} = \dfrac{4,5}{7,5} = \dfrac{6}{10} = ... = 0,6$
- cos $\theta = \dfrac{2}{2,5} = \dfrac{4}{5} = \dfrac{6}{7,5} = \dfrac{8}{10} = ... = 0,8$
- tg $\theta = \dfrac{1,5}{2} = \dfrac{3}{5} = \dfrac{4,5}{6} = \dfrac{6}{8} = ... = 0,75$

Logo:

Os valores de sen θ, cos θ e tg θ dependem do ângulo θ e não do tamanho do triângulo construído.

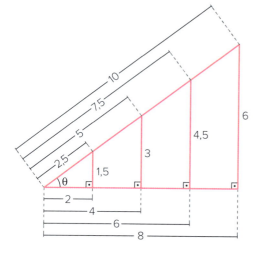

Tabela de razões trigonométricas

O valor aproximado dos senos, cossenos e das tangentes dos ângulos de 1° a 89° são encontrados na tabela da página seguinte.

Atualmente existem muitos tipos de calculadora que fornecem esses valores.

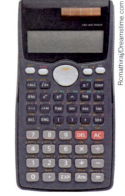

Uso da tabela

Com a tabela, podemos resolver dois tipos de questão. Confira-os a seguir.

- **Dado o ângulo, determine a razão trigonométrica.**

    ### Exemplos:

    A. Encontre sen 25°:
    na coluna ângulo, procuramos 25°;
    na coluna seno, achamos 0,4226;
    assim, sen 25° $\cong$ 0,4226.

    B. Encontre tg 35°:
    na coluna ângulo, procuramos 35°;
    na coluna tangente, achamos 0,7002;
    assim, tg 35° $\cong$ 0,7002.

- **Dada a razão trigonométrica, determine o ângulo.**

    ### Exemplos:

    A. Encontre o ângulo x sendo sen $x \cong 0,3090$:
    na coluna seno, procuramos 0,3090;
    na coluna ângulo, achamos 18°;
    assim, $x = 18°$.

    B. Encontre o ângulo x sendo cos $x \cong 0,4226$:
    na coluna cosseno, procuramos 0,4226;
    na coluna ângulo, achamos 65°;
    assim, $x = 65°$.

Tabela das funções trigonométricas de 1° a 89°

Ângulo	Seno	Cosseno	Tangente
1°	0,0175	0,9998	0,0175
2°	0,0349	0,9994	0,0349
3°	0,0523	0,9986	0,0524
4°	0,0698	0,9976	0,0699
5°	0,0872	0,9962	0,0875
6°	0,1045	0,9945	0,1051
7°	0,1219	0,9925	0,1228
8°	0,1392	0,9903	0,1405
9°	0,1564	0,9877	0,1584
10°	0,1736	0,9848	0,1763
11°	0,1908	0,9816	0,1944
12°	0,2097	0,9781	0,2126
13°	0,2250	0,9744	0,2309
14°	0,2419	0,9703	0,2493
15°	0,2588	0,9659	0,2679
16°	0,2756	0,9613	0,2867
17°	0,2924	0,9563	0,3057
18°	0,3090	0,9511	0,3249
19°	0,3256	0,9455	0,3443
20°	0,3420	0,9397	0,3640
21°	0,3584	0,9336	0,3839
22°	0,3746	0,9272	0,4040
23°	0,3907	0,9205	0,4245
24°	0,4067	0,9135	0,4452
25°	0,4226	0,9063	0,4663
26°	0,4384	0,8988	0,4877
27°	0,4540	0,8910	0,5095
28°	0,4695	0,8829	0,5317
29°	0,4848	0,8746	0,5543
30°	0,5000	0,8660	0,5774
31°	0,5150	0,8572	0,6009
32°	0,5299	0,8480	0,6249
33°	0,5446	0,8387	0,6494
34°	0,5592	0,8290	0,6745
35°	0,5736	0,8192	0,7002
36°	0,5878	0,8090	0,7265
37°	0,6018	0,7986	0,7536
38°	0,6157	0,7880	0,7813
39°	0,6293	0,7771	0,8098
40°	0,6428	0,7660	0,8391
41°	0,6561	0,7547	0,8693
42°	0,6691	0,7431	0,9004
43°	0,6820	0,7314	0,9325
44°	0,6947	0,7193	0,9657
45°	0,7071	0,7071	1,0000

Ângulo	Seno	Cosseno	Tangente
46°	0,7193	0,6947	1,0355
47°	0,7314	0,6820	1,0724
48°	0,7431	0,6691	1,1106
49°	0,7547	0,6561	1,1504
50°	0,7660	0,6428	1,1918
51°	0,7771	0,6293	1,2349
52°	0,7880	0,6157	1,2799
53°	0,7986	0,6018	1,3270
54°	0,8090	0,5878	1,3764
55°	0,8192	0,5736	1,4281
56°	0,8290	0,5592	1,4826
57°	0,8387	0,5446	1,5399
58°	0,8480	0,5299	1,6003
59°	0,8572	0,5150	1,6643
60°	0,8660	0,5000	1,7321
61°	0,8746	0,4848	1,8040
62°	0,8829	0,4695	1,8807
63°	0,8910	0,4540	1,9626
64°	0,8988	0,4384	2,0503
65°	0,9063	0,4226	2,1445
66°	0,9135	0,4067	2,2460
67°	0,9205	0,3907	2,3559
68°	0,9272	0,3746	2,4751
69°	0,9336	0,3584	2,6051
70°	0,9397	0,3420	2,7475
71°	0,9455	0,3256	2,9042
72°	0,9511	0,3090	3,0777
73°	0,9563	0,2924	3,2709
74°	0,9613	0,2756	3,4874
75°	0,9659	0,2588	3,7321
76°	0,9703	0,2419	4,0108
77°	0,9744	0,2250	4,3315
78°	0,9781	0,2079	4,7046
79°	0,9816	0,1908	5,1446
80°	0,9848	0,1736	5,6713
81°	0,9877	0,1564	6,3188
82°	0,9903	0,1392	7,1154
83°	0,9925	0,1219	8,1443
84°	0,9945	0,1045	9,5144
85°	0,9962	0,0872	11,4301
86°	0,9976	0,0698	14,3007
87°	0,9986	0,0523	19,0811
88°	0,9994	0,0349	28,6363
89°	0,9998	0,0175	57,2900

A calculadora e as razões trigonométricas

Atualmente, temos à nossa disposição a calculadora, que substitui a consulta a tabelas para determinar seno, cosseno e tangente.

Em uma máquina, podemos facilmente identificar as teclas que nos dão os valores das razões trigonométricas.

Veja:

- para obtermos o seno, usamos a tecla [sin];

- para obtermos o cosseno, usamos a tecla [cos];

- para obtermos a tangente, usamos a tecla [tan];

- selecione sempre a medida em graus.

Exemplos:

A. Calcule sen 63°.

Arredondando:
sen 63° = 0,89

B. Calcule cos 18°.

Arredondando:
cos 18° = 0,95

C. Calcule tan 4°.

Arredondando:
tg 4° = 0,07

Em algumas calculadoras, você precisará digitar, primeiro, o valor e, depois, apertar a tecla da razão ([sin], [cos], [tan]).

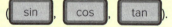

EXERCÍCIOS
DE FIXAÇÃO

1. Consulte a tabela trigonométrica e complete o quadro.

	23°			
Seno	0,3907	0,6157		
Cosseno			0,1392	
Tangente				1,3764

2. Considere o triângulo ao lado. Identifique:

a) a hipotenusa;

b) o cateto oposto a α;

c) o cateto adjacente a α;

d) o cateto oposto a β;

e) o cateto adjacente a β.

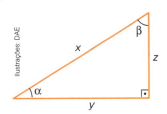

3. De acordo com o triângulo retângulo da figura, calcule:

a) sen $\hat{A}$ d) sen $\hat{B}$

b) cos $\hat{A}$ e) cos $\hat{B}$

c) tg $\hat{A}$ f) tg $\hat{B}$

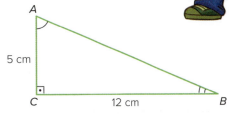

4. Observe o exemplo e calcule x em cada um dos triângulos retângulos. Consulte a tabela da página 193.

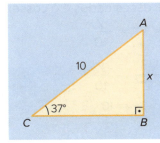

Note que x é o cateto oposto ao ângulo de 37°.

Como conhecemos a hipotenusa, então a razão que relaciona esses dados é o **seno**.

$$\text{sen } 37° = \frac{x}{10}$$
$$x = 10 \cdot \text{sen } 37°$$
$$x = 10 \cdot 0{,}6018$$
$$x = 6{,}018$$

a)

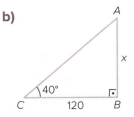

c)

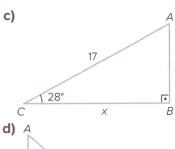

b)

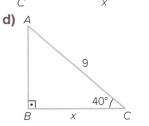

d)

195

Ângulos notáveis

As razões trigonométricas dos ângulos de 30°, 45° e 60° aparecem frequentemente em problemas. Por isso, vamos apresentar essas razões na forma fracionária.

Veja a tabela:

	30°	45°	60°
Seno	$\dfrac{1}{2}$	$\dfrac{\sqrt{2}}{2}$	$\dfrac{\sqrt{3}}{2}$
Cosseno	$\dfrac{\sqrt{3}}{2}$	$\dfrac{\sqrt{2}}{2}$	$\dfrac{1}{2}$
Tangente	$\dfrac{\sqrt{3}}{3}$	1	$\sqrt{3}$

Exercício resolvido

Calcule os catetos de um triângulo retângulo cuja hipotenusa mede 10 cm e um dos ângulos mede 30°.

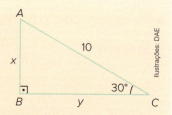

1. Cálculo de x.

Note que x é **cateto oposto** ao ângulo de 30°. Como conhecemos a **hipotenusa**, então a razão que relaciona esses dados é o **seno**.

$$\text{sen } 30° = \frac{x}{10}$$
$$\frac{1}{2} = \frac{x}{10}$$
$$2x = 10$$
$$x = 5$$

2. Cálculo de y.

Vamos calcular y sem usar o valor de x. Note que y é o **cateto adjacente** ao ângulo de 30°. Como conhecemos a **hipotenusa**, então a razão que relaciona esses dados é o **cosseno**.

$$\cos 30° = \frac{y}{10}$$
$$\frac{\sqrt{3}}{2} = \frac{y}{10}$$
$$2y = 10\sqrt{3}$$
$$y = 5\sqrt{3}$$

Resumindo

Para um ângulo agudo A de um triângulo retângulo ABC:

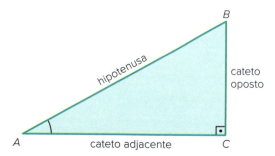

$$\text{sen } \widehat{A} = \frac{\text{cateto oposto}}{\text{hipotenusa}}$$

$$\cos \widehat{A} = \frac{\text{cateto adjacente}}{\text{hipotenusa}}$$

$$\text{tg } \widehat{A} = \frac{\text{cateto oposto}}{\text{cateto adjacente}}$$

EXERCÍCIOS
DE FIXAÇÃO

5. Calcule o valor de x em cada um dos triângulos abaixo.

a)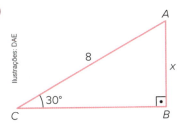

b)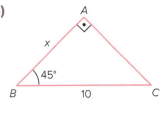

6. Calcule a altura da árvore considerando $\sqrt{3} = 1,7$.

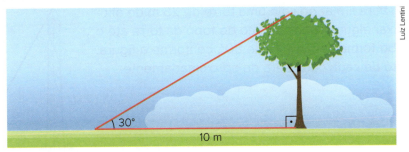

7. Qual é o comprimento da escada?

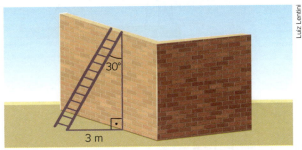

8. Uma escada de 8 m está encostada em uma parede, formando com esta um ângulo de 60°. A que altura da parede a escada se apoia?

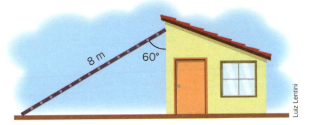

9. Calcule o perímetro do retângulo, considerando $\sqrt{3} = 1,7$.

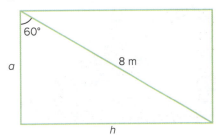

197

10. (SEE-SP) Um avião encontra-se a 7 km de altura em relação à terra; entra em rota de pouso e desce em linha reta até encontrar o solo, formando um ângulo de 30°. Desde o momento em que o avião entra em rota de pouso até o momento em que atinge o solo, ele percorrerá:

a) 14 km.
b) 16 km.
c) 18 km.
d) 20 km.

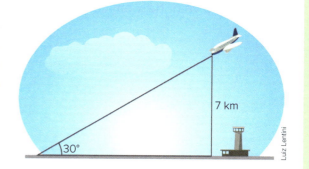

11. (Encceja-MEC) Para firmar no solo uma torre de 25 m de altura, devemos fixar alguns cabos de aço do topo da torre até o solo. Cada cabo forma um ângulo de 60°, conforme a figura. O comprimento de cada cabo será de aproximadamente:

a) 15 m.
b) 21 m.
c) 29 m.
d) 50 m.

Dados:
sen 60° = 0,85
cos 60° = 0,50
tg 60° = 1,70

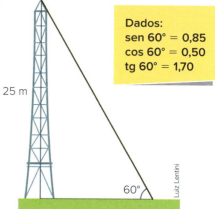

12. Observe a figura:

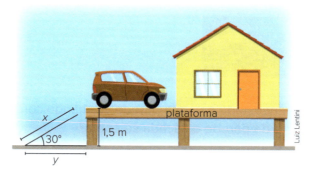

a) Qual é o comprimento da rampa?
b) Qual é a distância do início da rampa à plataforma?

13. Qual era a altura desse pinheiro?
Considere $\sqrt{3} = 1{,}7$.

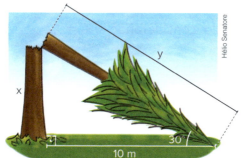

Altura do triângulo equilátero

O triângulo equilátero tem três ângulos internos de 60°.

Traçamos a altura relativa a um dos lados do triângulo. Ela coincide com a bissetriz e a mediana do lado.

Sabemos que $\operatorname{sen} 60° = \dfrac{\sqrt{3}}{2}$.

Então, $\dfrac{\sqrt{3}}{2} = \dfrac{h}{\ell}$, ou seja, $\boxed{h = \dfrac{\ell\sqrt{3}}{2}}$.

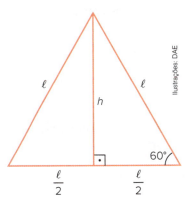

Também podemos aplicar o teorema de Pitágoras:

$\ell^2 = h^2 + \left(\dfrac{1}{2}\right)^2$

$\ell^2 = h^2 + \dfrac{\ell^2}{4}$

$\ell^2 - \dfrac{\ell^2}{4} = h^2$

$\dfrac{3\ell^2}{4} = h^2 \Rightarrow h = \sqrt{\dfrac{3\ell^2}{4}}$

$h = \dfrac{\ell\sqrt{3}}{2}$

ESTA RELAÇÃO VALE PARA TODO TRIÂNGULO EQUILÁTERO!

Veja os exemplos a seguir.

A. Qual é a altura de um triângulo equilátero de lado 8 cm?

$\ell = 8$ cm

$h = \dfrac{\ell\sqrt{3}}{2}$, ou seja, $h = \dfrac{8\sqrt{3}}{2} \Rightarrow h = 4\sqrt{3}$ cm

B. Qual é a medida do lado desse triângulo equilátero sabendo que as medidas estão em centímetros?

$h = \dfrac{\ell\sqrt{3}}{2}$

$\dfrac{3}{2} = \dfrac{\ell\sqrt{3}}{2}$

$\ell = \dfrac{3}{\sqrt{3}}$

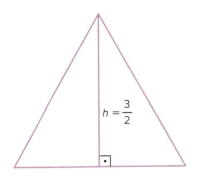

Racionalizando o denominador, temos:

$\ell = \dfrac{3\sqrt{3}}{\sqrt{3} \cdot \sqrt{3}} = \dfrac{3\sqrt{3}}{3}$

$\ell = \sqrt{3}$ cm

EXERCÍCIOS
DE FIXAÇÃO

14. Calcule a altura do triângulo equilátero de lado 12 cm.

15. O perímetro de um triângulo é 24 cm. Qual é a altura desse triângulo?

16. A área de um triângulo é calculada multiplicando-se a medida da base pela da altura relativa à base e dividindo-se o resultado por 2. Calcule a área de um triângulo equilátero de lado 20 cm.

17. A altura de um triângulo equilátero é $7\sqrt{3}$ cm. Calcule o perímetro desse triângulo.

18. Lembrando que $\text{sen } 60° = \dfrac{\sqrt{3}}{2}$, use essa relação trigonométrica para obter a fórmula da altura do triângulo equilátero.

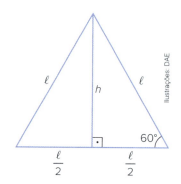

 AQUI TEM MAIS

Diagonal do quadrado

A diagonal de um quadrado é bissetriz do ângulo de 90°. Aplicando o teorema de Pitágoras ao triângulo ABD, temos:

$d^2 = \ell^2 + \ell^2$

$d^2 = 2\ell^2$

$d = \sqrt{2\ell^2}$

$d = \ell\sqrt{2}$

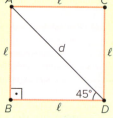

Para determinar a diagonal de um quadrado de lado ℓ, basta multiplicar a medida do lado por $\sqrt{2}$.

Exemplos:

A. A diagonal de um quadrado de lado 5 cm é $d = 5\sqrt{2}$ cm.

B. Qual é a medida do lado de um quadrado cuja diagonal é 6 cm?

$d = \ell\sqrt{2}$

$6 = \ell\sqrt{2}$

$\ell = \dfrac{6}{\sqrt{2}}$

Racionalizando: $\dfrac{6}{\sqrt{2}} = \dfrac{6\sqrt{2}}{\sqrt{2} \cdot \sqrt{2}} = \dfrac{6\sqrt{2}}{2} = 3\sqrt{2}$.

$\ell = 3\sqrt{2}$ cm

EXERCÍCIOS

COMPLEMENTARES

19. No triângulo retângulo da figura, calcule:

a) sen $\hat{A}$;   d) sen $\hat{C}$;
b) cos $\hat{A}$;   e) cos $\hat{C}$;
c) tg $\hat{A}$;   f) tg $\hat{C}$.

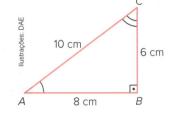

20. Um avião levanta voo em um ângulo de 30° em relação à pista. Qual será a altura do avião quando estiver percorrendo 4 000 m em linha reta?

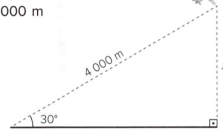

21. Qual é a altura do prédio?

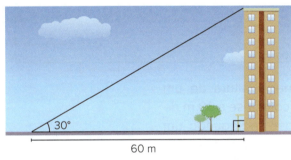

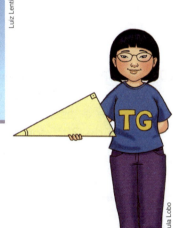

22. Calcule x e y.

a)   b)

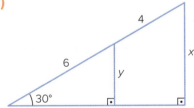
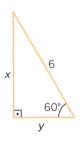

23. Quanto vale x?

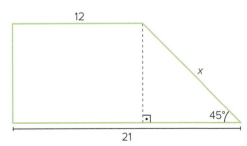

24. O lado de um quadrado cuja diagonal mede $\sqrt{6}$ cm é igual ao lado do triângulo ABC. Determine a área do triângulo ABC.

25. Qual é, aproximadamente, o ângulo que esta escada faz com o solo?

26. Calcule a altura do balão de gás considerando $\sqrt{3} = 1,7$.

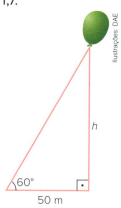

27. Calcule o perímetro desta figura considerando $\sqrt{3} = 1,7$.

28. (FOC-SP) Para determinar a altura de um edifício, um observador coloca-se a 30 m de distância e, assim, o observa segundo um ângulo de 30°, conforme mostra a figura. Calcule a altura do edifício medida a partir do solo.

Considere $\sqrt{3} = 1,7$.

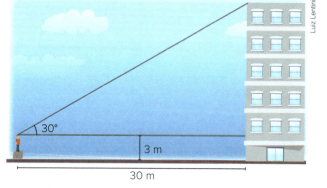

29. (Ufes) Do topo de um farol situado a 40 m acima do nível do mar, o ângulo de depressão de um barco (figura abaixo) é de 15°. A distância do barco ao farol é, em metros:

Dado: tg 15° = $2 - \sqrt{3}$.

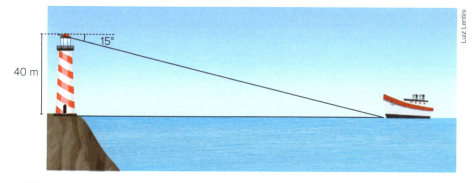

a) $20(1 + \sqrt{3})$.
b) $20(2 + \sqrt{3})$.
c) $40(2 - \sqrt{3})$.
d) $40(2 + \sqrt{3})$.

EXERCÍCIOS

SELECIONADOS

30. (Saresp) Para calcular a largura de um rio, Pedro observou que, em um trecho retilíneo, havia uma árvore situada bem em frente a ele. Depois de caminhar 500 metros, viu que a linha visada da árvore fazia, agora, um ângulo de 35° com a margem, como mostra a figura, que também fornece os valores das razões trigonométricas de um ângulo de 35°.

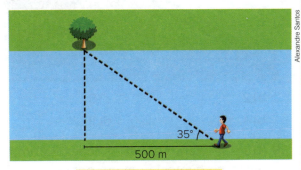

Dados: sen 35° = 0,57
cos 35° = 0,82
tg 35° = 0,70

A largura aproximada do rio é de:
a) 285 m.
b) 350 m.
c) 410 m.
d) 715 m.

31. Uma escada de 5 m de comprimento está apoiada em uma parede de 4 m de altura. Qual ângulo a escada forma com o solo?

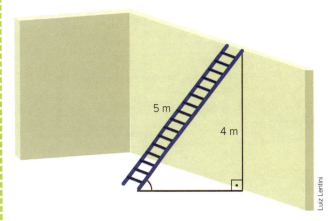

32. (CAP-UFRJ) Na figura abaixo os ângulos destacados medem 30°, 45° e 60°. Se a medida do segmento AC é 10, calcule a medida do segmento AB.

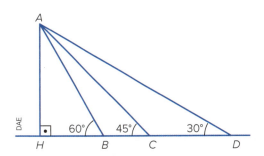

33. Qual é a medida do ângulo x formado pela iluminação dos faróis do carro na figura abaixo?

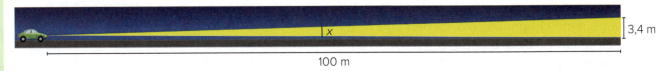

34. A figura mostra duas escadas, cada uma encostada em um muro. Qual é a distância aproximada entre os muros?

Dados: sen 35° = 0,57
cos 35° = 0,82
tg 35° = 0,70

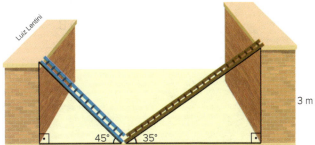

 **PANORAMA**

FAÇA AS ATIVIDADES A SEGUIR E REVEJA O QUE VOCÊ APRENDEU.

35. (UEPG-PR) Para o triângulo retângulo *BAC*, a relação correta é:

a) sen $\hat{B} = \dfrac{b}{a}$.

b) cos $\hat{B} = \dfrac{b}{a}$.

c) tg $\hat{B} = \dfrac{c}{b}$.

d) tg $\hat{C} = \dfrac{b}{c}$.

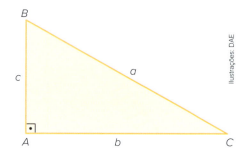

36. (Faap-SP) Um arame de 18 metros de comprimento é esticado do nível do solo (suposto horizontal) ao topo de um poste vertical. Sabendo que o ângulo formado pelo arame com o solo é de 30°, calcule a altura do poste.

a) 9 m
b) 18 m
c) 36 m
d) 4,5 m

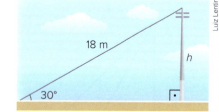

37. (Faap-SP) Sabendo-se que a direção da linha de rumo de um avião, na descida para a pista, faz um ângulo de 30° com o solo, e que a distância percorrida pelo avião, desde o início do acionamento do sistema de travagem até chegar ao solo, foi de 1 800 m, a que altura da pista o piloto desse avião iniciou o sistema de travagem?

a) 800 m
b) 850 m
c) 900 m
d) 1 000 m

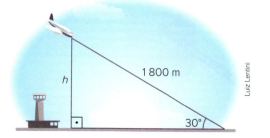

38. (FCC-SP) Uma escada apoiada em uma parede, num ponto que dista 4 m do solo, forma com essa parede um ângulo de 60°. O comprimento da escada, em metros, é:

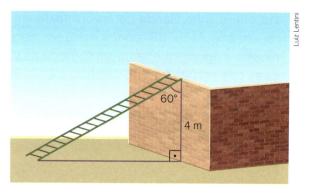

a) 2.
b) 4.
c) 8.
d) 16.

39. (USF-SP) Para permitir o acesso a um monumento que está em um pedestal de 2 m de altura, vai ser construída uma rampa com inclinação de 30° com o solo, conforme a ilustração. O comprimento da rampa será igual a:

a) 2 m.
b) 4 m.
c) $\sqrt{3}$ m.
d) $\sqrt{2}$ m.

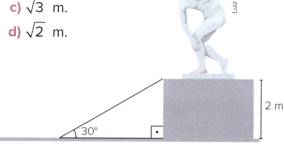

40. (Unip-SP) Na figura, o valor de tg α é:

a) 0,4.
b) 0,6.
c) 0,8.
d) $\dfrac{5}{8}$.

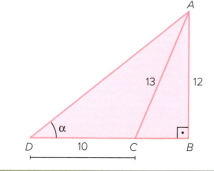

204

41. Um prédio projeta uma sombra de 40 m quando os raios solares formam um ângulo de 45° com o solo. A altura desse prédio é:

a) 40 m.
b) 80 m.
c) 56 m.
d) 28 m.

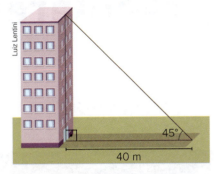

42. (Ceeteps-SP) Numa floresta, as alturas em que estão os topos de duas árvores A e B são respectivamente 12 m e 18 m. Do ponto A vê-se o ponto B sob um ângulo de 30° com relação ao plano horizontal.

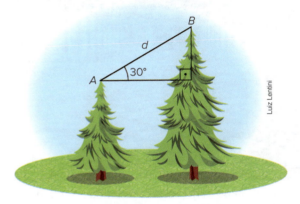

A distância d entre os topos das árvores é:

a) 6 m.
b) 8 m.
c) 12 m.
d) 18 m.

43. (UFRN) Observe a figura abaixo e determine a altura h do edifício, sabendo que $\overline{AB}$ mede 25 m e cos θ = 0,6.

a) 15 m
b) 20 m
c) 18,5 m
d) 22,5 m

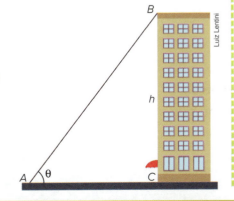

44. (Ceeteps-SP) Numa pousada isolada, instalada na floresta, um lampião está suspenso na parede conforme a figura a seguir:

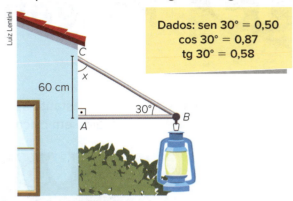

Dados: sen 30° = 0,50
cos 30° = 0,87
tg 30° = 0,58

A hipotenusa do triângulo ABC formado e o ângulo x medem, respectivamente:

a) 87 cm e 30°.
b) 87 cm e 60°.
c) 120 cm e 30°.
d) 120 cm e 60°.

45. (Saresp) O teodolito é um instrumento utilizado para medir ângulos. Um engenheiro aponta um teodolito contra o topo de um edifício, a uma distância de 100 m, e consegue obter um ângulo de 55°.

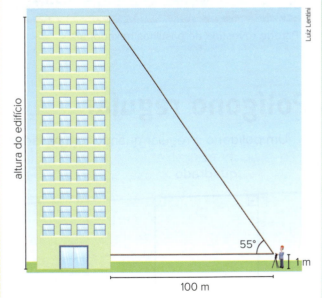

A altura do edifício é, em metros, aproximadamente:

a) 58 m.
b) 83 m.
c) 115 m.
d) 144 m.

CAPÍTULO 19
Polígonos regulares

Os **polígonos regulares** são bastante aplicados em várias situações práticas – por exemplo, em revestimento de piso ou parede e em calçamentos.

↑ Parede revestida de pastilhas hexagonais.

↑ Piso decorado com mosaico formado por quadrados e octógonos regulares.

Polígono regular

Um polígono é regular quando tem os lados congruentes e os ângulos congruentes. Veja:

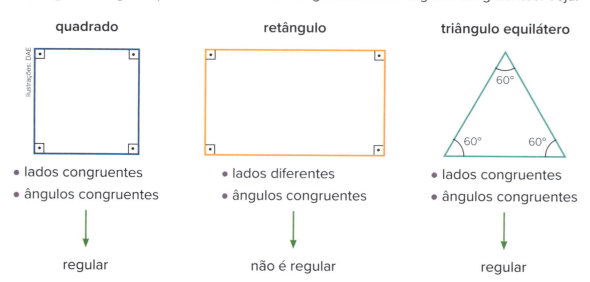

Polígono regular inscrito e circunscrito

Os polígonos regulares podem ser inscritos em uma circunferência ou circunscritos a ela.

1. Quando os vértices dos polígonos pertencem à circunferência, dizemos que o polígono está **inscrito** na circunferência.

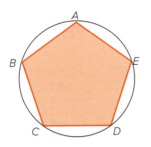

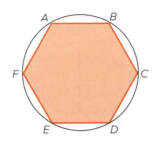

Cada lado do polígono inscrito é uma **corda** da circunferência.

Numa circunferência, arcos congruentes correspondem a cordas congruentes.

Essa propriedade nos permite construir polígonos regulares. Basta dividir a circunferência em arcos congruentes.

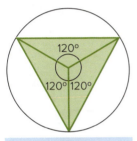
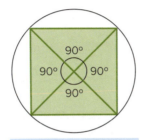
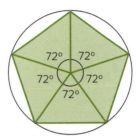
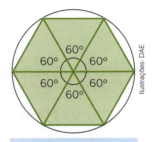

3 partes congruentes: **triângulo equilátero**

4 partes congruentes: **quadrado**

5 partes congruentes: **pentágono regular**

6 partes congruentes: **hexágono regular**

2. Quando os lados dos polígonos são tangentes à circunferência, dizemos que o polígono está **circunscrito** à circunferência.

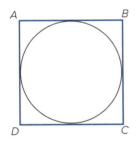
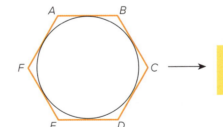

O lado e a circunferência têm um único ponto comum.

Apótema de um polígono regular

Apótema de um polígono regular é o segmento cujas extremidades são o centro da circunferência circunscrita a esse polígono e o ponto médio de um lado desse polígono.

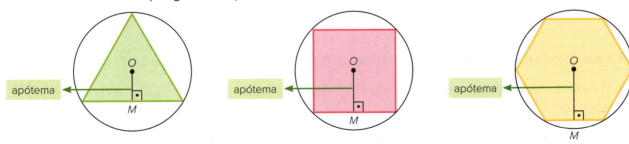

O apótema é sempre perpendicular ao lado.

Relações métricas nos polígonos regulares

Quadrado

1. Cálculo da medida do lado (ℓ_4).
   No $\triangle COD$, temos:

   $\ell_4^2 = r^2 + r^2$ **Teorema de Pitágoras**

   $\ell_4^2 = 2r^2$

   $\ell_4 = \sqrt{2r^2}$

   $\boxed{\ell_4 = r\sqrt{2}}$

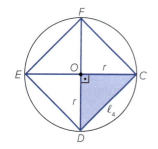

2. Cálculo da medida do apótema (a_4).
   Na figura, observe que:

   $a_4 = \dfrac{\ell_4}{2}$

   Como $\ell_4 = r\sqrt{2}$,

   então: $\boxed{a_4 = \dfrac{r\sqrt{2}}{2}}$

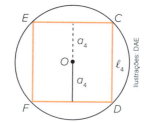

EXERCÍCIOS DE FIXAÇÃO

1. Calcule a medida do lado e do apótema do quadrado inscrito numa circunferência de raio 8 cm.

Solução:

1. $\ell_4 = r\sqrt{2} \Rightarrow \ell_4 = 8\sqrt{2}$

2. $a_4 = \dfrac{r\sqrt{2}}{2} \Rightarrow a_4 = \dfrac{8\sqrt{2}}{2} = 4\sqrt{2}$

Resposta: O lado mede $8\sqrt{2}$ cm e o apótema, $4\sqrt{2}$ cm.

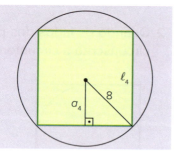

2. Calcule o lado e o apótema de cada quadrado.

a)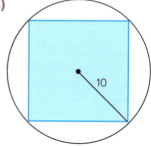

b)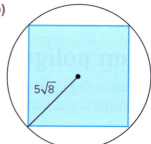

3. Calcule o apótema de um quadrado inscrito numa circunferência de raio $7\sqrt{2}$ cm.

4. O lado de um quadrado inscrito numa circunferência mede $10\sqrt{2}$ cm. Calcule o raio da circunferência.

5. A medida do apótema de um quadrado inscrito numa circunferência é 25 cm. Calcule o raio da circunferência.

Hexágono regular

1. Cálculo da medida do lado (ℓ_6).

O $\triangle AOB$ é equilátero.

Logo, $\overline{OA} \equiv \overline{OB} \equiv \overline{AB}$.

Então, $\ell_6 = r$

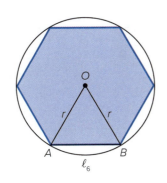

2. Cálculo da medida do apótema (a_6).

No $\triangle MOB$, temos:

$$a_6^2 + \left(\frac{r}{2}\right)^2 = r^2 \quad \text{Teorema de Pitágoras}$$

$$a_6^2 = r^2 - \frac{r^2}{4}$$

$$a_6^2 = \frac{3r^2}{4}$$

$$a_6 = \sqrt{\frac{3r^2}{4}}$$

$$a_6 = \frac{r\sqrt{3}}{2}$$

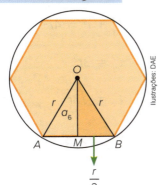

EXERCÍCIOS DE FIXAÇÃO

6. Calcule a medida do lado e do apótema do hexágono regular inscrito numa circunferência de raio 8 cm.

Solução:

1. Como $\ell_6 = r$, então, $\ell_6 = 8$.

2. $a_6 = \dfrac{r\sqrt{3}}{2} = a_6 = \dfrac{8\sqrt{3}}{2} = 4\sqrt{3}$

Resposta: O lado mede 8 cm e o apótema, $4\sqrt{3}$ cm.

7. Calcule o lado e o apótema dos hexágonos regulares.

a)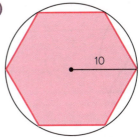

b)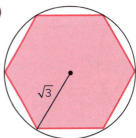

8. Determine o perímetro de um hexágono regular inscrito numa circunferência de 5 cm de raio.

9. O apótema de um hexágono regular inscrito numa circunferência mede 15 cm. Quanto mede seu lado?

10. O apótema de um hexágono regular mede $7\sqrt{3}$ cm. Determine o perímetro do hexágono.

Triângulo equilátero

1. Cálculo da medida do lado (ℓ_3).
   No $\triangle ABD$, temos:

   $\ell_3^2 + r^2 = (2r)^2$ **Teorema de Pitágoras**

   $\ell_3^2 + r^2 = 4r^2$

   $\ell_3^2 = 3r^2$

   $\ell_3 = \sqrt{3r^2}$

   $\boxed{\ell_3 = r\sqrt{3}}$

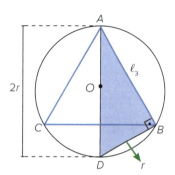

2. Cálculo da medida do apótema (a_3).
   O quadrilátero $BDCO$ é um losango, pois os lados são congruentes (medem r).

   Logo: $a_3 = \dfrac{OD}{2}$

   $\boxed{a_3 = \dfrac{r}{2}}$

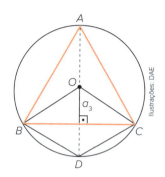

EXERCÍCIOS DE FIXAÇÃO

11. Calcule a medida do lado e do apótema do triângulo equilátero inscrito numa circunferência de raio 8 cm.

Solução:

1. $\ell_3 = r\sqrt{3} \Rightarrow \ell_3 = 8\sqrt{3}$

2. $a_3 = \dfrac{r}{2} \Rightarrow a_3 = \dfrac{8}{2} = 4$

Resposta: O lado mede $8\sqrt{3}$ cm e o apótema, 4 cm.

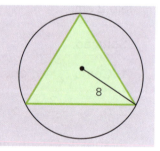

12. Calcule o lado e o apótema dos triângulos equiláteros.

a)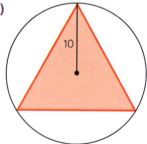

b)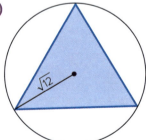

13. Calcule o lado de um triângulo equilátero inscrito numa circunferência de raio $3\sqrt{3}$ cm.

14. Calcule o apótema de um triângulo equilátero inscrito numa circunferência de raio 14 cm.

15. O lado de um triângulo equilátero inscrito numa circunferência mede 18 cm. Quanto mede seu apótema?

Construção de um hexágono regular, dada a medida do lado

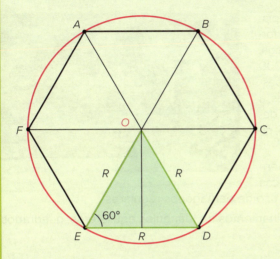

O hexágono regular pode ser decomposto em 6 triângulos equiláteros com um vértice comum: o ponto O, que é o centro da circunferência onde o hexágono está inscrito.

O lado de cada triângulo equilátero tem a medida do raio dessa circunferência.

Vamos traçar, com régua e compasso, um hexágono de lado 3 cm.

Traçamos um dos lados do hexágono usando régua.

Com a ponta seca em E e, depois, em D, e abertura igual a 3 cm, traçamos dois arcos, determinando o ponto O, que é o centro da circunferência em que o hexágono será inscrito.

O triângulo *EDO* é equilátero.

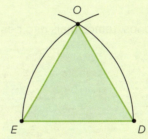

Com a ponta seca em O e abertura igual a OD (3 cm), traçamos a circunferência de centro O passando por E e D.

Com a circunferência traçada e sabendo que todos os lados medem 3 cm, basta determiná-los usando o compasso com abertura de 3 cm a partir do vértice D (ou E).

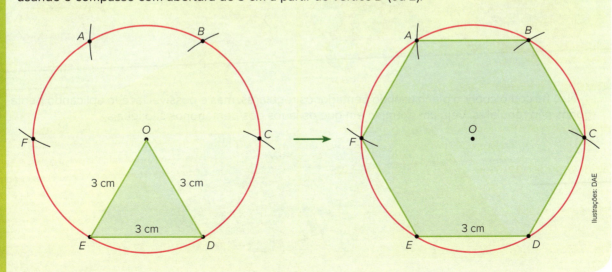

CURIOSO É...

Ladrilhamento do plano

A arte do ladrilhamento consiste no preenchimento do plano com polígonos, sem superposições ou buracos. Essa forma de arranjar figuras geométricas no plano é muito antiga. Há registro no Egito de ladrilhamentos que datam de 5000 a.C. Romanos e outros povos mediterrâneos retratavam pessoas e cenas naturais utilizando essa arte. Observamos a técnica do ladrilhamento aplicada a diversos elementos decorativos: papéis de parede, pisos de cerâmica ou pedra, pisos e forros de madeira, estamparia de tecidos etc.

Há apenas 11 tipos de ladrilhamentos que usam somente polígonos regulares e mantêm a distribuição de peças em cada vértice. Entretanto, nenhum deles permite o uso de pentágonos regulares.

Com um único tipo de polígono, encontramos ladrilhamentos de triângulos equiláteros, quadrados e hexágonos.

  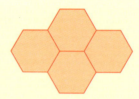

Combinando polígonos, temos mais oito possibilidades:

 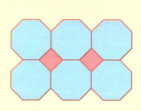 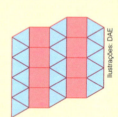

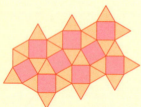 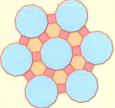 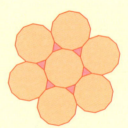 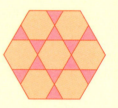

Não há como cobrir o plano usando pentágonos regulares, mas é possível fazê-lo aplicando pentágonos não regulares. Veja um exemplo em que os lados dos pentágonos são iguais.

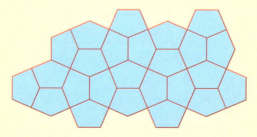

EXERCÍCIOS

COMPLEMENTARES

Resumo		
Polígono inscrito	Lado	Apótema
quadrado	$\ell_4 = r\sqrt{2}$	$a_4 = \dfrac{r\sqrt{2}}{2}$
hexágono regular	$\ell_6 = r$	$a_6 = \dfrac{r\sqrt{3}}{2}$
triângulo equilátero	$\ell_3 = r\sqrt{3}$	$a_3 = \dfrac{r}{2}$

16. Determine o perímetro de um hexágono regular inscrito numa circunferência de raio 5 cm.

17. Na figura, o lado do quadrado circunscrito à circunferência mede 8 cm. Determine o lado e o apótema do hexágono inscrito nessa circunferência.

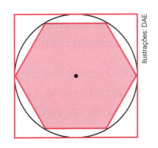

18. O lado do quadrado inscrito numa circunferência mede $\sqrt{6}$ cm. Qual é o lado do hexágono inscrito na mesma circunferência?

19. Numa praça circular de raio 12 m, há um jardim na forma de triângulo equilátero, como vemos na ilustração. O ponto O marca o centro da praça. Qual é a distância do ponto O até o bebedouro?

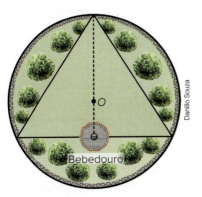

20. A soma dos perímetros de dois polígonos regulares é 34 cm. Sabendo-se que o perímetro de um dos polígonos é 16,5 cm e o outro polígono é um pentágono regular, pergunta-se: Qual é a medida do lado desse pentágono?

21. Calcule o lado e o apótema de cada polígono regular.

a)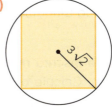

b)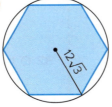

c)

213

EXERCÍCIOS
SELECIONADOS

22. Calcule o apótema de um quadrado inscrito numa circunferência de raio $8\sqrt{2}$ cm.

23. O raio de um hexágono regular inscrito numa circunferência mede 5 cm. Calcule o perímetro do hexágono.

24. O lado de um hexágono regular inscrito numa circunferência mede 26 cm. Quanto mede seu apótema?

25. Calcule as medidas do lado e do apótema de um hexágono regular inscrito numa circunferência de raio 10 cm.

26. Calcule o apótema de um triângulo equilátero inscrito numa circunferência de raio 28 cm.

27. O apótema de um triângulo equilátero inscrito numa circunferência mede $\sqrt{3}$ cm. Quanto mede seu lado?

28. O apótema de um quadrado mede 5 cm. Calcule o perímetro desse quadrado.

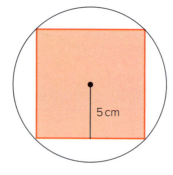

29. A diagonal de um quadrado inscrito em uma circunferência mede 5 cm. Calcule o lado do hexágono regular inscrito nessa mesma circunferência

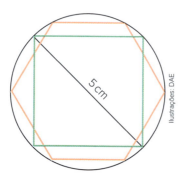

30. O lado de um quadrado inscrito em uma circunferência mede $10\sqrt{2}$ cm. Calcule a medida do lado do triângulo equilátero inscrito nessa mesma circunferência.

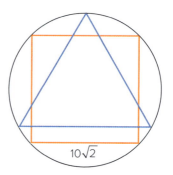

31. Um favo de mel é constituído por alvéolos hexagonais, que são polígonos regulares iguais cujos vértices estão em contato com outros vértices.

Observe a figura. Considere que o lado de cada hexágono mede 4 cm.

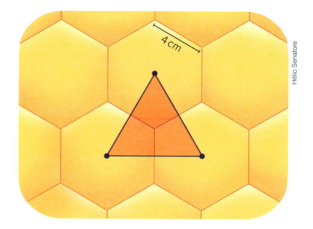

Ao unir os centros dos hexágonos, obtemos triângulos equiláteros.

a) Calcule, mentalmente, a altura do triângulo equilátero.

b) Quanto mede o lado do triângulo equilátero?

32. O lado de um quadrado inscrito numa circunferência mede 4 cm. Calcule o raio da circunferência.

PANORAMA

FAÇA AS ATIVIDADES A SEGUIR E REVEJA O QUE VOCÊ APRENDEU.

NO CADERNO

33. (Fesp-RJ) Observe a figura abaixo. A medida do ângulo α, indicado na figura abaixo, é de:
a) 30°.
b) 60°.
c) 80°.
d) 90°.

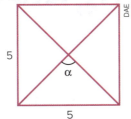

34. Na figura, ABCD é um quadrado e CDE é um triângulo equilátero. A medida do ângulo x é:
a) 45°.
b) 60°.
c) 75°.
d) 105°.

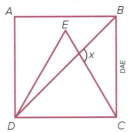

35. O ponto O é o centro de um pentágono regular. Que porcentagem do interior do pentágono está sombreada?
a) 20%
b) 25%
c) 30%
d) 40%

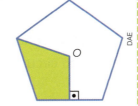

36. (Saresp) O piso de uma varanda é feito com ladrilhos quadrados de dois tamanhos. A medida do lado do ladrilho maior é o dobro da medida do lado do ladrilho menor. Qual é a alternativa correta?

a) A área do ladrilho maior é o triplo da área do ladrilho menor.
b) A área do ladrilho maior é o dobro da área do ladrilho menor.
c) O perímetro do ladrilho maior é o dobro do perímetro do ladrilho menor.
d) O perímetro do ladrilho maior é o quádruplo do perímetro do ladrilho menor.

37. (Saresp) Um cão se encontra preso num cercado de madeira, cuja forma é quadrada. Sua corrente, que mede 2,5 m, está fixada no centro do quadrado. Se o cão fizer um movimento circular, com a corrente esticada, tocará no máximo em quatro pontos do cercado. O lado desse quadrado mede:

a) 2,5 m.
b) 5,0 m.
c) 7,5 m.
d) 5,75 m.

38. (Saresp) Tenho um pedaço de papel de seda de forma circular cujo raio mede 20 cm. Quero fazer uma pipa quadrada, do maior tamanho possível, com esse pedaço de papel de seda. O lado desse quadrado terá:

Use $\sqrt{2} = 1,4$

a) 14 cm.
b) 28 cm.
c) 35 cm.
d) 56 cm.

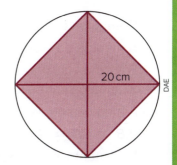

39. (Saresp) O apótema e o lado de um hexágono regular inscrito numa circunferência de raio igual a $4\sqrt{3}$ cm são, respectivamente:

a) 4 cm; $4\sqrt{3}$ cm.
b) 6 cm; 6 cm.
c) $4\sqrt{3}$ cm; 4 cm.
d) 6 cm; $4\sqrt{3}$ cm.

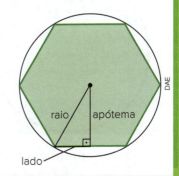

215

CAPÍTULO 20

Circunferência, arcos e ângulos

Arcos de circunferência

Marcamos dois pontos A e B sobre a circunferência de centro O, dividindo-a em duas partes chamadas arcos de circunferência.

Registramos assim: $\overset{\frown}{AB}$.

Sempre que nos referimos a um arco usando essa notação, estamos tratando do arco menor (em azul na ilustração).

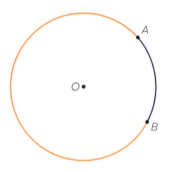
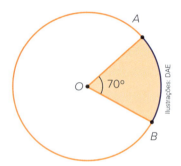

O ângulo central $A\hat{O}B$ corresponde ao arco AB.

A medida do arco AB em graus é igual à medida do ângulo central que o determina: 70°.

Traçamos uma nova circunferência com centro em O. São circunferências **concêntricas**. Observe os ângulos centrais. Eles têm a mesma medida: 70°.

A medida angular dos arcos AB e CD é a mesma:

$\overset{\frown}{AB} \equiv \overset{\frown}{CD} \equiv 70°$

No entanto, é fácil perceber que o comprimento do arco AB é maior que o comprimento do arco CD.

Um arco tem medida angular em graus e comprimento medido em centímetros, metros etc.

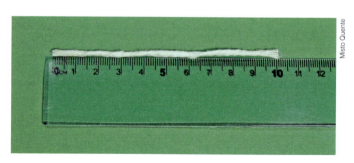

Vamos aprender como calcular o comprimento de um arco.

Comprimento de arcos

Em uma mesma circunferência:

- se dobrarmos a medida do ângulo central, o comprimento do arco também dobra;
- se triplicarmos a medida do ângulo central, o comprimento do arco também triplica.

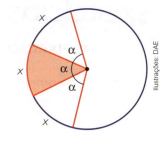

Vamos utilizar a proporcionalidade entre o ângulo central e o arco determinado por ele numa circunferência para calcular o comprimento de arcos.

Acompanhe os exemplos a seguir.

A. Qual é o comprimento do arco ilustrado abaixo?

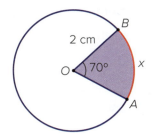

O comprimento da circunferência é calculado fazendo $C = 2 \cdot \pi \cdot r$.

Como $r = 2$ cm, então $C = 2 \cdot \pi \cdot 2 = 4\pi$ cm.

O ângulo central correspondente à circunferência toda é de 360°.

O ângulo central correspondente ao arco AB mede 70°.

Representando o comprimento do arco por x, temos:

$$\left.\begin{array}{l} 4\pi \longrightarrow 360° \\ x \longrightarrow 70° \end{array}\right\} \quad \frac{4\pi}{x} = \frac{360}{70} \longrightarrow \text{Multiplicando em cruz:} \quad 360x = 280\pi$$

$$x = \frac{7\pi}{9} \text{ cm}$$

Se necessário, podemos achar o comprimento aproximado substituindo π por 3,14.

B. Um arco cuja circunferência mede 8π cm tem ângulo central de 40°. Qual é a medida do raio dessa circunferência?

$$\left.\begin{array}{l} 2 \cdot \pi \cdot r \longrightarrow 360° \\ 8\pi \longrightarrow 40° \end{array}\right\} \quad \underbrace{\frac{2 \cdot \pi \cdot r}{8\pi} = \frac{360°}{40°}}_{\text{Multiplicando em cruz:}}$$

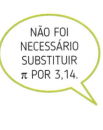

$2 \cdot \pi \cdot r \cdot 40 = 8 \cdot \pi \cdot 360$

$r = \dfrac{8 \cdot \pi \cdot 360}{2 \cdot \pi \cdot 40}$

$r = 36$ cm

NÃO FOI NECESSÁRIO SUBSTITUIR π POR 3,14.

EXERCÍCIOS
DE FIXAÇÃO

1. Calcule o comprimento do arco *AB*.

   a) 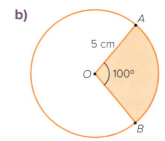   b)

2. Uma circunferência de raio 12 cm foi dividida em 6 arcos iguais. Qual é o comprimento de cada arco?

3. Um arco de uma circunferência de raio 15 cm tem comprimento de 9,42 cm. Determine o ângulo de medida *x* (use $\pi = 3{,}14$).

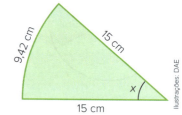

4. Na figura, $C\hat{O}A \equiv D\hat{O}B = 90°$, $OD = 4$ cm e $OC = 3$ cm. Qual é a diferença entre o comprimento dos arcos *BD* e *AC*?

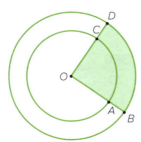

5. Qual é o perímetro do setor circular que está colorido na figura? (Use $\pi = 3$.)

   Solução:

   Comprimento do arco: $\dfrac{2 \cdot \pi \cdot 8}{x} = \dfrac{360}{30} \Rightarrow \dfrac{48}{x} = 12 \Rightarrow x = 4$ cm

   Perímetro = 8 + 8 + 4 = 20 cm
   ↓   ↓
   raio raio

   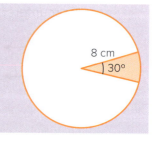

6. Em uma praça circular de 20 m de raio, haverá dois jardins gramados com a forma de setores circulares, como mostra a ilustração. Os jardins serão totalmente cercados durante o tempo necessário para a grama germinar. Quantos metros de cerca serão necessários? (Use $\pi = 3{,}14$.)

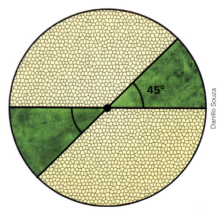

Ângulo inscrito

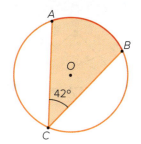

O ângulo $A\hat{C}B$ é um **ângulo inscrito** na circunferência: o vértice é um ponto da circunferência e os lados são secantes a ela.

O ângulo $A\hat{O}B$ é o ângulo central correspondente ao ângulo inscrito $A\hat{C}B$. Ambos determinam o mesmo arco.

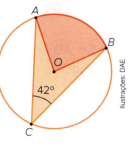

> Propriedade: a medida do ângulo inscrito é igual à metade da medida do ângulo central correspondente a ele.

Neste exemplo, $A\hat{O}B = 84°$.

Exemplos:

A. O centro da circunferência ao lado é o ponto O. Então x é a metade de 130°, ou seja, x = 65°.

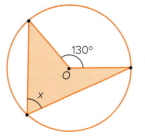

B. Na circunferência ilustrada, $A\hat{B}C$ é um ângulo inscrito e $A\hat{O}C$ é o ângulo central correspondente a ele (O é o centro da circunferência). O ângulo central mede o dobro do ângulo inscrito:

$$2x + 10° = 60°$$
$$2x = 50°$$
$$x = 25°$$

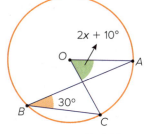

Triângulo inscrito numa semicircunferência

Os vértices do triângulo ABC são pontos da circunferência.

Como $\overline{AC}$ é um diâmetro, dizemos que o triângulo ABC está inscrito numa semicircunferência.

O ângulo ABC é um ângulo inscrito e o ângulo central correspondente a ele é um ângulo raso que mede 180°.

Logo, $A\hat{B}C$ mede metade de 180° $\Rightarrow$ $A\hat{B}C = 90°$.

Como ABC é um triângulo qualquer inscrito numa semicircunferência, concluímos que:

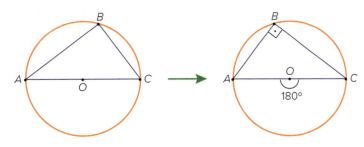

> Todo triângulo inscrito numa semicircunferência é retângulo.

EXERCÍCIOS
DE FIXAÇÃO

7. Se $\overline{AB}$ é um diâmetro da circunferência de centro O, qual é a medida dos ângulos $\hat{C}$, $\hat{D}$ e $\hat{E}$?

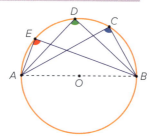

8. Determine x sabendo que o ponto O é o centro de cada circunferência.

a)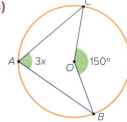
b)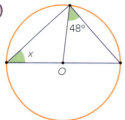
c)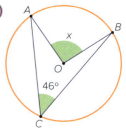
d)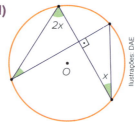

EXERCÍCIOS
COMPLEMENTARES

9. Calcule o comprimento do arco determinado por um ângulo central de 24° numa circunferência de diâmetro 8 cm.

10. Uma peça circular de raio 5 cm foi dividida em 8 partes iguais. Calcule o perímetro de cada parte utilizando π = 3,14.

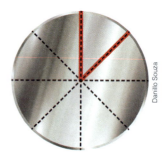

11. Uma esfera presa a um fio de 12 cm de comprimento oscila entre os pontos A e B, formando um ângulo de 16°. Que comprimento a esfera percorre de A até B? (Use π = 3).

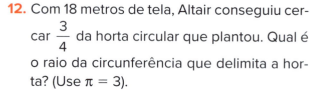

12. Com 18 metros de tela, Altair conseguiu cercar $\frac{3}{4}$ da horta circular que plantou. Qual é o raio da circunferência que delimita a horta? (Use π = 3).

13. Sabendo que O é o centro da circunferência, calcule x.

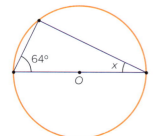

PANORAMA

FAÇA AS ATIVIDADES A SEGUIR E REVEJA O QUE VOCÊ APRENDEU.
NO CADERNO

14. Se O é o centro da circunferência ilustrada, as medidas de $A\hat{O}B$ e de $A\hat{C}B$ são respectivamente iguais a:

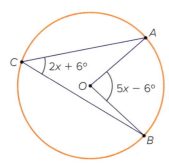

a) 84° e 42°.
b) 42° e 21°.
c) 36° e 18°.
d) 28° e 14°.

15. Se $P\hat{O}Q = 2x + 6°$ e $P\hat{R}Q = 3x - 1°$ são ângulos inscritos numa circunferência de centro S, então x é igual a:

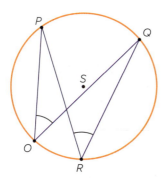

a) 7°.
b) 14°.
c) 20°.
d) 21°.
e) 22°.

16. (Ufes) Na figura, a medida de α, em graus, é:

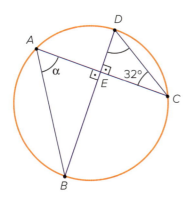

a) 52.
b) 54.
c) 56.
d) 58.

17. Se β é a medida de um ângulo inscrito numa circunferência e α é o ângulo central correspondente a ele, então é verdade que:

a) $\alpha = \beta$.
b) $\alpha = 2\beta$.
c) $\beta = 2\alpha$.
d) $\beta = \dfrac{1}{\alpha}$.

18. (PUC-SP) Na figura, $\overline{AB}$ é diâmetro da circunferência. O menor dos arcos $\stackrel{\frown}{AC}$ mede:

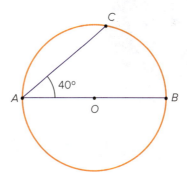

a) 100°.
b) 120°.
c) 140°.
d) 150°.

19. (Ufal) Na figura, tem-se uma circunferência de centro C. Se o ângulo $C\hat{S}Q = 50°$, a medida do arco $\stackrel{\frown}{PR}$ é:

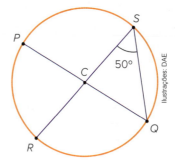

a) 50°.
b) 80°.
c) 90°.
d) 100°.

20. Nesta figura, x vale:

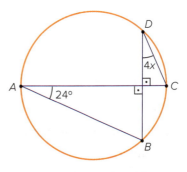

a) 24°.
b) 12°.
c) 6°.
d) 3°.

221

CAPÍTULO 21
Volumes

COMO PODEMOS CALCULAR O VOLUME DE UM PRISMA COMO ESTE?

Vemos ao lado a ilustração de um prisma de base triangular.

Prismas são sólidos geométricos que têm duas bases idênticas e paralelas (neste exemplo, triângulos). As faces laterais são paralelogramos (neste exemplo, retângulos).

Vamos descobrir qual é o volume deste prisma a partir dos conhecimentos sobre o volume de paralelepípedos.

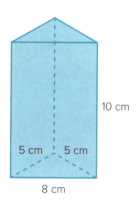

Retomando o volume de paralelepípedos retângulos

Os paralelepípedos são prismas cujas bases são quadrados ou retângulos.

Sabemos que o volume do paralelepípedo é o produto de suas três dimensões:

$V_{paralelepípedo} = c \cdot \ell \cdot a$

Em que **c** é o comprimento, ℓ é a largura e **a** é a altura do paralelepípedo.

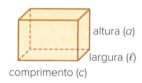

Observe que, como a base é retangular, $c \cdot \ell$ é a área da base do paralelepípedo.

$V_{paralelepípedo} = \underbrace{c \cdot \ell}_{\text{área da base}} \cdot a \Rightarrow V_{paralelepípedo} = A_{base} \cdot \text{altura}$

Exemplo:

$V = \underbrace{2 \cdot 3}_{\text{área da base}} \cdot 4,5 = 27$ cm²

Para calcular o volume de outros prismas também faremos:

$V = A_{base} \cdot \text{altura}$

Calcularemos a área de uma das bases e multiplicaremos pela altura do prisma.

Volume de prismas

Acompanhe exemplos de situações que envolvem volumes de prismas.

1. Certo tipo de chocolate tem a forma de um prisma triangular. Sua embalagem também tem essa forma, com as medidas indicadas na ilustração ao lado.

Vamos calcular o volume dessa embalagem.

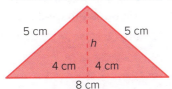
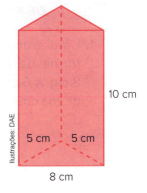

As bases do prisma são triângulos isósceles cuja base mede 8 cm.

Traçamos a altura relativa à base.

A altura coincide com a mediana.

Pelo teorema de Pitágoras:

$5^2 = h^2 + 4^2$

$h = 3$ cm

$A_{base} = 12$ cm²

Como a altura do prisma é $h = 10$ cm, temos $V_{embalagem} = 12 \cdot 10 = 120$ cm³

2. O tanque ilustrado ao lado é utilizado numa indústria como reservatório para colocar certo líquido. A forma é de um prisma cujas bases são trapézios isósceles. Quantos litros cabem, no máximo, nesse tanque?

$A_{trapézio} = \dfrac{(B + b) \cdot h}{2} \Rightarrow B = 6$ m; $b = 3$ m e $h = 2$ m

$A_{trapézio} = \dfrac{(6 + 3) \cdot 2}{2} = 9$ m²

$V_{tanque} = A_{trapézio} \cdot h = 9 \cdot 5 = 45$ m³

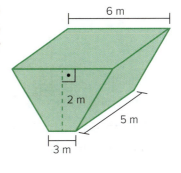

Como 1 m³ = 1000 L, temos $V = 45\,000$ L.

Cabem no reservatório, no máximo, 45 000 L do líquido que será armazenado.

3. A embalagem ilustrada a seguir deve ter capacidade para 2 L de sorvete. Vamos verificar se a embalagem atende a essa condição:

$A_{base} = 6 \cdot A_{triângulo}$

$A_{triângulo} = \dfrac{b \cdot h}{2}$

As bases são hexágonos regulares formados por 6 triângulos equiláteros de lado 10 cm.

No triângulo equilátero:

$h = \dfrac{\ell\sqrt{3}}{2} = \dfrac{10\sqrt{3}}{2} = 5\sqrt{3}$ cm

$A_{triângulo} = \dfrac{10 \cdot 5\sqrt{3}}{2} = 25\sqrt{3}$ cm²

$A_{base} = 6 \cdot 25\sqrt{3} = 150\sqrt{3}$ cm²

$V_{embalagem} = A_{base} \cdot a = 150\sqrt{3} \cdot 8 = 1200\sqrt{3}$ cm³

Usando 1,73 como aproximação para $\sqrt{3}$, temos:

$V_{embalagem} = 1200 \cdot 1,73 = 2\,076$ cm³

Como 1 cm³ = 1 mL e 1 L = 1000 mL, a embalagem tem capacidade de 2 076 mL ou 2,076 L.

EXERCÍCIOS
DE FIXAÇÃO

1. Uma embalagem de suco natural tem a forma de um paralelepípedo que mede 8 cm × 6 cm × 12 cm. Qual é sua capacidade máxima em mL?

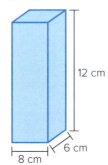

2. Determine o volume do prisma de base triangular ilustrado abaixo.

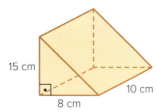

3. O sólido ilustrado a seguir é um paralelepípedo retângulo.

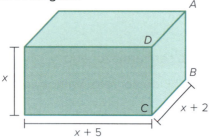

a) Escreva a expressão algébrica que possibilita calcular seu volume V.

b) Calcule o volume para x = 3 cm.

4. (Ufpe) Um reservatório de forma cúbica tem aresta medindo 3 m e é preenchido em três horas utilizando uma bomba-d'água. Com a mesma bomba, em quantas horas preenche-se um reservatório na forma de um paralelepípedo reto de dimensões 4 m, 6 m, 9 m?

5. Calcule o volume de um prisma reto cujas bases são hexágonos regulares de 6 cm de lado e a altura é 10 cm.

6. A figura a seguir é a planificação de um recipiente sem tampa, feito em lata. Qual é a capacidade desse recipiente em litros? (Considere as medidas indicadas em centímetros.)

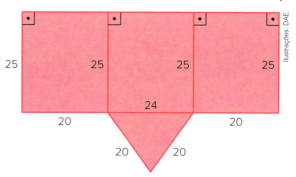

7. Um fabricante de embalagens faz caixas de papelão, sem tampa, com base em forma de prisma hexagonal regular cujos lados medem 30 cm cada. Sabendo que a altura da caixa tem a medida indicada na ilustração, determine o volume da caixa.

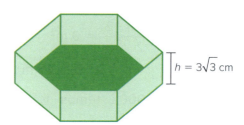

8. (PUC-RS) Uma piscina tem a forma de um prisma reto. A figura mostra a base do prisma, que corresponde a uma parede lateral da mesma. A superfície da parte de cima da piscina é formada por um retângulo de 6 m por 3 m. Para enchê-la totalmente, são necessários ▨▨▨ de água.

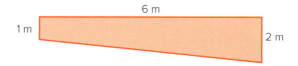

a) 9 m³
b) 18 m³
c) 27 m³
d) 36 m³
e) 54 m³

Área do círculo e de suas partes

Setor circular

É a parte do círculo limitada por dois raios e um arco.

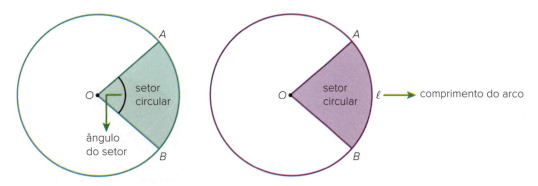

O ângulo central $A\hat{O}B$ é o ângulo do setor; o arco AB, de comprimento ℓ, é o arco do setor.

Área do setor circular

Como o setor circular é uma parte do círculo, sua área será calculada por proporcionalidade, utilizando-se a fórmula de cálculo da área do círculo de raio r:

$$A_{\text{círculo}} = \pi \cdot r^2$$

Relembre com um exemplo.

A área do círculo de raio 5 cm é dada por:

$A = \pi \cdot 5^2 = 25\pi \text{ cm}^2$

Se necessário, usamos uma aproximação para π, como 3,14.

$A = 25\pi = 25 \cdot 3,14 = 78,5 \text{ cm}^2$

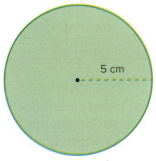

Agora, vamos aprender a calcular a área de um setor circular de raio r e α graus. Observe na figura a área colorida:

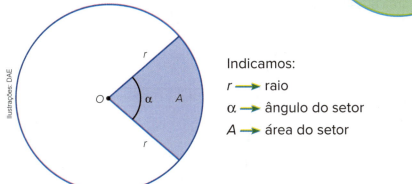

Indicamos:

$r \rightarrow$ raio

$\alpha \rightarrow$ ângulo do setor

$A \rightarrow$ área do setor

Aplicando a regra de três, temos:

ângulo   área

360° —— $\pi \cdot r^2$

α —— A

$$A = \frac{\alpha \pi r^2}{360°}$$

EXERCÍCIOS DE FIXAÇÃO

9. Calcule a área do setor em destaque a seguir.

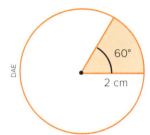

Solução:

$$A = \frac{\pi r^2 \alpha}{360°} \Rightarrow A = \frac{\pi \cdot 2^2 \cdot 60°}{360°}$$

$$A = \frac{4\pi}{6} = \frac{2\pi}{3}$$

Resposta: $\frac{2\pi}{3}$ cm²

Agora, repare como você pode resolver o problema sem usar a fórmula:

Se o setor fosse de 1°, sua área seria:

$$\frac{\pi r^2}{360} = \frac{4\pi}{360}.$$

Como é um setor de 60°, sua área será:

$$\frac{60\pi r^2}{360} = \frac{4\pi \cdot 60}{360} = \frac{2\pi}{3}$$

10. Numa pista de atletismo, o campo de arremesso de peso tem a forma de um setor circular com 60° de abertura e 15 m de raio. Qual é, em m², a área desse campo?

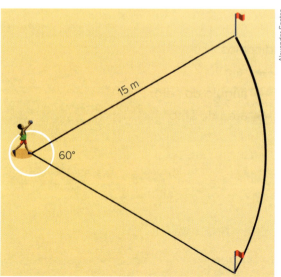

11. Uma *pizza* de formato circular foi dividida em 8 pedaços iguais. Se a *pizza* tem 30 cm de diâmetro, qual é a área do setor circular correspondente à superfície de cada uma das fatias?

12. Calcule a área de cada setor a seguir sabendo que o raio do gráfico circular mede 7 cm.

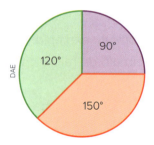

13. Calcule a área de cada setor circular a seguir.

a)

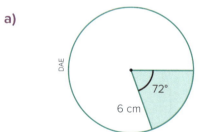

b)

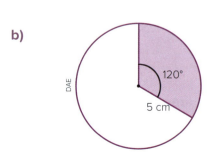

Volume do cilindro

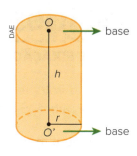

O cilindro reto tem duas bases circulares idênticas e paralelas.

A distância entre as bases é a altura h do cilindro.

De maneira semelhante à que fizemos para os prismas, o volume do cilindro é dado por:

$V_{cilindro} = A_{base} \cdot$ altura

Como a base é um círculo de raio r, temos:

$$V_{cilindro} = \pi \cdot r^2 \cdot h$$

Exemplos:

A. O volume de um cilindro de altura 4 cm cuja base tem raio de 6 cm é:
$V = \pi \cdot 6^2 \cdot 4 = 144\pi$ cm²

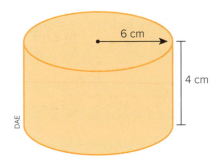

B. Um cilindro tem capacidade de 9,42 L. A altura mede 30 cm. Qual é a medida do raio da base?

9,42 L = 9 420 mL = 9 420 cm³

$9420 = \pi \cdot r^2 \cdot 30$

$9420 = 3{,}14 \cdot r^2 \cdot 30$

$9420 = 94{,}2 \cdot r^2$

$r^2 = 100$

$r = 10$ cm

O RAIO MEDE 10 CM.

C. Para que as duas embalagens cilíndricas ilustradas tenham volumes iguais, qual deve ser a medida h?

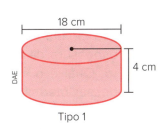

Tipo 1 — Tipo 2

$V_1 = V_2$
$r_1 = 9$ cm e $r_2 = 6$ cm
$\pi \cdot 9^2 \cdot 4 = \pi \cdot 6^2 \cdot h$
$81 \cdot 4 = 36\, h$
$h = 9$ cm

A embalagem do tipo 2 deve ter 9 cm de altura.

EXERCÍCIOS DE FIXAÇÃO

14. Calcule o volume de um cilindro reto com 4 cm de raio e 15 cm de altura.

15. Determine a medida do raio de um cilindro com $6{,}4\pi$ m³ de volume e 10 m de altura.

16. (Unisc-RS) Um líquido que ocupa uma altura de 12 cm num recipiente cilíndrico será transferido para outro recipiente, também cilíndrico, com a metade do diâmetro do primeiro. Qual será a altura ocupada pelo líquido nesse segundo recipiente?

a) 20 cm   c) 30 cm   e) 48 cm
b) 24 cm   d) 36 cm

17. Um tanque de combustível na forma de cilindro reto está ocupado com 25% de sua capacidade total. Se o raio mede 2 m e a altura é de 5 m, quantos litros de combustível há no tanque?

18. (Unifor-CE) Pretende-se construir uma caixa-d'água, com a forma de um cilindro reto, cujo diâmetro da base mede 3 m. Se essa caixa deve comportar no máximo 16 740 litros de água, quantos metros ela deverá ter de altura? (Use: $\pi = 3{,}1$).

a) 2,75   c) 2,25   e) 1,75
b) 2,40   d) 1,80

EXERCÍCIOS COMPLEMENTARES

19. A base de um prisma reto é um triângulo isósceles com 8 cm de base e 3 cm de altura. Sabendo que a altura do prisma é $\dfrac{1}{3}$ do perímetro da base, calcule o volume desse prisma.

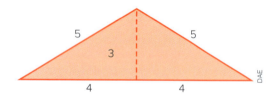

20. Contendo em média 40 palitos, uma caixa de fósforos tem a forma de um paralelepípedo retângulo de dimensões 4,5 cm, 3,2 cm e 1,2 cm. Qual é, aproximadamente, o volume ocupado por um palito de fósforos?

21. Calcule o volume de um prisma de base quadrada sabendo que a área da base é 25 cm² e que a medida de sua altura é igual ao dobro da medida da aresta da base.

22. (UERJ) Uma chapa de aço com a forma de um setor circular possui raio R e perímetro $3R$, conforme ilustra a imagem. A área do setor equivale a:

a) R^2.

b) $\dfrac{R^2}{4}$.

c) $\dfrac{R^2}{2}$.

d) $\dfrac{3R^2}{2}$.

23. As medalhas distribuídas aos atletas premiados nas Olimpíadas de Pequim (2008) são circulares com diâmetro de 70 mm e espessura de 6 mm, como um cilindro reto. Qual é o volume aproximado de uma dessas medalhas em centímetros cúbicos? Use $\pi = 3$.

PANORAMA

FAÇA AS ATIVIDADES A SEGUIR E REVEJA O QUE VOCÊ APRENDEU.

24. Um círculo com raio de 10 cm foi dividido em 6 partes iguais. A área de cada um dos setores circulares assim obtido vale aproximadamente:

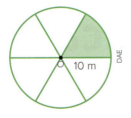

a) 51,4 cm².   c) 62,4 cm².
b) 52,3 cm².   d) 72,8 cm².

25. (Unirio-RJ) No futebol de salão, a área de meta é delimitada por dois segmentos de reta (de comprimento 11 m e 3 m) e dois quadrantes de círculos (de raio 4 m), conforme a figura. A superfície da área de meta mede, aproximadamente:

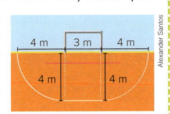

a) 25 m².   c) 37 m².
b) 34 m².   d) 41 m².

26. (Cesgranrio-RJ) Na figura, os três círculos são concêntricos e as áreas das regiões sombreadas são iguais. Se o raio do menor círculo é 5 m e o raio do maior é 13 m, então o raio do círculo intermediário é:

a) 10 m.   c) 12 m.
b) 11 m.   d) $5\sqrt{3}$ m.

27. (PUC-MG) Na maquete de uma casa, feita na escala 1 : 500, uma sala tem 8 mm de largura, 10 mm de comprimento e 8 mm de altura. A capacidade, em litros, dessa sala é:

a) 640.
b) 6 400.
c) 800.
d) 8 000.
e) 80 000.

28. Um prisma reto tem base hexagonal com lado de 4 cm. Se o volume do prisma é igual a $192\sqrt{3}$ cm³, a altura mede:

a) 32 cm.   b) 16 cm.   c) 8 cm.   d) 4 cm.

29. A base de um prisma reto é um triângulo retângulo de catetos 6 cm e 8 cm. Se a altura do prisma tem a mesma medida da maior aresta da base, o volume do prisma é igual a:

a) 480 cm³.   c) 120 cm³.
b) 240 cm³.   d) 60 cm³.

30. (Saresp-2007) A medida do diâmetro da base do reservatório 2, representado na figura, é o triplo da medida do diâmetro da base do reservatório 1, e ambos têm mesma altura. Se a capacidade do reservatório 1 é de 0,5 litro, qual é, em litros, a capacidade do reservatório 2?

a) 1,5   b) 3,0   c) 4,0   d) 4,5   e) 5,0

31. (Enem) Um artesão fabrica vários tipos de potes cilíndricos. Mostrou a um cliente um pote de raio de base a e altura b. Esse cliente, por sua vez, quer comprar um pote com o dobro do volume do pote apresentado. O artesão diz que possui potes com as seguintes dimensões:

- Pote I: raio a e altura $2b$
- Pote II: raio $2a$ e altura b
- Pote III: raio $2a$ e altura $2b$
- Pote IV: raio $4a$ e altura b
- Pote V: raio $4a$ e altura $2b$

O pote que satisfaz a condição imposta pelo cliente é o:

a) I.   b) II.   c) III.   d) IV.   e) V.

32. (Unicamp-SP) Considere um cilindro circular reto. Se o raio da base for reduzido pela metade e a altura for duplicada, o volume do cilindro:

a) é reduzido em 50%.
b) aumenta em 50%.
c) permanece o mesmo.
d) é reduzido em 25%.

CAPÍTULO 22
Probabilidade e Estatística

Eventos independentes

Quando lançamos um dado comum, os resultados possíveis são: 1, 2, 3, 4, 5 ou 6. O espaço amostral para esse evento é {1, 2, 3, 4, 5, 6}.

A probabilidade de obter 5 nesse lançamento é $P = \dfrac{1}{6}$ (1 possibilidade num total de 6).

Suponhamos que o resultado tenha sido 5. Se lançarmos novamente o dado, qual será a probabilidade de obter 5?

A probabilidade continuará sendo $P = \dfrac{1}{6}$.

A informação de que obtivemos 5 no primeiro lançamento não altera a probabilidade de ocorrer 5 no segundo lançamento.

Temos, nesse exemplo, **eventos independentes**.

Veja exemplos que envolvem probabilidades em eventos independentes.

A. Em dois lançamentos de um dado, qual é a probabilidade de obter um número par em ambos os lançamentos?

	1	2	3	4	5	6
1	(1; 1)	(1; 2)	(1; 3)	(1; 4)	(1; 5)	(1; 6)
2	(2; 1)	(2; 2)	(2; 3)	(2; 4)	(2; 5)	(2; 6)
3	(3; 1)	(3; 2)	(3; 3)	(3; 4)	(3; 5)	(3; 6)
4	(4; 1)	(4; 2)	(4; 3)	(4; 4)	(4; 5)	(4; 6)
5	(5; 1)	(5; 2)	(5; 3)	(5; 4)	(5; 5)	(5; 6)
6	(6; 1)	(6; 2)	(6; 3)	(6; 4)	(6; 5)	(6; 6)

Uma tabela facilita observar o espaço amostral. São 36 possibilidades no total e 9 são favoráveis: o resultado tem dois números pares.

$P = \dfrac{9}{36} = \dfrac{1}{4}$

Os eventos são independentes: ter saído um número par no primeiro lançamento não influencia o resultado do segundo lançamento.

Observe que podemos fazer $P = \dfrac{3}{6} \cdot \dfrac{3}{6} = \dfrac{9}{36} = \dfrac{1}{4}$.

Probabilidade de obter número par no 1º lançamento. × Probabilidade de obter número par no 2º lançamento.

ASSIM É MAIS RÁPIDO E FÁCIL!

B. Utilizando o mesmo evento do exemplo, qual é a probabilidade de obter 6 nos dois lançamentos do dado?

Faremos diretamente: $P = \dfrac{1}{6} \cdot \dfrac{1}{6} = \dfrac{1}{36}$.

Probabilidade de obter 6 no 1º lançamento. × Probabilidade de obter 6 no 2º lançamento.

Probabilidade condicional

Acompanhe a situação a seguir.

Uma urna contém 8 bolas iguais: 4 vermelhas e 4 amarelas.

A professora sorteará duas bolas seguidas sem repor a bola sorteada.

- Qual é a probabilidade de a primeira bola ser vermelha?

São 4 vermelhas num total de 8 bolas: $P = \frac{4}{8} = \frac{1}{2}$.

Vemos na ilustração que a primeira bola sorteada era vermelha.

Qual é a probabilidade de a segunda bola sorteada também ser vermelha?

Como não haverá reposição da primeira bola, restaram 7 bolas para o segundo sorteio: 3 vermelhas e 4 amarelas.

A probabilidade será $P = \frac{3}{7}$.

O resultado do segundo evento **depende** do resultado do primeiro. Esse exemplo envolve **probabilidade condicional**: a probabilidade de a segunda bola ser vermelha considerando que a primeira bola é vermelha.

! CURIOSO É...

Nos dias de hoje, o comércio de seguros é muito comum: seguro de automóveis, residencial, seguro de vida, entre outros. O surgimento dos seguros aconteceu há mais de 5 mil anos e teve origem na navegação. A carga de navios era assegurada para evitar o prejuízo de perdê-la por naufrágio ou roubo. No final da Idade Média, surgiram os seguros de vida, e os matemáticos começaram a desenvolver ideias para que o preço e o prêmio assegurado fossem adequados aos riscos. O primeiro trabalho prático nessa área foi escrito pelo cientista britânico Edmond Halley (o mesmo do cometa Halley). Seu trabalho tinha como base a expectativa de vida de uma pessoa e a probabilidade de ela viver mais do que o esperado.

Por volta de 1693, o francês Daniel Bernoulli aprimorou esses conhecimentos e desenvolveu novas ideias, ampliando os campos de atuação dos seguros com base nas probabilidades e na estatística.

↑ Edmond Halley, 1656-1742.

Ao contratar um seguro, o risco é avaliado, em geral, por um questionário.

Num seguro de automóvel alguns dados influenciam no risco e, portanto, no preço do seguro:

- idade do condutor;
- existência de garagem para guardar o automóvel;
- uso particular ou comercial;
- marca, modelo e ano do automóvel (há estatísticas sobre modelos mais roubados).

231

EXERCÍCIOS
DE FIXAÇÃO

1. Há 9 bolas iguais em um saco: 3 são azuis, 2 são vermelhas e 4 são brancas. Duas bolas são retiradas ao acaso, sucessivamente, sem reposição. Se a primeira bola sorteada for vermelha, qual será a probabilidade de a segunda bola ser:

   a) azul?

   b) branca?

   c) vermelha?

2. Numa urna há bolinhas iguais numeradas de 1 até 50.

   a) Gabriela disse que o número sorteado será um múltiplo de 4 e Daniel disse que será um múltiplo de 5. Qual deles tem maior chance de acertar?

   b) Antes de anunciar a bolinha sorteada, a professora disse que é um número de dois algarismos que termina em zero. Dada essa informação, qual dos dois têm maior chance de acertar esse número?

   Solução:

   a) Múltiplos de 4 de 1 até 50: 4, 8, 12, 16, 20, 24, 28, 32, 36, 40, 44 e 48.

   $P = \dfrac{12}{50}$ Em porcentagem: 24%

   Múltiplos de 5 de 1 até 50: 5, 10, 15, 20, 25, 30, 35, 40, 45 e 50.

   $P = \dfrac{10}{50}$ Em porcentagem: 20%

   Gabriela tem maior chance de acertar.

   b) Gabriela: só 2 números terminam em zero.

   $P = \dfrac{2}{50}$ Em porcentagem: 4%

   Daniel: 5 números terminam em zero.

   $P = \dfrac{5}{50}$ Em porcentagem: 10%

   Com a informação da professora, Daniel tem maior chance de acertar.

3. Uma clínica pediátrica sorteará um brinquedo entre as crianças que são pacientes da clínica.

	Meninos	Meninas
De 1 a 5 anos	20	30
De 6 a 10 anos	40	60

   a) Qual é a probabilidade de a criança sorteada ser um menino?

   b) Qual é a probabilidade de a criança sorteada ser uma menina de 1 a 5 anos?

   c) Qual é a probabilidade de a criança sorteada ser menino e ter de 1 a 5 anos?

4. No lançamento de um dado, qual é a probabilidade de obter um número ímpar sabendo que o número obtido não é 1? Dê a resposta na forma de porcentagem.

5. Em quatro lançamentos sucessivos de uma moeda honesta, qual é a probabilidade de obter coroa em todos eles?

6. (Efoa-MG) Uma pessoa tem em mãos um chaveiro com 5 chaves parecidas, das quais apenas uma abre determinada porta. Escolhe uma chave ao acaso, tenta abrir a porta, mas verifica que a chave escolhida não serve. Na segunda tentativa, com as chaves restantes, a probabilidade de a pessoa abrir a porta é de:

   a) 20%.   c) 40%.   e) 80%.
   b) 25%.   d) 75%.

7. Escrevi todos os números de algarismos diferentes formados utilizando os algarismos 6, 7 e 8 sem repetição. Escolhendo um desses números ao acaso, qual é a probabilidade de o número ser:

   a) 678?

   b) par?

Os tipos de gráficos estatísticos – aplicações, leitura e interpretação

Conhecemos vários tipos de gráfico: barras, setores, linhas e pictogramas.

Qual gráfico escolher para representar de modo mais adequado um conjunto de dados?

Vamos analisar o que devemos levar em conta nessa escolha.

1. Para **comparar as partes com o todo**, o tipo de gráfico mais indicado é o de setores.

   Veja um exemplo ao lado.

   O gráfico facilita observar que a área de vegetação preservada e protegida é a maior em relação ao todo, ocupando mais do que a metade do círculo. O setor "outros usos", que corresponde à área ocupada por cidades, indústrias e outras construções, tem uma pequena participação no total.

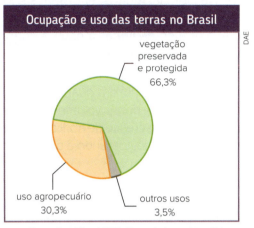

Fonte: Canal Rural, 2019. Disponível em: <https://blogs.canalrural.uol.com.br/embrapasoja/2019/02/19/o-brasil-que-todos-queremos/>. Acesso em: 12 nov. 2019.

2. Se nosso objetivo maior for comparar **dados entre si**, o **gráfico de barras** é o mais indicado.

   O gráfico ao lado é de barras duplas: há duas cores de barras, uma para cada ano. Os dados foram organizados por grupos de idade e expressos em porcentagem.

   Podemos comparar as porcentagens para um mesmo grupo etário e observar em quais grupos o percentual de pessoas que utilizaram a internet foi maior e em quais houve maior crescimento de um ano para o seguinte.

   - Houve crescimento de um ano para o seguinte na utilização da internet em todos os grupos.
   - A porcentagem é maior nos grupos que vão de 18 a 29 anos.
   - O crescimento na utilização da internet foi mais expressivo nos grupos a partir de 35 anos.

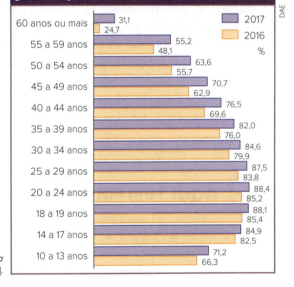

Fonte: IBGE. *Pesquisa Nacional por Amostra de Domicílio Contínua 2016-2017*. Rio de Janeiro: IBGE, [2018].

Gráficos – alguns cuidados

A escolha do tipo de gráfico é importante: a partir do objetivo pretendido, há gráficos mais adequados para ilustrá-los.

No exemplo ao lado, os dados não poderiam ser representados num gráfico de setores, pois não temos um "todo" e há valores negativos.

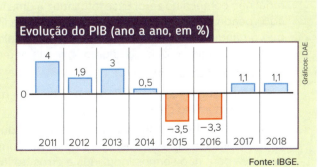

Fonte: IBGE.

3. O **gráfico de linhas** é o mais indicado quando o objetivo é observar **a variação de dados ao longo de um período**.

   Na ciência, muitos fenômenos são estudados ao longo do tempo. Esse exemplo vem da Meteorologia: o gráfico de linhas mostra a quantidade de chuva ao longo de um ano em certa cidade. Veja como é simples perceber a variação ao longo do tempo.

   De janeiro a abril, a quantidade de chuva diminui, atingindo os menores volumes nos meses de abril e maio. O volume cresce de abril a agosto, quando atinge seu valor máximo, tornando a decrescer até novembro.

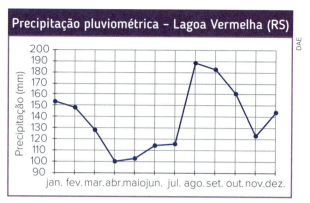

Fonte: Rede de Bibliotecas – Rede Ametista. Disponível em: <https://bit.ly/32Mzf6u>. Acesso em: 18 out. 2019.

↑ A precipitação pluviométrica é o volume de chuva que cai em determinado local. Ele é medido através de um aparelho chamado pluviômetro. Um milímetro de água de chuva acumulada no pluviômetro equivale a 1 litro de água em 1 metro quadrado.

4. Os pictogramas são gráficos que têm forte presença visual. São muito utilizados em *sites*, jornais e revistas para chamar a atenção do leitor. Escolhe-se um símbolo que se relacione diretamente com o tema.

   No exemplo, os dados referem-se à produção de leite no Brasil. O símbolo escolhido é um latão de leite, e o gráfico indica que cada símbolo representa 1,5 milhão de litros.

Fonte: IBGE. *Pesquisa da Pecuária Municipal 2017*. Rio de Janeiro: IBGE, [2018]. p. 4.

Percebe-se facilmente, por exemplo, que Minas Gerais teve a maior produção – o dobro da produção do Rio Grande do Sul e do Paraná. Para obter o número de litros produzidos no Brasil e nos estados citados, basta contar os pictogramas e multiplicar o resultado por 1,5:

- Brasil: 22 · 1,5 = 33 milhões de litros;
- Minas Gerais: 6 · 1,5 = 9 milhões de litros, e assim por diante.

➕ AQUI TEM MAIS

Erros na escala dos valores podem induzir o leitor do gráfico a interpretações distorcidas.

O gráfico ao lado ilustra os resultados de uma pesquisa para presidente do grêmio estudantil de certo colégio.

Observe que o eixo de valores foi graduado de maneira errada: não começa no zero. Esse fato induz a uma interpretação equivocada dos dados. A altura das barras dá a impressão de que o candidato C tem aproximadamente o triplo do número de intenções de voto do candidato A, o que não é verdade.

Veja o gráfico correto.

A impressão visual muda. Podemos perceber que a diferença entre o número de votos não é tão grande.

Gráficos mal elaborados, intencionalmente ou não, aparecem em situações reais. Devemos observar com cuidado os detalhes para não sermos induzidos a erros de interpretação.

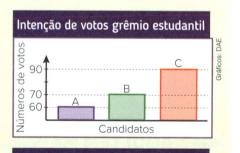

EXERCÍCIOS
DE FIXAÇÃO

8. O diretor de um colégio quer avaliar a evolução do número de alunos matriculados de 2015 a 2019. Para isso, montou uma tabela de dados que vai gerar um gráfico. Que tipo de gráfico será mais adequado para seu estudo? Justifique sua resposta.

Ano	Número de alunos matriculados
2015	850
2016	700
2017	800
2018	850
2019	950

9. Para uma pesquisa sobre a opinião de pessoas a respeito de determinado filme, uma revista combinou dois tipos de gráfico.

   a) Quais gráficos são esses?

   b) O símbolo 🎞 representa quantas pessoas?

10. As safras da soja, do milho e do arroz no Brasil totalizaram mais de 226 milhões de toneladas em 2017.

    a) Que tipo de gráfico foi utilizado para representar os dados?

    b) O gráfico de linhas seria adequado para ilustrar esses dados? Justifique.

    c) Com base na safra total informada, calcule quantas toneladas de soja foram produzidas no Brasil em 2017.

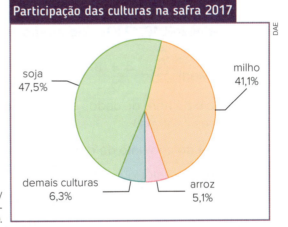

Fonte: Agência IBGE Notícias. Disponível em: <https://agenciadenoticias.ibge.gov.br/agencia-noticias/2012-agencia-de-noticias/noticias/17172-soja-milho-e-arroz-representam-mais-de-90-da-safra-2017>. Acesso em: 18 out. 2019.

11. O gráfico a seguir apresenta a evolução no número de transplantes de coração realizados no Brasil de 1996 a 2017.

    a) A partir de que ano houve crescimento mais acentuado no número de transplantes?

    b) Calcule o crescimento percentual no número de transplantes de 2011 a 2017.

Fonte: Pesquisa Fapesp. Disponível em: <http://revistapesquisa.fapesp.br/2018/01/19/coracoes-trocados/>. Acesso em: ago. 2018.

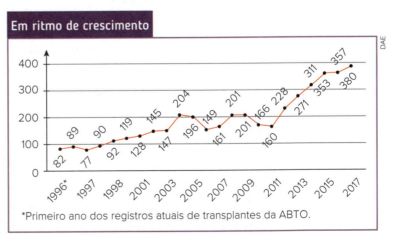

*Primeiro ano dos registros atuais de transplantes da ABTO.

235

Analisando dados com auxílio de medidas estatísticas

A estatística se aplica a situações das mais variadas. Vamos analisar um exemplo diferente: controle de qualidade numa indústria.

Neste caso, utilizar medidas como média, moda, mediana e amplitude dos dados possibilita analisar de maneira mais precisa os dados.

Seja, por exemplo, uma empresa que fabrica lâmpadas. A cada 5 000 lâmpadas produzidas, uma amostra é testada para verificar quantas dessas lâmpadas apresentam defeito.

A empresa determina o tamanho da amostra: 10% da produção, escolhendo lâmpadas produzidas por diferentes máquinas. Uma amostra adequada possibilita aplicar os resultados para o todo da produção. Seria muito complicado testar todas as lâmpadas.

Suponhamos que os dados coletados em certo período sejam os registrados na tabela abaixo.

A partir dos dados podemos calcular:

- A **média** de lâmpadas com defeito em cada lote:

$$M = \frac{5 \cdot 8 + 6 + 10 + 12}{8} = \frac{68}{8} = 8,5 \text{ lâmpadas por lote}$$

$$\frac{8,5}{500} = 0,017 = 1,7\% \text{ da amostra}$$

Lotes de 5 000 lâmpadas	Nº de lâmpadas defeituosas na amostra
1º	8
2º	8
3º	8
4º	6
5º	8
6º	8
7º	10
8º	12

- A **mediana** do conjunto de dados:

6, 8, 8, 8, 8, 8, 10, 12 (Os valores são escritos na ordem crescente.)

$$\text{Mediana} = \frac{8 + 8}{2} = 8$$

(Como o número de dados é par, a mediana é a média dos dois valores centrais.)

- A **moda** do conjunto de dados:

A moda é o valor que aparece com maior frequência. Neste caso, a moda é 8.

Observe que mediana e moda coincidem e estão próximas da média, o que é um bom indicador.

Falta analisar a dispersão dos dados.

- A **amplitude** desse conjunto de dados é $A = 12 - 6 = 6$.

Essa amplitude se justifica por um aumento no número de lâmpadas defeituosas no 7º e no 8º lotes.

O responsável pelo controle de qualidade da empresa analisará as medidas encontradas para analisar situações como:

- 1,7% de lâmpadas com defeito está de acordo com os resultados pretendidos?
- O que ocasionou um aumento no número de lâmpadas com defeito no 7º e no 8º lotes?
- Que ações devem ser pensadas para melhorar a qualidade da produção?

Vimos um exemplo bastante simplificado, mas podemos perceber que a estatística está presente em situações diversificadas, inclusive no mundo do trabalho.

EXERCÍCIOS
DE FIXAÇÃO

12. (UFPR) O gráfico ao lado representa a quantidade aproximada de animais adotados ao longo de cinco anos em uma determinada cidade.

Qual foi a média anual de animais adotados, ao longo dos cinco anos nessa cidade?

a) 350
b) 380
c) 390
d) 410
e) 440

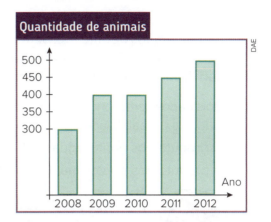

13. Eliana mediu sua altura e de mais 11 colegas. Os dados estão na tabela abaixo. Calcule:

a) a média das alturas;

b) a amplitude, a moda e a mediana do conjunto de dados.

Número de alunos	Altura (m)
4	1,52
3	1,58
3	1,62
2	1,64

14. (Enem) Em uma seletiva para a final dos 100 metros livres de natação, numa olimpíada, os atletas, em suas respectivas raias, obtiveram os seguintes tempos:

Raia	1	2	3	4	5	6	7	8
Tempo (seguro)	20,90	20,90	20,50	20,80	20,60	20,60	20,90	20,96

A mediana dos tempos apresentados no quadro é:

a) 20,7   b) 20,77   c) 20,80   d) 20,85   e) 20

15. (Fuvest-SP) Cada uma das cinco listas dadas é a relação de notas obtidas por seis alunos de uma turma em uma certa prova. Assinale a única lista na qual a média das notas é maior do que a mediana.

a) 5, 5, 7, 8, 9, 10
b) 4, 5, 6, 7, 8, 8
c) 4, 5, 6, 7, 8, 9
d) 5, 5, 5, 7, 7, 9
e) 5, 5, 10, 10, 10, 10

16. A tabela ao lado mostra os valores dos salários dos 12 funcionários de um escritório de contabilidade.

a) Determine a média, a amplitude, a mediana e a moda do conjunto de dados.

b) Quantos funcionários recebem salários menor do que a média?

Número de funcionários	Salário
4	R$ 1.300,00
2	R$ 2.000,00
4	R$ 2.500,00
2	R$ 3.600,00

EXERCÍCIOS

COMPLEMENTARES

17. Comprei 5 números de uma rifa com bilhetes numerados de 1 até 100. Serão sorteados dois prêmios sucessivamente. Qual é a probabilidade de eu ganhar ambos os prêmios?

18. Dois dados serão lançados simultaneamente. Qual é a probabilidade de obter:

a) produto dos pontos igual a 6?

b) produto dos pontos maior que 12?

COPIE E COMPLETE A TABELA PARA DETERMINAR O ESPAÇO AMOSTRAL.

	1	2	3	4	5	6
1	1	2	3	4	5	6
2	2	4	6	8	10	12
3	3	6	9	12	15	18
4	4	8	12	16	20	24
5	5	10	15	20	25	30
6	6	12	18	24	30	36

19. Jogando um dado comum e uma moeda honesta simultaneamente, qual é a probabilidade de obter cara e um número ímpar?

20. Uma pesquisa de mercado entrevistou 300 consumidoras sobre a preferência entre duas marcas, *A* e *B*, de sabão em pó. Os resultados estão na tabela abaixo.

Faixa etária	Marca preferida	
	A	B
Menos de 40 anos	92	58
40 anos ou mais	78	72
Total	170	130

Um prêmio foi sorteado entre as participantes da pesquisa.

a) Qual é a probabilidade, em porcentagem, de a consumidora sorteada ter 40 anos ou mais e ter escolhido a marca *A*?

b) Considerando que a consumidora sorteada tem menos de 40 anos, qual é a probabilidade, em porcentagem, de ela estar entre as que escolheram a marca *B*?

21. O professor de Geografia registrou numa tabela a distribuição das notas dos 30 alunos de uma turma.

Nota	1	2	3	4	5	6	7	8	9	10
Nº de alunos com essa nota	0	0	1	3	9	4	8	3	1	1

a) Calcule a média da turma.

b) Quais são a mediana e a moda nesse conjunto de dados?

22. (UFU-MG) O Departamento de Comércio Exterior do Banco Central possui 30 funcionários com a seguinte distribuição salarial em reais.

Nº de funcionários	Salários em R$
10	2.000,00
12	3.600,00
5	4.000,00
3	6.000,00

Quantos funcionários que recebem R$ 3.600,00 devem ser demitidos para que a mediana dessa distribuição de salários seja de R$ 2.800,00?

a) 8
b) 11
c) 9
d) 10
e) 7

PANORAMA

FAÇA AS ATIVIDADES A SEGUIR E REVEJA O QUE VOCÊ APRENDEU.

NO CADERNO

23. Uma bola branca, uma azul e uma amarela, idênticas no tamanho e material, foram colocadas em um saco. Tira-se uma bola ao acaso, anota-se a cor e coloca-se a bola de volta na urna. Repete-se esse procedimento mais duas vezes. Qual é a probabilidade de serem sorteadas três bolas de cores distintas?

a) $\dfrac{1}{9}$ b) $\dfrac{2}{9}$ c) $\dfrac{1}{3}$ d) $\dfrac{2}{3}$

24. Em um lote com 48 lâmpadas idênticas, foram identificadas 6 lâmpadas com defeito. Por engano, as lâmpadas defeituosas foram misturadas com as perfeitas. Retirando uma lâmpada desse conjunto ao acaso, a probabilidade de ela ser defeituosa é de:

a) 6%.   b) 6,5%.   c) 12%.   d) 12,5%.

25. (Vunesp) Dois jogadores, A e B, vão lançar um par de dados. Eles combinam que, se a soma dos números dos dados for 5, A ganha, e, se essa soma for 8, B é quem ganha. Os dados são lançados. Sabe-se que A não ganhou. Qual a probabilidade de B ter vencido?

a) $\dfrac{10}{36}$ c) $\dfrac{5}{36}$ e) Não se pode calcular.
b) $\dfrac{5}{32}$ d) $\dfrac{5}{35}$

26. (Vunesp) Numa gaiola estão 9 camundongos rotulados, 1, 2, 3, ..., 9. Selecionando-se conjuntamente 2 camundongos ao acaso (todos têm igual possibilidade de serem escolhidos), a probabilidade de que na seleção ambos os camundongos tenham rótulo ímpar é:

a) 0,3777...   c) 0,17.   e) 0,1333...
b) 0,47.   d) 0,2777...

27. Certo jogo é formado por 24 cartas vermelhas e x cartas pretas. A probabilidade de retirar ao acaso uma carta do jogo e ela ser vermelha é de 75%. Nessas condições, x vale:

a) 6.   b) 8.   c) 12.   d) 24.

28. (Enem) Um concurso é composto por cinco etapas. Cada etapa vale 100 pontos. A pontuação final de cada candidato é a média de suas notas nas cinco etapas. A classificação obedece à ordem decrescente das pontuações finais. O critério de desempate baseia-se na maior pontuação na quinta etapa.

Candidato	Média nas quatro primeiras etapas	Pontuação na quinta etapa
A	90	60
B	85	85
C	80	95
D	60	90
E	60	100

A ordem de classificação final desse concurso é:

a) A, B, C, E, D.
b) B, A, C, E, D.
c) C, B, E, A, D.
d) C, B, E, D, A.
e) E, C, D, B, A.

29. Em certo fim de semana, hospedaram-se no Hotel Maravilha 40 brasileiros e 60 estrangeiros. O gráfico a seguir mostra a distribuição dos estrangeiros por nacionalidade. Escolhendo ao acaso um dos 100 hóspedes, qual é a probabilidade de ele ser francês?

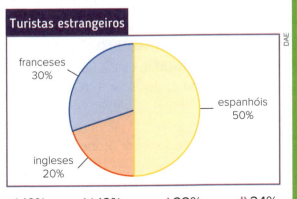

a) 16%   b) 18%   c) 22%   d) 24%

Referências

BARBOSA, J. L. M. *Geometria euclidiana plana*. Rio de Janeiro: Sociedade Brasileira de Matemática, 2004.

BARBOSA, R. M. *Descobrindo padrões em mosaicos*. São Paulo: Atual, 1993.

BOYER, C. B. *História da Matemática*. São Paulo: Edgard Blücher, 1996.

BRASIL. Ministério da Educação. Secretaria de Educação a Distância. Disponível em: <http://portal.mec.gov.br/seed>. Acesso em: jun. 2019.

BRUMFIEL, C. F.; EICHOLZ, R. E.; SHANKS, M. E. *Conceitos fundamentais da Matemática Elementar*. Rio de Janeiro: Ao Livro Técnico, 1972.

CENTRO de Aperfeiçoamento do Ensino de Matemática. Disponível em: <www.ime.usp.br/~caem>. Acesso em: jun. 2019.

COXFORD, A.; SHULTE, A. *As ideias da Álgebra*. São Paulo: Atual, 1995.

DINIZ, M. I. de S. V.; SMOLE, K. C. S. *O conceito de ângulo e o ensino de Geometria*. São Paulo: IME-USP, 2002.

FREUDENTHAL, H. *Mathematics as an educational task*. Dordrecht: D. Reidel, 1973.

GONÇALVES JÚNIOR, O. *Geometria plana e espacial*. São Paulo: Scipione, 1988. v. 6. (Coleção Matemática por Assunto.)

GUNDLACH, B. H. *Números e numerais*. São Paulo: Atual, 1994. (Coleção Tópicos de História da Matemática.)

HAZAN, S. *Combinatória e probabilidade*. São Paulo: Melhoramentos, 1977. (Coleção Fundamentos da Matemática.)

HEMMERLING, E. M. *Geometria elemental*. Cidade do México: Limusa Wiley, 1971.

IEZZI, G.; MURAKAMI, C. *Conjuntos e funções*. São Paulo: Atual, 2004. v. 1. (Coleção Fundamentos de Matemática Elementar.)

IFRAH, G. *Os números*: a história de uma grande invenção. Rio de Janeiro: Globo, 1992.

INSTITUTO de Matemática da UFRJ. Projeto Fundão. Disponível em: <www.projetofundao.ufrj.br>. Acesso em: jun. 2019.

LABORATÓRIO de Ensino de Matemática – Unicamp. Disponível em: <www.ime.unicamp.br/lem>. Acesso em: jun. 2019.

LABORATÓRIO de Ensino de Matemática – USP. Disponível em: <www.ime.usp.br/lem>. Acesso em: jun. 2019.

LIMA, E. L. *Áreas e volumes*. Rio de Janeiro: SBM, 1985. (Coleção Fundamentos de Matemática Elementar.)

LIMA, E. L. et al. *A Matemática do Ensino Médio*. Rio de Janeiro: SBM/IMPA, 1999. v. 1, 2 e 3.

MACHADO, N. J. *Lógica, conjuntos e funções*. São Paulo: Scipione, 1988. v. 1. (Coleção Matemática por Assunto.)

MACHADO, N. J. *Medindo comprimentos*. São Paulo: Scipione, 1992. (Coleção Vivendo a Matemática.)

MACHADO, N. J. *Polígonos, centopeias e outros bichos*. São Paulo: Scipione, 1992. (Coleção Vivendo a Matemática.)

MELLO E SOUZA, J. C. de. *Matemática divertida e curiosa*. Rio de Janeiro: Record, 2009.

MOISE, E. E.; DOWNS, F. L. *Geometria moderna*. São Paulo: Edgard Blücher, 1975.

MONTEIRO, J. *Elementos de Álgebra*. Rio de Janeiro: LTC, 1989.

NIVEN, I. *Números*: racionais e irracionais. Rio de Janeiro: SBM, 1984. (Coleção Fundamentos da Matemática Elementar.)

REDEMATTIC. Disponível em: <www.malhatlantica.pt/mat/>. Acesso em: jun. 2019.

SOCIEDADE Brasileira de Educação Matemática. Disponível em: <www.sbem.com.br>. Acesso em: jun. 2019.

SOUZA, E. R. de; DINIZ, M. I. de S. V. *Álgebra*: das variáveis às equações e funções. São Paulo: Caem-IME-USP, 1995.

STRUIK, D. J. *História concisa das Matemáticas*. Lisboa: Gradiva, 1997.

TINOCO, L. A. *Geometria euclidiana por meio de resolução de problemas*. Rio de Janeiro: IM-UFRJ (Projeto Fundão), 1999.

WALLE, J. A. V. de. *Matemática no Ensino Fundamental*. Porto Alegre: Artmed, 2009.